NADA ORTO DOXA

NADA ORTODOXA

UMA HISTÓRIA DE RENÚNCIA À RELIGIÃO

deborah feldman

Tradução de Cássio de Arantes Leite

Copyright © 2012 by Deborah Feldman
Todos os direitos reservados. Publicado mediante acordo com a editora original, Simon & Schuster, Inc.

TÍTULO ORIGINAL
Unorthodox: The Scandalous Rejection of My Hasidic Roots

PREPARAÇÃO
Stella Carneiro

REVISÃO
Luiz Felipe Fonseca
Eduardo Carneiro

REVISÃO TÉCNICA E GLOSSÁRIO
Ilana Goldfeld

ADAPTAÇÃO DE SOBRECAPA E DIAGRAMAÇÃO
Julio Moreira | Equatorium Design

DESIGN DE CAPA
Angelo Bottino

CIP-BRASIL. CATALOGAÇÃO NA PUBLICAÇÃO
SINDICATO NACIONAL DOS EDITORES DE LIVROS, RJ

F343n
    Feldman, Deborah, 1986-
       Nada ortodoxa / Deborah Feldman ; tradução Cássio Leite. - 1. ed. - Rio de Janeiro : Intrínseca, 2020.
       304 p. ; 23 cm.

       Tradução de : Unorthodox : the scandalous rejection of my hasidic roots
       Glossário
       ISBN 978-65-5560-045-2

       1. Feldman, Deborah, 1986. 2. Escritores americanos - Biografia 3. Judeus - Biografia - Estados Unidos. 4. Autobiografia. I. Leite, Cássio. II. Título.
20-65682   CDD: 928.1
                                       CDU: 929:821.111(73)

Camila Donis Hartmann - Bibliotecária - CRB-7/6472
30/07/2020   31/07/2020

[2020]
Todos os direitos desta edição reservados à
EDITORA INTRÍNSECA LTDA.
Rua Marquês de São Vicente, 99, 3º andar
22451-041 – Gávea
Rio de Janeiro – RJ
Tel./Fax: (21) 3206-7400
www.intrinseca.com.br

Os nomes e as características dos indivíduos retratados neste livro foram alterados. Embora todos os acontecimentos descritos sejam verdadeiros, alguns foram resumidos, consolidados, ou reordenados para proteger a identidade das pessoas envolvidas e garantir a continuidade da narrativa. Todos os diálogos são similares às conversas reais, tanto quanto foi possível lembrar.

Nota da autora

Satu Mare — ou Satmar, em iídiche — é uma cidade próxima à fronteira da Hungria com a Romênia. Mas como foi que um grupo hassídico recebeu o nome de uma cidade da Transilvânia? Bem, em sua missão de resgatar judeus proeminentes da morte certa durante a Segunda Guerra Mundial, o advogado e jornalista Rudolf Kasztner, judeu húngaro, salvou a vida do rabino local. Esse rabino mais tarde imigrou para os Estados Unidos e reuniu um amplo séquito de sobreviventes, formando uma seita hassídica que batizou em homenagem a sua cidade natal. Outros rabinos na mesma situação seguiram o exemplo, batizando seus grupos com o nome das cidades de onde vieram, na tentativa de preservar a memória das shtetls e comunidades destruídas no Holocausto.

Os judeus hassídicos nos Estados Unidos retomaram ansiosamente a herança que estivera prestes a desaparecer, usando roupas tradicionais e conversando apenas em iídiche, como seus ancestrais. Muitos se opunham deliberadamente à criação do Estado de Israel, por acreditarem que o genocídio dos judeus viera como um castigo pela assimilação e o sionismo. Mas o mais importante é que os judeus hassídicos se concentravam na reprodução, com o intuito de repor as inúmeras vidas perdidas e de tornar a expandir a própria população. As comunidades hassídicas seguem crescendo rapidamente até hoje, no que parece ser um ato supremo de vingança contra Hitler.

Prólogo

Na véspera do meu aniversário de 24 anos, fiz uma entrevista com minha mãe. Combinamos de nos encontrar em um restaurante vegetariano em Manhattan, que fazia bastante propaganda de sua comida orgânica e vinda direto da fazenda, e, apesar de minha paixão recente por tudo que tivesse porco e frutos do mar, fico animada com a simplicidade que a refeição promete. O garçom é visivelmente gentio, com um cabelo loiro despenteado e enormes olhos azuis. Ele nos trata como realeza; é o Upper East Side, afinal, e estamos dispostas a desembolsar cem pilas por um almoço que consiste majoritariamente em legumes e verduras. O fato de ele não perceber que não somos dali é irônico, de aceitar nossa presença com tamanha naturalidade. Nunca pensei que esse dia chegaria.

Antes do almoço, contei à minha mãe que tinha algumas perguntas para ela. Embora houvéssemos passado mais tempo juntas no ano anterior do que ao longo de toda a minha adolescência, até então eu quase sempre evitara falar sobre o passado. Talvez eu não quisesse saber. Talvez não quisesse descobrir que tudo que haviam me contado sobre minha mãe estava errado ou não quisesse aceitar que estava certo. Mesmo assim, publicar minha história requer uma honestidade minuciosa, e não só de minha parte.

Hoje faz um ano que deixei de vez a comunidade hassídica. Tenho 24 anos e toda a vida pela frente. O futuro do meu filho é repleto de possibilidades. É como se eu tivesse conseguido chegar ao ponto de partida de uma corrida bem a tempo de escutar o sinal de largada. Olhando para minha mãe, entendo que pode haver semelhanças entre nós, mas as diferenças são mais óbvias. Quando foi embora, e não me levou junto, ela era mais velha do que sou hoje. Sua jornada tem mais a ver com uma luta por segurança do que por felicidade. Nossos sonhos pairam acima de nós como nuvens, e os meus parecem maiores e mais fofos do que a versão dela, que é uma tênue faixa em um céu invernal.

Desde que me entendo por gente, sempre desejei a vida em sua plenitude, tudo que ela poderia me dar. Esse desejo me diferencia das pessoas dispostas a se conformar com menos. Não consigo sequer entender como pode haver desejos pequenos e ambições escassas e limitadas, quando as possibilidades são tão infinitas. Não conheço minha mãe bem o bastante para compreender seus sonhos; pelo que sei, parecem grandes e importantes para ela, e quero respeitar isso. Claro que, mesmo com todas as nossas diferenças, há um traço em comum, essa escolha para melhor que ambas fizemos.

Minha mãe nasceu e foi criada em uma comunidade judaica de origem alemã na Inglaterra. Embora sua família fosse religiosa, não eram hassídicos. Filha de pais divorciados, ela se descreve nessa época como ansiosa, desajeitada e infeliz. As chances de que contraísse matrimônio — e ainda por cima um bom matrimônio — eram mínimas. O garçom lhe serve um prato de polenta frita com feijão-preto, e ela espeta uma polenta com o garfo.

Quando a oportunidade de se casar com meu pai surgiu, foi como um sonho — continua, entre uma mordida e outra. A família dele era rica, e estavam desesperados para lhe arranjar um casamento. Seus irmãos estavam à espera de que ele se casasse para que pudessem começar as próprias vidas. Estava com 24 anos, velho demais para ser solteiro, uma idade inimaginável para um bom menino judeu continuar nessa situação. Quanto mais o tempo passava, menor a probabilidade de se casar. Rachel, minha mãe, era a última chance dele.

Todo mundo na família de minha mãe ficou empolgado por ela, recorda. Ela iria para os Estados Unidos! Prometiam um apartamento lindo, novo em folha, todo mobiliado. Eles se ofereceram para pagar por tudo. Ela ganharia roupas e joias belíssimas. Havia várias cunhadas que não viam a hora de serem suas amigas.

— Então eles foram legais com você? — perguntei, referindo-me a minhas tias e meus tios, que, conforme me lembro, na maioria das vezes me menosprezavam de uma forma que nunca consegui compreender totalmente.

— No começo, sim — diz ela. — Eu era o brinquedinho novo vindo da Inglaterra. A garota magrinha e bonitinha com um sotaque engraçado.

Ela salvou todos eles, todos os irmãos mais novos. Foram poupados do destino de virar solteirões. De início, ficaram gratos por ver o irmão casado.

— Fiz dele um mensch — conta minha mãe. — Garantia que sua aparência estivesse sempre impecável. Ele não sabia cuidar de si mesmo, mas eu cuidava. Eu zelava por sua aparência; não precisavam mais ter tanta vergonha dele.

O único sentimento em relação ao meu pai de que recordo é o de vergonha. Quando ainda convivíamos, ele estava sempre desarrumado e sujo, e se comportava de modo infantil e inapropriado.

— O que acha do meu pai, hoje? — perguntei. — O que acha que tem de errado com ele?

— Ah, não sei. É delirante, imagino. Tem algum transtorno mental.

— Sério? Acha que é tudo isso? Não acha que era simplesmente uma dificuldade?

— Bom, ele foi ao psiquiatra uma vez, depois que a gente se casou, e o psiquiatra afirmou com toda a segurança que seu pai tinha algum tipo de transtorno de personalidade, mas era impossível dizer, porque ele se recusava a cooperar e fazer novos testes e nunca voltou para um tratamento.

— Bom, sei lá — falei, pensativa. — Tia Chaya me contou uma vez que ele foi diagnosticado com déficit intelectual quando era criança. Disse que o QI dele era 66. Não dá pra ir muito longe com isso.

— Mas nem tentaram — insiste minha mãe. — Podiam ter arrumado algum tratamento para ele.

Fiz que sim.

— Então no começo foram legais com você. Mas e depois, o que aconteceu?

Lembro de minhas tias falando de minha mãe pelas costas, dizendo coisas horríveis.

— Bom, quando a poeira assentou, passaram a me ignorar. Faziam coisas e me deixavam de fora. Eu era menosprezada porque vinha de uma família pobre e todas elas tinham maridos ricos, vinham de famílias ricas e levavam uma vida diferente. Seu pai era incapaz de ganhar dinheiro, e eu também não tinha como, então seu avô nos sustentava. Mas ele era um pão-duro, dava o dinheiro contado, um mínimo para as compras. Seu Zeide podia ser muito inteligente, mas não entendia as pessoas. Era desconectado da realidade.

Até hoje fico um pouco incomodada quando falam mal da minha família, como se tivesse de defendê-los.

— Sua Bobe, por outro lado, me respeitava, eu percebia. Ninguém lhe dava ouvidos, e ela com certeza era mais inteligente e tinha mente mais aberta do que imaginavam.

— Ah, concordo! — Fico animada em descobrir que temos algo em comum, um membro da família que ambas vemos da mesma maneira. — Ela era assim comigo também; ela me respeitava mesmo que todo mundo só me visse como uma garota-problema.

— É, bom... mas ela não podia fazer nada.

— É verdade.

Assim, no fim das contas, minha mãe não tinha nada em que se agarrar. Nem marido, nem família, nem casa. Na faculdade, iria existir, teria um propósito, direção. Quando nada prende você, você vai embora; vai aonde pode ser útil, aonde será aceito.

O garçom se aproxima da mesa trazendo um brownie com uma vela.

— Parabéns pra você... — cantarola baixinho, olhando para mim por um segundo.

Baixo o rosto, sentindo minhas bochechas ficarem vermelhas.

— Assopra a vela — insiste minha mãe, pegando a câmera.

Fico com vontade de rir. Aposto que o garçom pensa que sou apenas mais uma jovem aniversariante saindo com a mãe e que fazemos isso todo ano. Quem imaginaria que minha mãe perdeu quase todos os meus aniversários? Como ela consegue se jogar tão rápido nisso tudo de novo? Será que é natural para ela? Com certeza não é assim para mim.

Após devorarmos o brownie, ela faz uma pausa e limpa a boca. Conta que quis me levar junto, mas não podia. Não tinha dinheiro. A família do meu pai ameaçou destruir sua vida se tentasse. Chaya, a tia mais velha, foi a pior, diz ela.

— Quando ia visitar você, ela me tratava feito lixo, como se eu não fosse sua mãe, não tivesse parido você. Com que direito fazia isso se nem era da família?

Chaya se casou com o filho mais velho e imediatamente assumiu o controle de tudo, lembra minha mãe. Vivia dando ordens, cuidando de cada coisinha, opinando sobre qualquer situação.

E quando minha mãe largou meu pai de vez, Chaya assumiu o controle da minha vida também. Decidiu que eu iria morar com meus avós, que iria para a escola Satmar, que me casaria com um bom rapaz Satmar de família religiosa. No fim, foi Chaya que acabou me ensinando a assumir o controle da minha própria vida, a ter pulso forte como ela e a não permitir que ninguém me forçasse a ser infeliz.

Foi Chaya que convenceu o Zeide a falar com a casamenteira, fiquei sabendo, ainda que eu tivesse só dezessete anos. Ela foi minha casamenteira, em essência; já que foi a pessoa que decidiu com quem eu devia me casar. Queria poder considerá-la responsável por tudo que sofri depois disso, mas não seria verdade. Sei como nosso mundo funciona e sei como as pessoas acabam sendo carregadas pela correnteza poderosa de nossas tradições.

Nova York
Agosto de 2010

1

Em busca de meu poder secreto

"Matilda sonhava com pais bons, afetuosos, compreensivos, honrados, inteligentes. O fato de não serem nenhuma dessas coisas era algo que tinha de aceitar [...] Por ser tão pequena e tão nova, o único poder que Matilda tinha sobre qualquer um na família era o poder intelectual."

Matilda, Roald Dahl

Meu pai segura minha mão e procura as chaves do armazém. As ruas estão estranhamente vazias e silenciosas nessa parte industrial de Williamsburg. As estrelas brilham fracas no céu noturno; ali perto, de vez em quando um ou outro carro passa pela via expressa, como fantasmas. Baixo os olhos para meus sapatos de couro envernizado, bato o pé com impaciência na calçada e mordo o lábio para tentar me segurar. Estou agradecida por estar aqui. Não é toda semana que o Tate me traz.

Um dos muitos trabalhos provisórios do meu pai é acender os fornos na Beigel's, a padaria kosher, quando o Shabes termina. Todo negócio judeu fica suspenso durante o Shabes, e a lei determina que cabe a um judeu recolocar as coisas em movimento. Meu pai está perfeitamente à altura de uma tarefa com exigências tão simples. Os gentios já estão lá trabalhando quando ele chega, preparando a massa, modelando os pães, e, conforme meu pai anda pelo vasto armazém acionando interruptores, um zumbido surdo surge. Essa é uma das semanas em que ele me leva junto, e fico empolgada por estar no meio de toda essa agitação e saber que meu pai está no centro dela, que aquelas pessoas devem esperar por sua chegada antes de prosseguir com as atividades de costume. Sinto-me importante só de saber que ele também é importante. Os trabalhadores o cumprimentam quando ele passa, sorrindo mesmo se estiver atrasado, e acariciam minha cabeça com as luvas sujas de farinha. Quando ele chega ao final da última seção, o recinto inteiro pulsa com o som das batedeiras e esteiras rolantes. O piso de cimento vibra levemente sob meus pés. Observo as bandejas deslizarem para dentro dos fornos e ressurgirem do outro lado com fileiras de pães dourados e reluzentes, enquanto meu pai joga conversa fora com os trabalhadores e mastiga um kichel de ovo.

A Bobe adora kichel de ovo. Sempre que voltamos da padaria, levamos para ela. Na entrada do armazém há prateleiras com os vários produtos embalados, prontos para serem entregues pela manhã, e, ao sair, pegamos o máximo que conseguimos carregar. Há os famosos cupcakes kosher cobertos com granulado colorido; babkas de canela e de chocolate; bolos de sete camadas carregados de margarina; minicookies preto e branco, dos quais gosto de comer só a parte de chocolate. Tudo que meu pai pegar ao sair será deixado na casa dos meus avós, despejado sobre a mesa da sala de jantar como um prêmio, e vou experimentar cada item.

O que pode ser comparado a tamanha riqueza, à abundância de doces e confeitos sobre uma toalha cor de damasco, como objetos em um leilão? Hoje pegarei facilmente no sono, sentindo o gosto da cobertura ainda presa entre os dentes e com farelos se desmanchando na minha boca.

Esse é um dos poucos bons momentos que compartilho com meu pai. Normalmente, tenho muito pouco motivo para sentir orgulho dele. Suas camisas são manchadas de amarelo nas axilas, ainda que a Bobe lave praticamente todas as suas roupas, e o sorriso dele é largo e bobo demais, como o de um palhaço. Quando me visita na casa da Bobe, traz os picolés cobertos de chocolate da Klein's e me observa comer com uma expressão de expectativa, ansioso por meus comentários positivos. Ser pai é isso, deve achar — me encher de doces. E então ele vai embora, tão de repente quanto chegou, para mais uma de suas "tarefas".

Sei que o empregam por pena. Pagam-no para servir de motorista, entregar encomendas, qualquer coisa que o julguem capaz de fazer sem cometer erros. Ele não se dá conta; acha que está fazendo algo valioso.

Meu pai realiza muitas tarefas, mas apenas me deixa acompanhá-lo nas eventuais idas à padaria e nas ainda mais raras idas ao aeroporto. Passear no aeroporto é mais empolgante, mas acontece apenas algumas vezes por ano. Sei que é estranho gostar de ir ao aeroporto só para passear, quando sei que nunca vou entrar num avião, mas acho emocionante ficar ao lado do meu pai enquanto ele espera a pessoa que foi buscar, observando a multidão apressada andar de um lado para outro com suas bagagens a reboque, fazendo barulho, sabendo que estão todos indo para algum lugar, que têm um objetivo ali. Que mundo mais incrível esse, penso eu, em que os aviões pousam por um breve instante antes de reaparecer magicamente em outro aeroporto no outro lado do mundo. Se eu pudesse realizar apenas um desejo, desejaria viver viajando, ir de um aeroporto ao seguinte. Ficar livre da prisão da imobilidade.

Depois que meu pai me deixa em casa, pode ser que eu não o veja por um bom tempo, talvez semanas, a menos que esbarre com ele na rua — e nesse caso escondo o rosto e finjo que não o vi, assim não resolve me apresentar a qualquer pessoa com quem estiver conversando. Não suporto a expressão de piedade curiosa que me dirigem quando sabem que sou sua filha.

"Essa é sua meidele?", arrulham com condescendência, apertando minha bochecha ou erguendo meu queixo com um dedo. Então me examinam cuidadosamente, procurando algum sinal de que sou de fato a cria daquele homem, assim podem dizer mais tarde: "Nebach, pobrezinha, tem culpa de ter nascido? Só de olhar para ela a gente percebe como está ausente."

A Bobe é a única que me acha 100% presente. Percebe-se que nunca questiona isso. Ela não julga as pessoas. Também nunca tirou conclusões sobre meu pai, mas talvez seja só negação. Quando conta histórias do meu pai na minha idade, pinta-o como adoravelmente travesso. Ele sempre fora magro demais, então ela tentara de tudo para alimentá-lo. Ele podia comer o que quisesse, mas só saía da mesa quando o prato estivesse vazio. Uma vez, ele amarrou sua coxa de frango com um barbante e a pendurou na janela, para que os gatos no quintal comessem, assim não teria de ficar preso à mesa por horas enquanto todos brincavam na rua. Quando a Bobe voltou, ele mostrou o prato limpo e ela perguntou:

— Cadê os ossos? Não tem como você ter comido os ossos também.

Foi assim que ela descobriu.

Quis admirar meu pai por sua ideia engenhosa, mas minha bolha de orgulho estourou quando a Bobe me contou que ele não foi inteligente o suficiente nem para pensar com antecedência, puxar o barbante e pôr os ossos limpos de volta no prato. Com onze anos, eu esperava por uma execução mais astuciosa desse que poderia ter sido um plano excelente.

Quando chegou à adolescência, as travessuras inocentes perderam o encanto. Na yeshivá, ele não parava quieto, então o Zeide o mandou para o acampamento Gershom Feldman, ao norte do estado de Nova York, onde havia uma yeshivá para meninos problemáticos — uma yeshivá normal, só que desciam a mão em quem não se comportava. Isso não curou o comportamento estranho do meu pai.

Talvez, numa criança, a esquisitice seja perdoada mais facilmente. Mas quem consegue explicar por que um adulto guardaria um pedaço de bolo por meses, até ficar com um cheiro de mofo insuportável? Quem consegue explicar o monte de frascos na geladeira contendo o antibiótico infantil cor-de-rosa que meu pai insiste em tomar diariamente para uma doença invisível que nenhum médico consegue detectar?

Bobe ainda tenta cuidar do meu pai. Ela prepara bife especialmente para ele, mesmo o Zeide não comendo bife desde o escândalo de dez anos atrás, quando descobriram que certa marca kosher não tinha nada de kosher. Bobe continua cozinhando para todos os filhos, até os casados. Mesmo que tenham esposas para cuidar deles agora, eles ainda aparecem na hora do jantar, e a Bobe age como se fosse a coisa mais natural do mundo. Às dez da noite, ela termina de arrumar a cozinha e anuncia, em tom brincalhão, que o "restaurante" está fechado.

Eu também como aqui, e até durmo aqui na maior parte do tempo, porque pelo jeito minha mãe nunca mais vai estar por perto e não dá para confiar na capacidade de meu pai cuidar de mim. Quando eu era pequena, lembro que minha mãe costumava ler para mim na hora de dormir, histórias sobre lagartas comilonas e sobre Clifford, o gigante cão vermelho. Na casa da Bobe, os únicos livros à vista são livros de orações. Antes de dormir, recito o Shemá.

Queria poder ler outra vez, porque os livros são minha única lembrança feliz, a de lerem para mim, mas meu inglês não é muito bom e não tem como eu conseguir um livro sozinha. Assim, em vez disso, como os cupcakes da Beigel's e o kichel de ovo. A Bobe sente um prazer e uma empolgação tão especiais com a comida que é impossível não ser contagiada por seu entusiasmo.

A cozinha da Bobe é como o centro do mundo. É onde todos se juntam para papear e fofocar, enquanto ela despeja ingredientes na batedeira ou mexe as onipresentes panelas no fogão. Conversas mais sérias acontecem com o Zeide a portas fechadas, mas boas notícias sempre são anunciadas na cozinha. Desde sempre gravitei para esse espaço de azulejos brancos, tantas vezes enevoado pelo vapor da comida. Quando ainda mal dava meus primeiros passos, eu descia a escada de nosso apartamento, no terceiro andar, para a cozinha da Bobe, no segundo, transpondo cautelosamente os degraus de linóleo com minhas pernas rechonchudas de bebê, esperando que uma recompensa de gelatina de framboesa me aguardasse ao fim de minha missão.

Sempre me senti a salvo nessa cozinha. Não sei ao certo do quê, mas ali não me vinha aquela sensação familiar de estar perdida numa terra estranha, onde ninguém sabia quem eu era ou que língua falava. Na cozinha era como se eu tivesse chegado ao lugar de onde viera, e não queria ser jogada de volta ao caos nunca mais.

Gosto de sentar encolhida no banquinho de couro entre a mesa e a geladeira e ver a Bobe bater os ingredientes de um bolo de chocolate, apenas esperando para lamber a espátula no final. Antes do Shabes, a Bobe enfia bifes de fígado no moedor de carne com um pilão de madeira, acrescentando punhados de cebola caramelada de vez em quando, e segura uma tigela embaixo para recolher o fígado moído e cremoso que escorre do moedor. Às vezes, de manhã, ela mistura leite e um caro cacau em pó holandês na panela, deixa ferver até borbulhar e me serve um chocolate denso e amargo que adoço com cubos de açúcar. Seus ovos mexidos deslizam de tão amanteigados; seu boondash, ou a versão húngara da rabanada, é sempre crocante e com um dourado perfeito. Chego a gostar mais de vê-la preparando a comida do que de comer. Adoro como a casa se enche de cheiros — eles viajam devagar pelo apartamento comprido e estreito, indo de cômodo em cômodo como uma delicada caravana de aromas. Acordo de manhã no meu quartinho no canto mais remoto da casa e farejo com expectativa, tentando adivinhar o que a Bobe está cozinhando no dia. Ela sempre acorda cedo e sempre tem algo sendo preparado quando me levanto.

Se o Zeide não está, a Bobe canta. Ela cantarola em seu delicado fio de voz enquanto bate um amontoado fofo de merengue numa tigela brilhante de inox. Essa é uma valsa vienense, me explica, ou uma rapsódia húngara. Músicas de sua infância, diz, suas lembranças de Budapeste. Assim que o Zeide chega, a cantoria cessa. Sei que mulheres são proibidas de cantar, mas na frente da família é permitido. Mesmo assim, o Zeide encoraja cantos só no Shabes. Desde a destruição do Templo, diz, deveríamos cantar ou ouvir música apenas em ocasiões especiais. Às vezes, a Bobe pega o gravador velho que meu pai me deu e põe para tocar uma fita cassete com a música do casamento da minha prima, sem parar, com o volume baixo para ela perceber caso alguém se aproxime. Ela desliga o aparelho ao menor rangido no corredor.

O pai dela foi um Kohen, lembra-me. Sua ancestralidade remontava aos sacerdotes do Templo. Kohanim são conhecidos pela voz bela e profunda. Zeide não consegue cantar por nada nesse mundo, mas adora entoar as canções que seu pai costumava cantar na Europa, as melodias tradicionais de Shabes, que sua voz distorce em uma cadeia de sons dissonantes. Bobe balança a cabeça e sorri a cada tentativa. Ela desistiu há tempos de tentar acompanhar. Zeide faz tudo soar desafinado, seus gorjeios ruidosos e fora do tom abafando a voz de todos os demais até ser impossível reconhecer a melodia. Só um filho herdou a voz dela, diz Bobe. O resto puxou ao pai. Conto que fui escolhida para um solo no coral da escola, que talvez eu tenha herdado minha voz forte e clara de sua família. Quero que sinta orgulho de mim.

Bobe nunca pergunta como estou me saindo na escola. Ela não se interessa pelas minhas atividades. É quase como se não quisesse saber de verdade quem eu sou. Age assim com todo mundo. Acho que é porque toda a sua família foi assassinada nos campos de concentração e ela não encontra mais energia para se conectar emocionalmente com as pessoas.

A única coisa com que se preocupa é se estou comendo o suficiente. Suficientes fatias de pão de centeio lambuzadas de manteiga, suficientes pratos de sua nutritiva sopa de legumes, suficientes fatias úmidas e reluzentes do strudel de maçã. Parece que a Bobe vive pondo comida na minha frente, mesmo nos momentos mais inoportunos. Experimentar peru assado no café. Salada de repolho à meia-noite. Qualquer coisa que estiver cozinhando. Não temos pacotes de batatinhas fritas na despensa, tampouco caixas de cereal. Tudo que é servido na casa da Bobe é feito na hora com ingredientes frescos.

Quem pergunta sobre a escola é o Zeide, mas costuma fazer isso só para saber se me comporto direito. Só se interessa em escutar que estou fazendo tudo certo, para ninguém poder dizer que tem uma neta desobediente. Na semana passada, antes do Yom Kipur, ele me aconselhou a demonstrar meu arrependimento, para que eu recomeçasse o ano magicamente transformada numa garota quieta e temente a Deus. Foi meu primeiro jejum; embora, segundo a Torá, eu me torne mulher aos doze anos, as meninas começam a jejuar aos onze só para ver como é. Há todo um mundo de novas regras à minha espera quando eu cruzar a ponte da infância para a vida adulta. Esse próximo ano é uma espécie de ensaio.

Restam poucos dias para o próximo feriado, o Sucot. Zeide precisa de mim para ajudá-lo a construir a sucá, a pequena cabana de madeira onde comeremos por oito dias. Para fazer o telhado, precisa que alguém vá lhe passando os bambus enquanto ele se empoleira no alto da escada, colocando as pesadas varas no lugar sobre as vigas recém-pregadas. As cavilhas fazem barulho à medida que os bambus vão se encaixando no lugar. De algum modo, sempre termino com esse trabalho, que pode ficar entediante após horas junto ao pé da escada, passando os bambus para as mãos do Zeide.

Mesmo assim, gosto de me sentir útil. Embora tenham no mínimo dez anos e fiquem guardados no porão o ano inteiro, os bambus continuam cheirosos. Fico rolando-os entre as mãos, sentindo a superfície gelada, ainda reluzente após uma década de uso. O Zeide ergue um por um com calma e determinação. Ele não tem disposição para muitas tarefas domésticas, mas acha tempo para qualquer preparativo relacionado aos feriados. Sucot é um dos meus favoritos, porque ficamos ao ar livre, no clima fresco do outono. Com o encurtar dos dias, aproveito ao máximo a réstia de sol na varanda da Bobe, mesmo que tenha de me embrulhar em várias camadas de roupa para afastar o frio. Deito em uma cama feita de três cadeiras de madeira, voltando o rosto para o sol, que penetra ao acaso pela viela estreita entre o aglomerado pardo de prediozinhos geminados. Não há nada mais relaxante que a sensação do pálido sol de outono na minha pele, e fico deitada até os últimos raios brilharem fracamente acima do horizonte cinza e empoeirado.

Sucot é um feriado longo, mas há quatro dias no meio dele sem nada de cerimonioso. Não existem regras sobre dirigir ou gastar dinheiro nesses dias, chamados Chol Hamoed, e em geral são passados como qualquer outro dia útil, exceto que nenhum trabalho é permitido, e assim a maioria das pessoas passeia com a família. Meus primos sempre vão a algum lugar nos dias de Chol Hamoed, e tenho certeza que acabarei indo junto com alguns deles. No ano passado, fomos a Coney Island. Este ano, Mimi diz que vamos patinar no gelo no parque.

Mimi é uma das poucas primas que me tratam bem. Acho que é porque o pai dela é divorciado. Sua mãe agora é casada com um homem que não é da nossa família, mas Mimi continua a visitar a casa da Bobe para ver seu pai, meu tio Sinai. Às vezes, acho que nossa família é dividida em duas, com os problemáticos de um lado e os perfeitos do outro. Só as pessoas-problema falam comigo. Não importa, Mimi é uma companhia divertida. Ela está no ensino médio, pode viajar sozinha e seca o cabelo cor de mel virando as pontas para fora.

Após dois agitados dias ajudando a Bobe a servir as refeições do feriado, levando as bandejas de comida da cozinha para a sucá e vice-versa, o Chol Hamoed finalmente chegou. Mimi vem me buscar de manhã. Estou pronta e segui suas instruções à risca: meia-calça grossa e um par de meias por cima, um suéter pesado sobre a blusa para ficar aquecida, luvas fofas de lã e também um gorro. Sinto-me inchada e desajeitada, mas preparada. Mimi veste um casaco de lã cor de carvão, chique, com gola de veludo e luvas de veludo, e invejo sua elegância. Pareço um macaco maltrapilho, com as luvas grossas deixando meus braços comicamente pesados.

Patinar no gelo é mágico. No começo, cambaleio sem firmeza nos patins alugados, apoiando-me cuidadosamente na parede do rinque conforme o contorno, mas logo pego o jeito da coisa e, depois, é como se estivesse voando. Tomo impulso com um pé após o outro e fecho os olhos enquanto deslizo, mantendo a coluna bem ereta, como Mimi disse para fazer. Nunca me senti tão livre.

Escuto o som de risadas, mas parecem distantes, perdidas no ar que passa rápido por meus ouvidos. O som de patins raspando o gelo é mais alto, e me deixo levar por seu ritmo. Meus movimentos ficam repetitivos, entro numa espécie de transe e desejo que a vida seja sempre assim. Toda vez que abro os olhos, espero estar em algum outro lugar.

Duas horas se passam, e percebo que estou faminta. É um novo tipo de fome, talvez o apetite despertado por uma deliciosa exaustão, e o vazio dentro de mim, pela primeira vez, é agradável. Mimi preparou sanduíches kosher para nós. Sentamos em um banco junto ao rinque para comer.

Mastigando com entusiasmo o pão de centeio com atum, noto uma família à mesa de piquenique próxima — mais especificamente, uma menina que deve ter a minha idade. Diferente de mim, ela parece vestir roupas adequadas para patinar no gelo, com uma blusa mais curta e meias grossas e coloridas. Está usando até protetores de orelha felpudos.

Ela percebe meu olhar e desce do banco. Estende a palma da mão fechada para mim e, ao abri-la, revela um doce, embalado num papel prateado brilhante. Nunca vi um doce assim antes.

— Você é judia? — pergunto, para me certificar de que o doce é kosher.

— Ahã — diz. — Frequento a escola hebraica e tudo. Sei o alfabeto hebraico. Meu nome é Stephanie.

Aceito o chocolate cautelosamente. Hershey's, diz. Hersh significa "veado" em iídiche. Também é um nome judeu comum para meninos. O *ey* pregado no final forma um apelido afetuoso. Me pergunto que tipo de homem é esse Hershey, se seus filhos sentem orgulho dele quando veem seu nome estampado em embalagens de doce. Quem me dera ter um pai assim. Antes que eu possa abrir a embalagem e ver como é por dentro, Mimi olha para mim com uma expressão severa e balança a cabeça, num aviso.

— Obrigada — digo a Stephanie, e fecho o punho em torno da barra, ocultando-a por completo. Ela acena e corre de volta para sua mesa.

— Não pode comer o chocolate — anuncia Mimi assim que Stephanie se afasta. — Não é kosher.

— Mas ela é judia! Ela mesma disse! Por que não posso comer?

— Porque nem todo judeu respeita o kosher. E mesmo quem respeita, nem sempre é kosher o bastante. Olha, está vendo isso escrito na embalagem? OUD. Quer dizer laticínio kosher. Mas não é laticínio cholov Yisroel, o que quer dizer que o leite que usaram não teve a supervisão rabínica apropriada. O Zeide ficaria horrorizado se visse você com isso na casa dele.

Mimi pega o chocolate da minha mão e joga na lixeira ao lado.

— Eu compro outro chocolate pra você — diz. — Mais tarde, quando a gente voltar. Kosher. Pode ser um wafer La-Hit, se quiser; você gosta, não gosta?

Faço um sinal positivo com a cabeça, aplacada. Fico olhando para Stephanie enquanto termino meu sanduíche de atum, pensativa, e a observo executar saltos no piso de borracha. As pontas serrilhadas de seus patins fazem um baque surdo sempre que ela retorna ao chão, sua postura perfeita. *Como pode ser judia e não respeitar o kosher?*, penso. *Como pode conhecer o alfabeto hebraico e mesmo assim comer chocolate Hershey's? Não sabe que não deve?*

Tia Chaya faz sua pior cara de desaprovação. Está sentada ao meu lado à mesa no feriado, ensinando-me a tomar sopa sem fazer barulho. Sua expressão é suficientemente amedrontadora para incentivar uma lição rápida e eficaz. Morro de medo de chamar a atenção dela; nunca é bom. Tia Chaya sempre esteve por trás de toda decisão importante em minha vida, embora hoje em dia eu não a veja mais com tanta frequência. Morei com ela logo depois que minha mãe foi embora para sempre, em seu pequeno Honda preto, com toda a rua pondo a cabeça para fora da janela a fim de testemunhar o espetáculo. Deve ter sido a primeira mulher em Williamsburg a dirigir.

Fui muito infeliz quando morei com minha tia Chaya. Ela gritava comigo toda vez que eu chorava, mas, quanto mais eu tentava parar, mais as lágrimas brotavam, me traindo. Eu vivia implorando para morar com a Bobe, e, embora meus avós fossem idosos e tivessem terminado de criar os filhos havia muito tempo, no fim pude me mudar. O Zeide ainda pede conselhos a Chaya sobre como me educar, e gostaria de saber o que a torna uma especialista, com três filhas que não usam mais meia-calça com costura desde que se formaram na escola e se mudaram para Borough Park depois de casar.

Antes de Sucot, a Bobe manda que eu suba ao apartamento de Chaya no quarto andar para ajudar na limpeza antes do feriado. Chaya havia espalhado ratoeiras, porque, mesmo com as duas visitas semanais do exterminador, continuamos tendo problemas com ratos, como acontece com todo mundo que vive em prédios velhos em Williamsburg. Chaya costuma lambuzar as armadilhas amarelas com bastante manteiga de amendoim e deixá-las sob os móveis. Quando cheguei, ela estava verificando as ratoeiras. Enfiou a vassoura sob o fogão e puxou uma, onde, emitindo pequenos chiados de dor e contorcendo-se desesperadamente, havia um camundongo. Uma vez preso, não havia como tirá-lo dali, eu sabia disso, mas ainda sonhava com uma solução mais misericordiosa, como, por exemplo, pegar o bicho e soltar na rua. Só que, antes que pudesse abrir a boca, Chaya pegou a armadilha com as duas mãos e a dobrou com um gesto rápido, brusco, entre suas palmas, esmagando o animal na mesma hora.

Fiquei boquiaberta por um momento. Nunca vira alguém se livrar de um rato com tanta satisfação. Quando a Bobe encontrava um, geralmente já estava morto, e ela o colocava num saco plástico e jogava no lixo do pátio da frente. Alguns meses atrás, abri uma gaveta em minha cômoda e deparei com uma família de camundongos aninhada em meu suéter: nove criaturas rosadas e contorcidas, cada uma delas do tamanho do meu polegar, agitando-se alegremente em meio a tiras de papéis e papel-alumínio, fornecidas, assim presumi, por sua mãe. Deixei que ficassem ali por uma semana sem contar a ninguém sobre minha descoberta. Um dia, sumiram. Feito uma idiota, eu permitira que dez novos camundongos adultos se esbaldassem livremente por nossa casa, enquanto a Bobe passava o tempo todo aflita pensando em como dar um fim a eles.

Não é que eu goste de ratos. Só não gosto de matar coisas. Zeide acha essa minha compaixão inapropriada, deslocada. Como se ter compaixão até fosse uma coisa boa, mas eu não a usasse direito ou algo assim. Eu me sinto mal por coisas que não deveria. Deveria ter mais compaixão pelas pessoas que tentam me criar, diz ele. Deveria me esforçar mais para deixá-lo orgulhoso.

Todos os meus tios e tias são rígidos com os filhos, pelo jeito. Vivem dando broncas, constrangendo-os e gritando com eles. Trata-se do chinuch, a maneira de criar os filhos segundo a Torá. É responsabilidade espiritual dos pais criarem os filhos para serem judeus tementes a Deus e respeitadores da lei. Logo, qualquer forma de disciplina é justificada, contanto que com esse propósito. O Zeide costuma me lembrar que, quando passa um sabão em algum neto, é apenas por obrigação. Raiva genuína é proibida, diz ele, mas a pessoa deve fingir senti-la, em nome do chinuch. Na nossa família, não abraçamos nem beijamos. Ninguém elogia ninguém. Pelo contrário, observamos os demais com atenção, sempre prontos para apontar falhas espirituais ou físicas. Isso, afirma Chaya, é compaixão — compaixão pelo bem-estar espiritual dos outros.

E ninguém mais do que Chaya mostra tamanha compaixão por meu bem-estar espiritual. Sempre que visita a Bobe, ela me observa como uma águia, anunciando de tantos em tantos minutos o que fiz de errado. Meu coração acelera quando ela está por perto; os batimentos ritmados ecoam audivelmente em meus ouvidos, abafando o som de sua voz. Não é como se fosse a única da família a me criticar. A tia Rachel sempre me olha como se eu tivesse uma sujeira no rosto que esqueci de limpar, e o tio Sinai me dá um tapa na cabeça quando estou no seu caminho. Mas Chaya olha diretamente para mim quando fala comigo, a boca rígida com algo próximo da raiva, que não entendo muito bem. Ela está sempre de conjuntinho e sapatos caros, combinando, e de alguma forma sua roupa nunca fica amarrotada ou suja, mesmo quando ela serve comida ou faz alguma limpeza. Quando deixo respingar um pouquinho de sopa em minha gola, estala a língua de desdém. Tenho a nítida sensação de que sente prazer com o medo que provoca em mim; faz com que se sinta poderosa. Os demais parecem não perceber como me sinto em relação a eles, mas ela sabe que me assusta e gosta disso. Há ocasiões em que até finge ser boazinha, a doçura escorrendo de sua voz, mas o brilho em seus olhos azuis estreitos dá a entender outra coisa. Pergunta se eu não gostaria de ajudá-la a fazer uma torta de cereja, mas me examina cuidadosamente enquanto sovo a massa na tigela de aço, à espera do menor deslize.

Chaya é a única loira de verdade na família. Tenho duas outras tias que usam peruca loira, mas todo mundo sabe que o cabelo delas escureceu muito antes de se casarem. Só Chaya tem a tonalidade de uma loira genuína: pele clara, uniforme, e olhos cor de gelo, azulados. É muito raro alguém em Williamsburg ter cabelo loiro natural, e dá para perceber que Chaya se orgulha de sua beleza. Às vezes espremo limão na cabeça e espalho pelos fios, tentando clareá-los, mas não faz efeito. Uma vez passei creme alvejante só numa parte e deu certo, mas fiquei preocupada de perceberem, porque parecia bem óbvio. É proibido tingir o cabelo, e eu não teria suportado a fofoca se desconfiassem de minhas novas madeixas douradas.

Chaya convenceu o Zeide a deixá-la me levar a outro psiquiatra. Já estivemos em dois, ambos judeus ortodoxos com consultórios em Borough Park. O primeiro afirmou que eu era normal. O segundo contou a Chaya tudo que eu falei, então me fechei e me recusei a conversar de novo, até ele desistir. Dessa vez, segundo ela, vai me levar a uma mulher.

Entendo por que preciso ver médico de gente louca. Imagino que eu também deva ser. Estou só esperando o dia em que vou acordar espumando pela boca como minha tia-avó Esther, que é epiléptica. Afinal, insinua Chaya, vem do lado materno da minha família. Sem dúvida, com minha infeliz herança genética, dificilmente posso sonhar em ter saúde mental. O que não consigo entender é: se esses médicos ajudam em alguma coisa, por que não mandaram meus pais para um? Ou, se mandaram e não funcionou, por que funcionaria comigo?

O nome da mulher é Shifra. Ela mostra um papel com um esquema que chama de eneagrama. É uma lista com nove tipos de personalidade diferentes, e ela me explica que a pessoa pode ser de um dos nove tipos, mas mesmo assim ter "alas" nas outras personalidades, assim você pode ser um cinco com alas quatro e seis.

— O quatro é o Individualista — conta ela. — É por isso que você está aqui.

Impressionante a rapidez com que me enfiou numa caixa em dez minutos de consulta. E tem alguma coisa tão errada assim em ser um indivíduo, em ser autossuficiente e reservado, como ela diz? Seria essa a neurose de que Chaya quer me extirpar, para que fique mais parecida com ela — rígida, disciplinada e, acima de tudo, conformada?

Deixo a sessão antes do fim, em um rompante. Certamente, a "doutora" usará isso como prova de que sou de fato um problema a ser resolvido, uma personalidade confusa a ser reorganizada. Caminho pela Sixteenth Avenue, observando mulheres e jovens fazerem compras para o Shabes. Sinto o cheiro podre vindo da sarjeta suja e torço o nariz. Não entendo por que não consigo ser como essas outras meninas, em quem o recato é tão arraigado que corre por suas veias. Até seus pensamentos são calmos e silenciosos. Comigo, dá para ver no meu rosto o que estou pensando. E embora eu nunca expresse meus pensamentos em voz alta, dá para perceber que são ideias proibidas. Na verdade, pensei em algo proibido agora mesmo. Lembrei que não me esperam de volta em Williamsburg por pelo menos mais uma hora e meia, e a poucas quadras ao norte fica a biblioteca pública pela qual passei tantas vezes. É mais seguro para mim entrar furtivamente ali, em um bairro onde ninguém me conhece. Não preciso ficar tão receosa de ser reconhecida.

Na biblioteca está tudo tão silencioso e calmo que sinto meus pensamentos se expandirem por todo o espaço que o pé-direito elevado me permite. A bibliotecária arruma um mostruário na seção infantil, milagrosamente vazia. Gosto da seção infantil porque há lugar para sentar e os livros já estão separados para mim. As bibliotecárias sempre sorriem quando me veem, um encorajamento silencioso no olhar.

Não tenho cartão, então não posso levar nenhum livro para casa. Quem dera pudesse, porque sinto uma felicidade e uma liberdade tão extraordinárias quando leio que estou convencida de que, caso os tivesse sempre à disposição, os livros poderiam tornar suportável todo o restante da minha vida.

Às vezes, é como se os autores desses livros me compreendessem, como se, ao escrever essas histórias, estivessem pensando em mim. De que outra forma explicar as semelhanças que divido com as personagens dos contos de Roald Dahl, crianças infelizes e precoces desprezadas e negligenciadas por suas famílias e colegas superficiais?

Após ler *James e o pêssego gigante*, sonhei que rolava no útero de uma fruta do pomar da Bobe. Parece que quando crianças — crianças estranhas e incompreendidas como eu — são o foco de uma obra literária, em algum momento acontece alguma coisa para mudar a vida delas, para transportá-las ao mundo subterrâneo de magia ao qual de fato pertencem. E então elas se dão conta de que sua antiga vida era só um equívoco, que elas sempre foram extraordinárias, destinadas a coisas maiores e melhores. Também espero secretamente cair num buraco e acabar no País das Maravilhas ou atravessar o fundo de um guarda-roupa e sair em Nárnia. Que outras possibilidades eu poderia considerar? Com certeza nunca me sentirei em casa nesse mundo.

Cruzo as pernas com uma expectativa deliciosa quando leio sobre Matilda, e como ela certo dia descobre seu poder na aula, aquela virada desesperadora que as histórias parecem ter, quando se acredita que toda esperança está perdida e então de repente ela ressurge, vinda de algum lugar inesperado. Será que um dia também vou descobrir que tenho um poder secreto? Estará ele adormecido nesse exato momento? Nesse caso, tudo isso faria sentido se eu fosse como Matilda e, no fim, voltasse para casa com a srta. Honey.

Livros infantis sempre têm um final feliz. Como ainda não comecei a ler livros de adultos, passei a aceitar essa convenção como um fato da vida. Na física da imaginação, a regra é a seguinte: a criança só aceita um mundo justo. Esperei por muito tempo que alguém viesse me salvar, como nas histórias. Quando entendi que ninguém apareceria para pegar o sapatinho de cristal que eu deixara para trás, foi difícil de aceitar.

Quanto mais vazio o pote, mais barulho ele faz. Esse é o ditado que escuto o tempo todo de Chaya, dos professores na escola, dos livros didáticos iídiches. Quanto mais barulhenta a mulher, maior a chance de ser espiritualmente oca, como uma tigela vazia que vibra com um eco ressonante. Um recipiente cheio não produz som; seu conteúdo é denso demais para ele ressoar. Inúmeros provérbios foram repetidos para mim ao longo da minha infância, mas esse é o que mais me incomoda.

Tento, mas não consigo reprimir meu impulso natural de responder. Não é inteligente, sei disso, querer ter sempre a última palavra. Resulta num mundo de problemas do qual poderia facilmente me poupar se ao menos aprendesse a ficar calada. Entretanto, não consigo deixar um erro alheio passar batido. Tenho de comentar os lapsos gramaticais e erros de citação dos meus professores por um dever inexplicável para com a verdade. Esse comportamento me deixou marcada como uma mechitsef, uma atrevida.

Estudo na escola Satmar agora. Chaya decidiu em que turma me colocar; ela é a diretora do ensino primário. As outras alunas no começo ficaram com inveja, presumindo que eu gozasse de favores ilimitados, mas na verdade isso é mais uma oportunidade para Chaya ficar de olho em mim e manter meus avós informados. Ela diz ter me colocado na turma das mais inteligentes, assim eu me sentiria desafiada. Há doze turmas de sexta série e cada uma é conhecida por uma característica particular. Minhas colegas são dedicadas, estudiosas e não entendem meu desejo por distrações.

Tamborilo baixinho com meu lápis na carteira enquanto a professora explica a seção semanal da Torá. É simplesmente insuportável aturar isso por horas a fio, ouvi-la se alongar em sua costumeira voz monótona. Se ela ao menos tentasse deixar tudo um pouco mais interessante, talvez eu não achasse tão difícil ficar quieta. Mas, bem, se ela não se preocupa em dar uma animada nas coisas, eu mesma me encarregarei disso.

Duas semanas atrás, encontraram um rato morto debaixo do radiador. Houve uma correria histérica, todas tentando sair da sala ao mesmo tempo. O fedor era insuportável. Lembro de Chaya descer de sua sala no quarto andar para ver o motivo de tanta comoção. Ela caminhou devagar até o fundo da sala, os sapatos de salto quadrado ecoando no assoalho de madeira, as mãos entrelaçadas às costas muito eretas. Jogou sobre o ombro o lenço que cobria a peruca loira, curta, antes de abaixar para ver sob o radiador. Quando voltou a endireitar o corpo, uma bolota cinza e murcha pendia de sua mão enluvada. Alguém do meu lado abafou um grito. Com os lábios franzidos e as sobrancelhas arqueadas de menosprezo, Chaya colocou o animal morto num Ziploc. Até a professora parecia visivelmente abalada, o rosto pálido. Fui a única que não ficou muda de surpresa.

Não consigo explicar minha tia. Ela não é parente de sangue da minha família e sei muito pouco sobre seu passado. Só sei que suas filhas, como ela, são estranhas. Todas têm o mesmo jeito frio, a mesma postura e atitude rígidas. E ela se orgulha delas por isso e quer que eu seja igual. É como se achasse que nunca sentirei dor, e assim serei sempre capaz de fazer o que se espera de mim. Às vezes, acho que ela tem razão. Mas não estou preparada para riscar a chance de felicidade da minha existência, e viver como ela significa abrir mão das emoções. Estou convencida de que minha capacidade de sentir profundamente é o que me torna extraordinária, e essa é minha passagem para o País das Maravilhas. Um dia desses encontrarei um vidrinho com o rótulo "Beba-me" na minha mesinha de cabeceira. Até lá, estou presa nessa sala de aula. Preciso pensar num modo de fazer o tempo passar mais rápido.

Se pelo menos encontrassem outro rato. Batucando suavemente com o lápis na carteira, uma ideia me vem à mente, como um delicioso arrepio percorrendo minha coluna. E se... Não, de jeito nenhum. Mas talvez... Não, arriscado demais. Dizer que vi um rato que não existe? Mas, se desse certo, quem poderia me acusar de alguma coisa? É travessura dar um pulo na cadeira quando você vê um rato correndo? Dificilmente poderão afirmar que foi premeditado. Meu corpo agora formiga com uma expectativa nervosa. Como eu pregaria essa peça? Já sei! Vou deixar cair o lápis. Então, quando abaixar para pegá-lo, subo correndo na cadeira, gritando de pavor. Vou dizer "Um rato!", e será o suficiente.

Sinto um peso no estômago ao rolar o lápis vagarosamente em direção à beirada da carteira e vê-lo cair com um baque no chão, fazendo a maior cara de tédio e sono possível. Abaixo para pegá-lo e, por um momento, permaneço abaixada, em um instante de torturada hesitação, antes de subir na cadeira.

— *Aaaah!* — grito. — *Um rato! Eu vi um rato!*

Instantaneamente a turma entra em polvorosa com os gritos das meninas subindo em suas carteiras para evitar o perigosíssimo roedor. Até a professora parece aterrorizada. Ela manda a monitora da classe buscar o zelador. Enquanto isso, nada de aula até o zelador inspecionar a sala e decretar que está livre de ratos, como sei que fará.

Mesmo assim, ele vem conversar comigo, tentando descobrir o caminho do animal e o possível furo pelo qual teria desaparecido, em momento algum parecendo duvidar da minha palavra. Será que não consegue imaginar que uma das garotas comportadas da Satmar seria capaz de aprontar uma travessura dessas? Ou porque o medo e o choque em meu rosto são em parte reais? Eu mesma fico impressionada com minha ousadia.

No intervalo, minhas colegas me rodeiam com uma curiosidade mórbida, querendo saber cada detalhe. "Você ficou branca!", comentam. "Parecia completamente aterrorizada." Que atriz. O rosto lívido e as mãos trêmulas que acompanharam o grito. E pensar no que posso fazer com tal habilidade — a capacidade de convencer os outros de emoções que não sinto realmente! É uma ideia empolgante.

Mais tarde, quando a Bobe e o Zeide ficam sabendo do incidente por Chaya, dão risada. Só Chaya olha para mim com expressão desconfiada, mas não fala nada. Pela primeira vez, sinto-me triunfante, e lhe devolvo calmamente o olhar. Então esse é meu poder. Pode ser que não consiga mover as coisas com a mente, como Matilda, mas sei fingir; consigo atuar de forma tão convincente que nunca ninguém saberá a verdade.

— Bobe, o que é virgem?

Bobe está sovando a massa para o krepale no tampo de ferro fundido e ergue o rosto em resposta à minha pergunta. O dia está úmido, perfeito para deixar a massa crescer. O vapor vindo do fogão embaça as janelas salpicadas de chuva. Meus dedos farinhentos marcam a embalagem de azeite, cuja imagem de uma mulher em graciosos trajes drapejados é entremeada pela palavra "extravirgem".

— Onde você ouviu essa palavra? — pergunta ela.

Vejo sua expressão de choque e percebo que falei algo feio, então gaguejo ansiosamente:

— S-s-sei lá, Bobe, não me lembro...

Viro o vidro de azeite, deixando o rótulo contra a parede.

— Ora, isso não é palavra que uma mocinha deva conhecer — diz Bobe, e volta a amassar a delicada farinha de batata com as mãos.

Seu turbante de algodão cor-de-rosa está torto, de modo que a pedra cintilante presa no nó fica sobre sua orelha direita e deixa visível um tufo de penugem branca. Quando me casar, vou usar um desses turbantes chiques de tecido atoalhado, com um trançado elegante no alto da minha cabeça, e vou raspar qualquer cabelo abaixo da nuca, embora a Bobe diga que sua nuca coça o tempo todo quando ela faz isso.

Bobe adora contar a história de como o Zeide lhe pediu que raspasse a cabeça. Fazia dois anos que estavam casados; ele simplesmente chegara em casa um dia e dissera:

— Fraida, quero que raspe toda a sua cabeça.

— Marido do céu — replicara ela, indignada —, ficou louco ou o quê? Para você não basta eu cobrir o cabelo com uma peruca, quando nem minha mãe lá na Europa usava uma, e agora ainda por cima quer que eu raspe tudo? Nunca na minha vida ouvi falar de uma frumkeit assim, de uma religião que diz que a mulher tem que raspar a cabeça.

— Mas, Fraida — suplicou o Zeide —, o Rebe disse! É uma nova regra. Todos os homens estão dizendo para as esposas fazerem isso. Quer que eu seja o único com uma esposa que não raspa a cabeça? *Nu*, quer trazer uma vergonha dessas para nossa família? Quer que o Rebe fique sabendo que não consigo fazer minha esposa seguir as regras?

Bobe deu um suspiro dramático.

— *Nu*, esse Rebe é o quê? Meu Rebe nunca foi. Também não era seu Rebe antes da guerra. De repente, a gente tem um novo Rebe? E, me diga, quem é esse Rebe que disse que eu tenho de raspar a cabeça, sendo que nunca fui sequer apresentada a ele? Uma mulher para lá de recatada e devota que ele nem conhece, você fala isso para ele, mesmo eu tendo algum cabelo na cabeça.

Ainda assim, após múltiplos apelos, a Bobe finalmente dá o braço a torcer e passa a navalha na cabeça. Ela sempre me diz: "Raspar a cabeça, você pensa, foi um trauma? Trauma nenhum. Me acostumei muito rápido! E, para ser honesta, é muito mais confortável, principalmente no verão."

"No fim das contas, não teve nada de mais", diz. Às vezes parece que está tentando convencer a si mesma, não a mim.

"Por que o Rebe decidiu que as mulheres têm de raspar a cabeça", sempre pergunto, "se ninguém fazia isso na Europa?".

A Bobe hesita por um instante antes de responder. "O Zeide fala que o Rebe quer que sejamos mais ehrlich, mais devotos, do que qualquer judeu já foi. Ele diz que, se fizermos um esforço extremo para que Deus se orgulhe de nós, Deus nunca vai nos magoar outra vez, como fez na guerra." E, com isso, ela sempre fica em silêncio, mergulhando no martírio das reminiscências.

Olho para a Bobe agora, curvada sobre os afazeres incessantes, e vejo-a ajeitar o turbante com a mão suja de farinha, deixando uma mancha branca na testa. Ela corta quadrados da massa achatada de krepale e os recheia com queijo cottage, depois dobra os quadrados no meio para formar bolsinhas triangulares. Ponho os krepalech em uma panela com água fervendo no fogão e os observo lutar por um lugar à superfície. Gostaria de poder retirar a pergunta ou pelo menos dizer *a gut vurt* para a Bobe, algo para assegurá-la de que sou uma boa menina que não usa palavras feias.

Mas nunca me ocorre nada além de perguntas. "Oy vey", diz Bobe com um suspiro, quando começo a perguntar coisas, "por que sempre precisa saber tudo?". Não sei, mas é verdade, *preciso* saber e pronto. Quero saber sobre aquele livro que ela deixa escondido na gaveta com sua roupa íntima, uma brochura vagabunda com uma mulher fazendo beicinho na capa, mas sei que o esconde por um motivo, que é um segredo, e deve continuar assim.

Também tenho segredos. Talvez a Bobe saiba sobre eles, mas não dirá nada sobre os meus se eu não disser nada sobre os dela. Ou talvez sua cumplicidade esteja apenas na minha imaginação; é possível que seja um acordo feito apenas por um lado. Será que a Bobe me entregaria? Escondo meus livros embaixo da cama e ela, sob a lingerie, e uma vez por ano, quando o Zeide inspeciona a casa para Pessach, mexendo nas nossas coisas, aguardamos ansiosamente por perto, morrendo de medo de sermos descobertas. O Zeide chega a vasculhar minha gaveta de calcinhas. Só quando lhe digo que são coisas particulares de mulher é que ele desiste, relutante em violar a privacidade feminina, e passa ao guarda-roupa da minha avó. Ela fica tão na defensiva quanto eu, vendo-o remexer sua lingerie. Ambas sabemos que nosso pequeno estoque de livros mundanos deixaria meu avô muito mais chocado do que uma pilha de chametz, os fermentados proibidos. Bobe talvez se safasse com uma bronca, mas eu não seria poupada da ira do meu avô. Quando meu Zeide se enfurece, sua longa barba branca parece se erguer e tomar todo o seu rosto, como uma labareda faiscante. O ardor de seu desprezo me faz murchar na mesma hora.

"*Der tumeneh shprach!*", esbraveja ele quando me pega falando inglês com minhas primas. Uma língua impura, diz o Zeide, é como um veneno para a alma. Ler um livro em inglês é pior ainda; deixa minha alma vulnerável, um tapete de boas-vindas estendido para o demônio.

Hoje não estou no meu estado normal, o que explica meu lapso. Tenho uma novidade debaixo do colchão essa semana, e daqui a pouco (quando Bobe não precisar de minha ajuda com o krepale) vou me fechar no quarto e pegar aquela maravilha encadernada em couro, com seu inebriante cheiro de livro novo. É uma seção do Talmude, com a tradução inglesa proibida, milhares de páginas, prometendo semanas de estimulantes leituras. Mal acredito que finalmente serei capaz de decifrar o discurso talmúdico antigo concebido especificamente para manter a distância ignorantes como eu. O Zeide não permite que eu leia os livros hebraicos trancados em seu armário: são só para homens, diz; lugar de menina é na cozinha. Mas tenho muita curiosidade no que diz respeito àqueles ensinamentos e sobre o que exatamente está escrito nos livros em que ele se debruça por tantas horas, estremecendo num êxtase de erudição. As parcas migalhas de conhecimento diluído providas pelos professores na escola servem apenas para me deixar querendo mais. Quero saber a verdade sobre Rachel, a esposa do Rabi Akiva, que cuidou de sua casa miserável por doze anos enquanto o marido estudava a Torá numa terra estrangeira. Como a filha mimada de um homem rico pôde se resignar a tamanho sofrimento? Minhas professoras dizem que foi uma santa, mas com certeza é mais complexo que isso. Por que se casaria com um homem pobre e ignorante como Akiva, para começo de conversa? Não pode ter sido pela aparência, pois, nesse caso, ela não teria concordado com sua viagem de doze anos. Tem de haver um motivo, e, se ninguém vai me contar, é minha tarefa descobrir.

Comprei a tradução Schottenstein do Talmude na semana passada, na Judaica, em Borough Park. A livrariazinha estava vazia, iluminada apenas por fiapos de sol que entravam pelas janelas sujas. Partículas prateadas de poeira pareciam suspensas nos raios de luz, ascendendo vagarosamente com o movimento da fraca corrente vinda de uma saída de aquecedor. Mergulhei nas sombras daquelas estantes impressionantes, murmurando para o vendedor que o livro era para meu primo, que alguém pedira que eu o comprasse. Perguntei-me se meu nervosismo era evidente; sem dúvida, a farsa estava estampada na minha testa, como Zeide sempre avisou que estaria. "*Der emes shteit oif di shteren*", diz. "Por mais convincente que seja a mentira, o rosto entrega a pessoa." Imagino palavras gravadas na minha pele, brilhando como néon no escuro, minha franja castanha e lisa afastada por uma brisa súbita.

Só um homem trabalha nessa minúscula livraria na New Utrecht Avenue, como percebi em minhas muitas visitas para reconhecer o terreno. Ele é velho e pisca sem parar, e suas mãos tremem. Conforme embrulhava em papel pardo o livro grande e difícil de manusear, mal pude crer que me safara com essa. Talvez esse homem não soubesse ler testas ou eu conseguira me passar por estúpida, mantendo um ar inexpressivo e desinteressado. Ele pegou meus sessenta dólares — notas de um, em sua maioria, que consegui juntar em alguns dias ficando de babá —, e contou o dinheiro devagar antes de fazer um sinal positivo com a cabeça.

— *Gut* — disse. Tudo certo, eu podia ir.

Tentei sair da loja despreocupadamente, e só quando cheguei no fim da quadra comecei a pular de alegria incontida. A emoção ilícita do que acabara de fazer deixou meus joelhos bambos no ônibus para Williamsburg. Sem dúvida todos podiam perceber a travessura que eu aprontara. Os homens, na parte da frente do ônibus, felizmente estavam de costas para mim, mas as mulheres, de lenço na cabeça e meia-calça grossa, pareciam me encarar de forma acusadora, bem como o pacote pesado em meu colo.

Descendo a Penn Street, segurei o pacote de papel pardo com força junto ao peito, minhas pernas trêmulas e energizadas, com uma mistura de medo e triunfo. Evitava o olhar dos transeuntes, apavorada de topar com uma vizinha desconfiada. E se alguém me perguntasse o que estava levando? Desviei de meninos correndo em bicicletas velhas e de adolescentes empurrando os irmãos pequenos em carrinhos de bebê barulhentos. Todo mundo estava na rua nesse agradável dia de primavera, e atravessar a metade do último quarteirão pareceu durar uma eternidade.

Ao chegar, fui correndo esconder o livro embaixo do colchão, empurrando-o bem para dentro, só por precaução. Alisei o lençol e os cobertores e arrumei a colcha para que pendesse até o chão. Sentei na beirada da cama e senti a culpa me invadir tão de repente que seu peso me manteve pregada no lugar.

Queria esquecer que esse dia existira. Durante todo o Shabes, o livro queimou sob o colchão, ora me repreendendo, ora acenando. Ignorei o chamado; era perigoso demais, havia gente demais por perto. O que o Zeide diria se descobrisse? Até a Bobe ficaria horrorizada, eu sabia.

O domingo se estende diante de mim como um krepale fechado, um dia macio, suave, com um recheio secreto. Só preciso ajudar a Bobe com a comida, depois terei o resto da tarde livre para passar como quiser. Bobe e Zeide foram convidados para o bar mitzvá de um primo hoje, o que significa que desfrutarei pelo menos três horas de privacidade ininterruptas. Ainda tem uma fatia de bolo de chocolate no congelador, e, com sua memória fraca, a Bobe nem vai dar falta. Dá para a tarde ficar melhor do que isso?

Depois que os passos pesados do Zeide somem na escada, observo da minha janela no segundo andar meus avós entrarem no táxi, e então puxo o livro de debaixo do colchão e o ponho com reverência na escrivaninha. As páginas são feitas de papel claro, translúcido, e estão cobertas por blocos de texto: as palavras originais do Talmude, bem como a tradução inglesa, e o discurso do rabino, que ocupa a metade inferior de cada uma. Gosto mais das discussões, registros das conversas que antigos rabinos tiveram sobre cada frase sagrada no Talmude.

Na página 65, os rabinos discutem sobre o rei Davi e sua esposa ilícita, Betsabá, uma misteriosa história bíblica que sempre despertou minha curiosidade. Pelos fragmentos mencionados, parece que Betsabá já era casada quando Davi pôs os olhos nela, mas o rei ficou tão atraído que mandou o marido, Urias, para a linha de frente, para morrer na guerra, deixando Betsabá livre para se casar outra vez. Posteriormente, quando, enfim, já havia tomado a pobre Betsabá como sua legítima esposa, Davi fitou os olhos da mulher, viu o rosto do pecado que ele cometera refletido no espelho de suas pupilas e ficou enojado. Depois disso, Davi se recusou a ver Betsabá outra vez, e ela viveu o resto da vida no harém do rei, ignorada e esquecida.

Agora percebo por que não me deixam ler o Talmude. As professoras sempre disseram: "Davi não tem pecados. Davi é um santo. É proibido falar mal do adorado filho de Deus e líder ungido." Será a esse mesmo ancestral ilustre que o Talmude se refere?

Davi não só se esbaldava com as inúmeras esposas, como também tinha companheiras com quem não era casado, eu descubro. Elas eram chamadas de concubinas. Digo a nova palavra em voz alta, *con-cu-bi-na*, e não soa ilícito, como deveria, apenas me faz pensar numa árvore alta e majestosa. Uma árvore de concubinas. Imagino lindas mulheres pendendo de seus ramos. *Con-cu-bi-na*.

Betsabá não era uma concubina, porque Davi a honrou tomando-a como esposa, mas o Talmude diz que foi a única não virgem escolhida por ele. Penso na bela mulher do vidro de azeite, a extravirgem. Os rabinos afirmam que Deus designava apenas virgens para Davi e que a santidade dele teria se corrompido se tivesse ficado com Betsabá, que já fora casada.

O rei Davi é o parâmetro ao qual seremos todos comparados no céu, dizem. Sério, comparado com concubinas, que mal minha coleçãozinha de livros em inglês pode ter?

Não me dou conta nesse momento de que perdi a inocência. Só percebo isso anos mais tarde. Um dia, olharei para trás e entenderei que, assim como houve um momento em minha vida em que tomei consciência de onde meu poder residia, houve também um momento específico em que parei de acreditar em uma autoridade inquestionável e passei a tirar conclusões próprias sobre o mundo em que vivia.

Na época, o problema da perda da inocência foi que isso dificultou o fingimento. Um conflito crescia descontroladamente dentro de mim: entre minha forma de pensar e os ensinamentos que eu absorvia. De vez em quando, essa tensão transbordaria sobre minha fachada tranquila, e os outros tentariam me afastar das chamas da curiosidade antes que eu fosse longe demais.

Não escuto o despertador tocar no domingo de manhã e, quando enfim acordo, já são 8h40 e não tenho tempo para nada exceto vestir a roupa e sair voando. Ponho a meia-calça preta e grossa que a Bobe lavou e deixou secando ontem no varal da varanda; ela está dura e fria por causa do ar gelado do outono, e o tecido fica esquisito nas minhas pernas, enrugando de forma pouco atraente nos joelhos e tornozelos. No banheiro, me examino à luz da lâmpada fluorescente e espremo os cravos no nariz. Meu cabelo está amassado e quebradiço, meus olhos, enevoados sob as pálpebras inchadas.

Esqueci de colocar uma blusa debaixo do suéter. Há uma nova regra sobre não usar malhas diretamente em cima do corpo. Agora que estamos crescendo, dizem minhas professoras, temos de tomar cuidado e evitar tecidos que colam ao corpo. Pode ser que eu me meta em encrenca, mas faltam dez para as nove e, se sair agora, chego em cima da hora e consigo entrar no refeitório a tempo das orações da manhã. Não posso chegar atrasada hoje; já tenho pontos negativos demais. Deixo a blusa para lá.

Entro correndo na escola bem no instante em que a secretária-assistente está fechando a porta do salão de orações. Ela suspira quando me vê e sei que não consegue se decidir entre me deixar entrar ou me mandar para a diretoria, onde receberei uma notificação pelo atraso. Passo espremida pela fresta da porta com um sorriso encabulado.

— Obrigada — digo, recuperando o fôlego e ignorando sua expressão zangada.

Uma garota da oitava série foi escolhida para conduzir a sessão de orações. Sento rapidamente num dos lugares vagos nas fileiras do fundo, perto da Raizy, que desfaz os nós do cabelo castanho com um pente. Mantenho a cabeça baixa, na direção geral do livro de orações sobre meu colo, mas sem focar em nada, de modo que as palavras ficam borradas na página. Mexo os lábios para parecer que estou rezando quando a secretária passa pelo corredor, verificando se estamos todas acompanhando. Raizy esconde o pente sob uma página em seu livro de orações e canta alto junto com as outras.

Rezamos para o Deus do nosso povo, a quem chamamos HaShem, literalmente, "o Nome". O verdadeiro nome de Deus é devastadoramente sagrado e poderoso; pronunciá-lo representaria uma pulsão autodestrutiva, assim, temos apelidos seguros para ele: o Santo, Ele, o Único, o Criador, o Destruidor, o Observador, o Rei dos Reis, o Verdadeiro Juiz, o Pai Misericordioso, Senhor do Universo, o Grande Arquiteto, uma longa lista de nomes para todos seus atributos. Devo me render a essa divindade toda manhã, de corpo e alma; por esse Deus, dizem minhas professoras, devo aprender o silêncio, de modo que apenas sua voz possa ser ouvida através de mim. Deus vive em minha alma, e devo passar a vida conservando a alma imaculadamente limpa de todo vestígio de pecado, para que mereça acolher sua presença. A contrição é uma tarefa diária; nas sessões matinais de orações, nos arrependemos antecipadamente pelos pecados que cometeremos nesse dia. Olho para as outras ali, que devem crer com sinceridade em seu mal inerente, considerando que choram sem pudor e suplicam a Deus que as ajude a afastar a yetzer hara, ou inclinação ruim, da consciência.

Embora eu fale com Deus, não é por meio da oração. Falo com ele na minha cabeça, e até admito que não lhe dirijo a palavra com humildade, como deveria. Falo com ele de forma franca, como faria com uma amiga, e vivo lhe pedindo favores. Mesmo assim, acho que Deus e eu temos uma relação relativamente boa. Nessa manhã, enquanto todas oscilam com paixão à minha volta, sou pura calma num mar de garotas, apenas pedindo a Deus que torne esse dia suportável.

É muito fácil implicar comigo. As professoras sabem que não sou importante, que ninguém vai me defender. Não sou filha de rabino, então, quando ficam irritadas, viro o bode expiatório perfeito. Tomo cuidado para nunca tirar o rosto do meu Sidur durante a oração, mas Chavie Halberstam, a filha do rabino, pode cutucar Elky, sua amiga, e indicar o papel higiênico grudado no sapato da professora, e fica tudo por isso mesmo. Já comigo basta um sorrisinho para chamarem minha atenção na mesma hora. Por isso preciso de Deus do meu lado; não tenho mais ninguém para me apoiar.

Assim que piso em minha sala no quarto andar pela manhã, sou abordada pela sra. Meizlish, nossa professora de iídiche. Sua monocelha se contrai de fúria. Eu a chamo de sra. Meizel, que é o mesmo que rato, pelas costas. Não consigo evitar; seu nome praticamente pede por um trocadilho, e alguma coisa no jeito como seu lábio superior às vezes deixa os dois dentes da frente à mostra faz com que ela genuinamente pareça um rato. Ela não gosta muito de mim.

— Você está sem blusa por baixo do suéter — vocifera a sra. Rato para mim de trás da pesada mesa de aço na frente da sala, girando a cabeça em minha direção de modo que sua trança preta e grossa chicoteia às suas costas como uma cauda. — Nem pense em ir para sua carteira. Você vai direto para a sala da diretora.

Recuo devagar, em parte feliz por ser banida. Se tiver sorte, a diretora ficará ocupada a manhã toda e poderei passar horas sentada em sua sala em vez de ficar boiando na aula de iídiche. É uma troca justa. Claro que levarei uma bronca; talvez até me mandem voltar para casa e trocar de roupa. Se o Zeide não estiver, posso passar a maior parte da tarde por lá, alegando que fui "me trocar". Quem sabe terminar o livro novo que comecei, sobre uma índia que se apaixona por um colono americano no século XVII. Mas sempre existe a possibilidade de ele estar em casa. Nesse caso, vai querer saber por que me mandaram de volta, e não suporto a expressão de desolada decepção em seu rosto quando constata que não sou a aluna modelo que espera que eu seja.

"*Nu*, Devoireh", geme ele, a voz suplicante. "Não pode ser uma boa menina para seu Zeide, para eu sentir um pouquinho de nachas, um pouquinho de orgulho, de você?" Seu iídiche arrastado tem sotaque europeu forte e um ritmo insuportavelmente triste, que faz eu me sentir velha e cansada sempre que o escuto.

Talvez não devesse esperar isso de Deus, esse desejo de ser mandada de volta para casa só para evitar algumas horas de escola. Não se há a possibilidade de eu ter de escutar à mesa do jantar um sermão sobre obediência e honra.

A sala da Rebetsin Kleinman é uma bagunça. Apoio o ombro na porta, e ela se move com um rangido. Tiro caixas de envelopes e panfletos do caminho, de modo a conseguir entrar cautelosamente, e tomo o cuidado de não derrubar nenhuma das caixas abertas empoleiradas na beirada de sua mesa. Pelo jeito, não tem lugar para eu sentar; além de sua cadeira, há apenas um banquinho de madeira com uma pilha de livros de orações. Me equilibro no peitoril da janela, na parte onde a tinta não está descascando muito, preparada para uma longa espera. Tenho uma oração especial para essas ocasiões, o Salmo 13, meu favorito, que sempre repito treze vezes numa situação assim.

— Atende-me, ouve-me, HaShem — murmuro baixinho em hebraico.

Súplicas dramáticas, mas tempos desesperados pedem medidas desesperadas. Além disso, é o salmo mais curto do livro, portanto o mais fácil de decorar. *Por favor, não permita que eu esteja suficientemente encrencada a ponto de o Zeide ser avisado,* rezo em silêncio. *Permita que eu receba apenas uma advertência, e nunca mais esquecerei de pôr a blusa outra vez. Por favor, Deus.*

— Até quando meus inimigos me vencerão...

Do lado de fora as secretárias fofocam em voz alta, devorando os petiscos confiscados nas orações matinais das alunas que perderam o café da manhã e esperavam uma chance de sossegar o ronco em sua barriga antes da primeira aula. O próximo intervalo é apenas às 10h45.

— Até quando ocultarás Tua face de mim, HaShem...

Escuto passos se aproximando e me endireito rápido quando a silhueta considerável da diretora surge na sala, o rosto vermelho de esforço. Termino mentalmente essa última rodada do salmo: *Entoarei então cânticos a HaShem, que me cumulou de benefícios.* Leva alguns minutos para ela se acomodar na enorme poltrona atrás de sua mesa, sua respiração ruidosa e custosa mesmo depois de sentada.

— Então — diz, virando-se para mim, me avaliando —, o que vamos fazer com você?

Dou um sorriso encabulado. Não é minha primeira vez ali.

— Sua professora diz que você tem dificuldade de seguir as regras. Não entendo por que não pode ser como as outras. Parece que ninguém tem problema em vestir a blusa por baixo do suéter. Por que só você?

Não respondo. Não se espera que eu responda. Todas as suas perguntas são retóricas; sei por experiência. Meu papel é sentar em silêncio, com a cabeça baixa e a expressão humilde e arrependida, e aguardar. Após alguns instantes, ela se acalmará e ficará mais afável, tentará entrar num acordo. Percebo que já cansou de ter de me disciplinar. Não é dessas que gostam da emoção da caçada, como a diretora que costumava me deixar esperando do lado de fora da sala por horas, na sexta série.

Sai o veredicto.

— Vá para casa e se troque — diz Rebetsin Kleinman, suspirando, derrotada. — E não quero pegar você desrespeitando as regras de recato outra vez.

Deixo sua sala, agradecida, e desço os quatro lances de escada pulando os degraus de dois em dois. O momento em que o sol de primavera bate em meu rosto lembra o sabor do vinho do Zeide para o kidush, minha primeira inspiração de ar fresco é como um formigamento longo e lento descendo pela minha garganta.

No cruzamento da Marcy Avenue com a Hooper Street, atravesso sem pensar, evitando a igreja católica imensa que figura na esquina. Desvio o rosto das sedutoras estátuas além de seus muros. Olhar diretamente para a igreja é olhar para o mal, diz a Bobe quando passamos por essa esquina; é um convite a se juntar a Satã. Atravesso outra vez na Hewes Street, acelerando porque sinto os olhares às minhas costas e imagino as figuras de pedra ganhando vida, cambaleando pela Marcy Avenue, desmanchando-se mais e mais a cada passo.

Seguro os braços e os esfrego para conter o arrepio. Na pressa, quase trombo com um homem caminhando na direção oposta, murmurando orações consigo mesmo, seus cachinhos balançando. Tenho que descer da calçada de um jeito meio abrupto para desviar. Engraçado, percebo de repente, não há nenhuma mulher na rua. Nunca estive na rua nesse horário, quando todas as meninas já foram para a escola e as mães estão ocupadas limpando a casa e preparando o jantar. Williamsburg parece vazia e sem vida. Aperto o passo, evitando as poças formadas pela água suja que os lojistas jogam na rua. O único som é o de meus passos ecoando no asfalto rachado.

Dobro à esquerda na Penn Street, passando diante da mercearia do sr. Mayer na esquina, e subo os degraus da entrada de casa. Empurrando as pesadas portas duplas do pequeno prédio marrom, presto atenção, mas não escuto nada. Fecho as portas com cuidado, só por precaução. Meus sapatos fazem um clique-claque leve quando subo a escada, mas se o Zeide estiver em seu escritório lá embaixo não vai escutar. Pego a chave que a Bobe deixa para mim sob o capacho quando sai e, de fato, as luzes estão apagadas e a casa, silenciosa e tranquila.

Troco de roupa rapidamente, abotoando uma camisa oxford azul de mangas compridas até o fim para a gola ficar bem justa no meu pescoço. Volto a vestir o suéter sobre a blusa e puxo as duas pontas da gola, ajeitando-a cuidadosamente sobre a lã azul-marinho, depois me viro duas vezes diante do espelho, checando se prendi direito a roupa na frente e atrás. Pareço uma boa menina, do jeito que o Zeide espera que eu seja, do jeito que os professores sempre se referem a Chavie, a filha do rabino. Boa como um tecido caro, como porcelana fina, como vinho.

Caminho apressada para a escola pelas ruas vazias. Os homens voltam de suas sessões de estudos para o almoço preparado por suas esposas, desviando de mim na calçada, fingindo que não me veem. Tenho vontade de sumir.

Chegando à escola, sinto-me expandir de alívio. Da segurança da sala de aula, contemplo a Marcy Avenue pela janela e volto a me admirar com a ausência de cor e vida ali embaixo, em acentuado contraste com o burburinho de um milhão de meninas confinadas num prédio quadrado de quatro andares. Vez ou outra, um jovem vestido de preto avança pela Marcy Avenue em direção à shul Satmar, na Rodney Street, as mãos enrolando as peyot caindo em ambos os lados do rosto, deixando-as em caracóis certinhos. Os mais velhos prendem as peyot atrás da orelha, deixando as mãos livres para alisar a barba prolífica, mesmo sendo açoitada para cá e para lá como uma bandeira ao vento. Todos caminham rápido, a cabeça baixa.

Em nossa comunidade, os sinais da devoção são muito importantes. É imperativo parecermos o tempo todo levar uma vida pia, sermos verdadeiros agentes de Deus. Aparências são tudo; elas têm o poder de afetar quem somos por dentro, mas, ao mesmo tempo, dizem ao mundo que somos diferentes, que as pessoas devem manter distância. Acho que grande parte do motivo de os hassídicos Satmar se vestirem de maneira tão específica e conspícua é lembrar tanto os de dentro quanto os de fora do vasto abismo que separa os dois mundos. "A assimilação", minha professora sempre diz, "foi o motivo do Holocausto. Quando tentamos nos misturar, Deus nos pune por traí-lo".

Snap. A sra. Meizlish estala os dedos com força sob meu nariz. Levo um susto.

— Por que não está lendo? — pergunta ela, com ar austero.

Folheio nervosamente o fichário sobre minha carteira, à procura do estêncil apropriado. A sra. Meizlish faz a classe toda prestar atenção em mim nesse momento, frisando aquela espera alongada até que eu me organize. Sinto minhas bochechas ficarem vermelhas. Acho que estamos estudando berachot agora, e sei que tenho o "Guia de Bênçãos Apropriadas" em algum lugar aqui. Dou a entender que encontrei o lugar certo, e a sra. Meizlish faz um gesto de aprovação quase imperceptível com o queixo.

— Qual a bênção para os morangos? — pergunta a sra. Meizlish, ainda diante da minha carteira, no cantarolado especial do iídiche.

— *Bo-rei pri ha'ad-am-ah* — entoa a classe em uníssono.

Sussurro junto sem grande convicção para que possa me escutar, na esperança de que volte ao centro da sala, assim não preciso ficar olhando para seu queixo, coberto por uma camada de pelos pretos curtos.

Após o intervalo, é hora do sermão diário sobre recato. A sra. Meizlish continua de onde paramos a história de Rachel, a santa esposa do Rabi Akiva, e a turma a observa com atenção. A sra. Meizlish leva jeito para contar uma história, com seu tom forte que modula num ritmo errático que nunca deixa o ouvinte se dispersar. Ela sempre faz uma pausa nas melhores partes, alisando alguns fios rebeldes em sua trança ou catando um fiapo invisível em sua saia, deixando o suspense crescer e as meninas aguardarem ansiosamente, olhando para ela boquiabertas.

Rachel, esposa de Akiva, não só era uma mulher verdadeiramente correta, como também uma pessoa de recato excepcional, chegando certa vez a ponto de — e nisso a sra. Meizlish faz uma pausa estratégica — prender a saia em suas panturrilhas com alfinetes, para impedir que o tecido subisse com a brisa e expusesse seus joelhos.

Eu me encolho quando escudo isso. Não consigo parar de pensar nas panturrilhas de uma mulher cheia de furinhos e, na minha cabeça, os alfinetes são cravados repetidas vezes, a cada uma tirando mais sangue, rasgando o músculo, cortando a pele. Será mesmo que era isso que Deus esperava de Rachel? Que se mutilasse para que ninguém pudesse ver seus joelhos nem de relance?

A sra. Meizlish escreve a palavra ervá em grandes letras de fôrma na lousa.

— Ervá se refere a qualquer parte do corpo feminino que deve permanecer coberta, a começar pela clavícula e terminando nos pulsos e joelhos. Quando há exposição de ervá, os homens são obrigados a se retirar. Orações ou bênçãos não devem ser enunciadas quando há ervá exposta.

"Estão vendo, meninas", proclama a sra. Meizlish, "como é fácil entrar nessa categoria de *choteh umachteh es harabim*, a pecadora que leva os outros a pecar, a pior pecadora de todas, simplesmente deixando de observar os padrões mais elevados de recato? Sempre que o homem tem um vislumbre de alguma parte do seu corpo que a Torá afirma que deveria estar coberta, ele está pecando. Mas, pior ainda, foram vocês que o levaram a pecar. Vocês serão responsabilizadas por seu pecado no Dia do Juízo Final".

Quando toca o sinal do fim do dia, já estou com minha mochila de livros arrumada e pronta e o casaco na mão. Saio da sala assim que a professora autoriza, torcendo para conseguir chegar pelo menos ao segundo andar antes que a escada fique entupida de gente. E, como previa, desço correndo os dois primeiros lances, mas logo empaco de repente ao fazer a curva no segundo andar, onde bandos de alunas se espremem pelas portas, conversando, empurrando e se acotovelando no aperto da escada. Sou obrigada a dar um passo de cada vez, bem devagar, aguardando as demais — que não estão com a menor pressa — se mexerem. Os dois últimos lances parecem levar uma eternidade, e sinto como se estivesse prendendo a respiração, até que finalmente a multidão se dispersa no térreo e saio ziguezagueando entre as aglomerações de alunas da primeira série para chegar à saída. Cruzo o pátio de uma vez, passando pelos muros de tijolos encabeçados por arame farpado, desço correndo os amplos degraus de pedra e reservo apenas um último relance às gárgulas decapitadas que se projetam das torres do decadente edifício de pedra.

Vibro com o ar fresco da primavera à medida que corro pela Marcy Avenue, os sapatos estalando na calçada, e deixo a multidão lenta para trás, tentando chegar em casa antes de todo mundo. As ruas estão movimentadas, repletas de alunas em saias xadrez avançando pelas ruas sujas. Os carros buzinam e passam devagar. Sinto a gola da camisa incomodar meu pescoço, então abro o botão de cima e afrouxo o colarinho, respirando fundo. Nenhum homem à vista, não agora, não nesse horário, quando as ruas me pertencem, a mim e a mais ninguém.

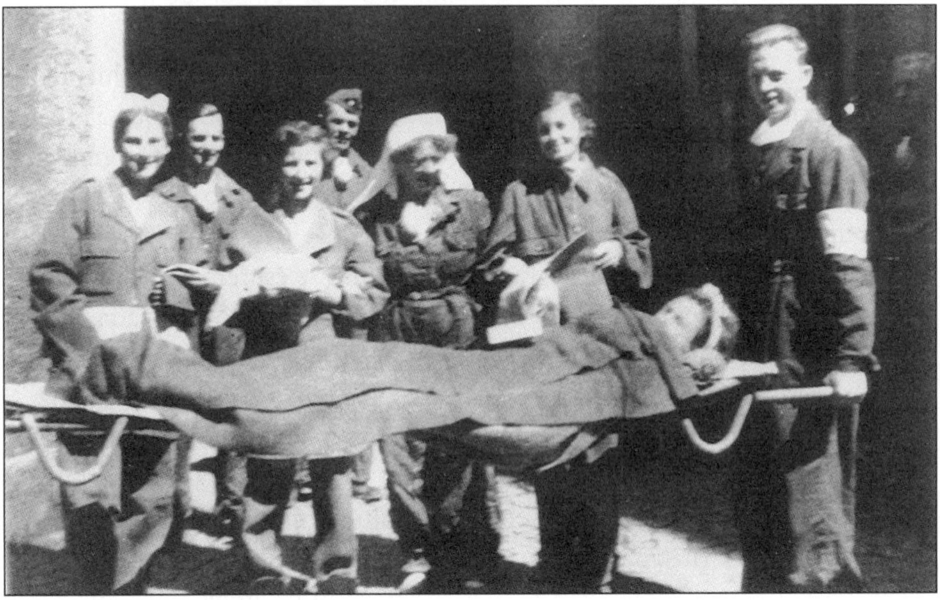

2

Tempos de inocência

> "Os hassidim tiveram grandes líderes — eram chamados de tzadikim, os íntegros. Cada comunidade hassídica tinha seu tzadik, e as pessoas levavam a ele seus problemas para que as aconselhasse. Elas seguiam esses líderes cegamente."
>
> *The Chosen*, Chaim Potok

Zeide acorda às quatro da manhã para estudar a Torá na sinagoga, do outro lado da rua. Quando acordo, lá pelas oito, ele volta para um café da manhã frugal de torrada integral, queijo americano e uma fatia de pimentão italiano verde-claro. Sentado diante de mim à mesa da cozinha, eu observo com curiosidade seus gestos precisos ao comer, como se realizasse um ritual, cortando o alimento em pedaços pequenos e mastigando contemplativamente. Muitas vezes, fica tão imerso no processo que não responde quando falo com ele.

Após as refeições ele diz a oração em voz alta e se retira para seu escritório no andar de baixo, em tese para trabalhar em qualquer que seja o projeto imobiliário ou a transação em que estiver envolvido no momento. Ninguém sabe o que Zeide realmente faz da vida. É o comerciante ou o erudito?, sempre quis saber; onde ele se encaixa no antigo pacto entre as tribos de Yissachar e Zevulun?

Dos fundadores das doze tribos, Zevulun era comerciante de navios e Yissachar, estudioso da Torá, e, para que Yissachar conseguisse sustentar a família e Zevulun se tornasse digno da próxima vida, os dois firmaram um pacto: Zevulun sustentaria Yissachar se recebesse em troca 50% dos frutos obtidos por Yissachar com sua erudição. Um acordo foi feito e perpetuado por milhares de anos e, na Williamsburg atual, o pacto ainda vigora.

Há kolels de sobra em Williamsburg. São grupos de estudo, instituições repletas de aplicados rapazes debruçados sobre textos antigos, que recebem, bem como suas famílias, um honorário especial dos membros mais ricos da comunidade. Tais estudiosos por vezes são chamados de bank-kvetshers — literalmente, "ocupa-bancos", por estarem sempre nos bancos rústicos de madeira dos prédios dos kolels.

Se você não tem dinheiro, ser um estudioso do Talmude é uma boa opção. Terá prestígio. Toda moça em idade de casar sonha em encontrar um jovem brilhante e estudioso, para se vangloriar com as amigas do ótimo partido que arranjou e assim conseguir montar um luxuoso enxoval bancado pelo pai rico. Dinheiro e erudição sempre andam juntos. É como tem sido por incontáveis gerações.

Na comunidade, o Zeide é considerado tanto um estudioso quanto um homem de negócios. Mergulhado em relatórios financeiros durante o dia e no Talmude à noite, ele é um faz-tudo, mas será um mestre também? Sei pouco sobre a vida do Zeide. Podemos até ter dinheiro, mas com certeza não gastamos. A Bobe vive implorando há anos para trocar o carpete azul surrado da sala de jantar, mas o Zeide insiste que não viemos ao mundo para desfrutar *luxus*. "Expandir a mente, não o corpo", afirma o Zeide, "é a busca da vida. Luxo só vai sufocar suas percepções, entorpecer a alma".

Seria mesmo um luxo poupar a Bobe da dificuldade que é limpar farelos de chalá e manchas de suco de uva no tecido? Ela quer tanto um piso de madeira.

Minhas roupas são todas de segunda mão, enquanto as garotas na escola usam os modelos mais recentes da Friedman's Dry Goods. Todo mundo sabe que plissado já era e xadrez de losangos é a nova moda, mas, quando eu chegar a usar, será tarde demais.

Zeide diz que devo suportar meu sofrimento com dignidade, como se carregasse uma bandeira. "Você é a escolhida", diz, "e essa veste tem mais realeza do que qualquer roupa encontrada em uma loja".

Toda menina judia, diz ele, é uma bas melech, a filha de um rei. Se o seu pai fosse uma pessoa tão importante quanto um rei, pergunta Zeide, você sairia por aí usando roupas gastas e encardidas para envergonhá-lo? Não, completa, batendo a palma das mãos com energia na mesa, você se comportaria de maneira apropriada à realeza, porque o resto do mundo a observa para que lhes mostre o que significa a genuína majestade. Do mesmo modo, prossegue Zeide em sua explicação, somos o povo escolhido de Deus e devemos nos comportar como conviria aos filhos de um monarca ilustre, de modo a não envergonhar nosso verdadeiro pai no céu.

Nossos professores adoram repetir essa metáfora. Às vezes, fico tentada a perguntar ao Zeide se não deveria sair por aí berrando feito uma lunática, como conviria à filha de meu pai verdadeiro, biológico, que anda pelas ruas com a camisa suja, falando sozinho, mas nunca faço isso, pois não quero ver a expressão aflita no rosto dele ao fazê-lo lembrar de sua miséria. Pensar que sobreviveu à guerra para poder trazer mais crianças judias ao mundo, restituindo algumas das vidas perdidas, para que tal sofrimento venha de um filho seu!

Meu pai não foi a primeira nem a última desgraça a se abater sobre nossa família. Há pouco tempo o filho do meu tio Shulem manifestou sinais de distúrbios mentais, aos dezessete anos. O colapso nervoso de Baruch foi um golpe particularmente duro para o Zeide. Meu primo fora o prodígio da família; os rabinos e professores elogiavam seu impressionante gênio talmúdico. Quando Baruch finalmente foi diagnosticado com esquizofrenia paranoide aguda, já havia perdido a capacidade de formar frases coerentes, falando em uma língua estranha que ninguém conseguia entender. Zeide o manteve trancado em uma dependência em seu escritório por meses, passando a comida preparada pela Bobe por uma abertura na porta. Meu avô não queria soltá-lo, temendo a repercussão que poderia atingir nossa família se tivéssemos mais um maluco perambulando por Williamsburg. Certa noite, Baruch conseguiu fugir ao arrombar a porta com os próprios punhos, ficando com o braço cheio de cortes e sangrando. Seus gritos eram guturais; brotavam incessantemente de sua garganta como um animal angustiado. Ele destruiu tudo que viu pela frente. Os paramédicos tiveram de derrubá-lo no corredor e sedá-lo. Assisti a tudo do patamar da escada, as lágrimas escorrendo pelo rosto.

Mais tarde, quando a Bobe terminou de limpar a bagunça que ele fizera, sentou diante da mesa da cozinha, pálida. Escutei-a falando baixinho ao telefone enquanto eu dobrava os panos de prato. Ele defecara por toda parte, deixando montes de fezes no tapete. Senti um aperto no coração pela Bobe, que nunca achara uma boa ideia manter Baruch trancado no escritório, mas concordara, como sempre fazia toda vez que o Zeide tomava uma decisão.

Mesmo assim, eu entendia por que o Zeide agira daquela maneira; em nossa comunidade, estava fora de cogitação internar um doente mental em uma instituição. Como poderíamos confiar que um local administrado por gentios cuidaria de um judeu hassídico e atenderia às suas necessidades? Nem os loucos estão isentos das leis e dos costumes do judaísmo. Zeide foi, a sua maneira, corajoso de se incumbir da alma de Baruch, ainda que estivesse além de sua capacidade lidar com os efeitos da psicose dele. Senti pena de Baruch, que certamente terminaria trancafiado em um lugar estranho que não o compreendia e nunca mais poderia voltar à única comunidade que conhecera.

São as crianças que lhe trazem mais nachas, o maior orgulho, Zeide sempre diz, mas também o maior sofrimento. Tzaar gidul bunim, a agonia de criar filhos, é o teste definitivo da fé, a seu ver. Deus nos dá filhos para que passemos a vida correndo atrás de seu sustento e proteção e tentando torná-los servos devotos de HaShem.

Zeide vem de um legado de opressão. Seus antepassados viveram no Leste Europeu por gerações, sujeitados a pogroms não muito diferentes da perseguição infligida por Hitler. Não consigo entender como alguém que conhece tamanhos sofrimento e perda é capaz de perpetuar a própria opressão. De certa forma, o Zeide vive em uma jaula, privando-se das pequenas alegrias, e ainda assim parece que a privação por si só o satisfaz. Será culpa o que leva meus avós a infligir sofrimento constante a si mesmos, a suportar fardos árduos, nunca admitindo a possibilidade de descanso?

Acho que sofrer faz o Zeide se sentir limpo, purificado. Toda sexta-feira à noite ele encosta a palma das mãos na parede leste da sala de jantar e faz sua oração particular a Deus, e, enquanto reza, as lágrimas escorrem como chuva de seu rosto, de um jeito que nunca vi outro homem chorar, e acho que isso o faz se sentir melhor, permite-lhe viver sua vida sem sentir repulsa pela abundância que o cerca. Zeide acredita que a alma veio ao mundo para padecer e se purificar para o porvir, e as provações da vida dão a ele grande conforto. Privação não funciona nem um pouco assim comigo. Faz com que eu me sinta suja e irritada, e chorar fecha minha garganta e minhas narinas até eu não conseguir mais respirar para aliviar a dor. De qualquer maneira, eu também carrego isso, assim como todos os filhos e netos da Bobe e do Zeide. Nós também somos parte do legado da perda.

"Sobrevivi apenas para que você pudesse nascer", lembra-me Bobe de vez em quando. Zeide concorda. "Tantas vezes questionei o motivo de me ter sido consentido viver", reflete. "Mas com o tempo ficou claro para mim que todos os meus filhos e netos tinham que nascer, e é minha responsabilidade educá-los para que sejam bons judeus, ehrliche Yidden, para que eu estar aqui faça sentido. Desperdiçar essa dádiva preciosa que ganhei é algo que nem passa pela minha cabeça, não quando muitos outros foram privados dela." Ele pega as sobras na geladeira e esquenta em uma panela, para jantar. Nunca deixa a Bobe jogar nenhum tipo de comida fora.

Bobe corta a parte mofada de legumes e os devolve à geladeira. Bolos e tortas recém-assados são guardados no congelador para ocasiões especiais e, após cortados e consumidos, ela embrulha o que sobrou e volta a guardar. Fico cheia de vontade de comer coisas diferentes, como barras de chocolate e batatas chips, e agora que estou crescendo, estou sempre faminta; o espaço entre as refeições é um abismo voraz em meu estômago.

A fome que sinto é física, porém é mais que isso também — é um vazio que precisa ser preenchido de qualquer forma, sendo a comida a opção conveniente. Como explicar minha relação com os pratos que a Bobe põe na minha frente? Crio fantasias elaboradas sobre cada um, inventando histórias de como foram criados, alimentando um apetite que parece maior do que o vazio natural da fome. A voracidade em mim ameaça crescer se eu não encher esse vão o máximo que conseguir. A comida é uma solução provisória, mas é melhor do que ficar com esse vazio.

Recentemente tenho feito umas coisas estranhíssimas. Quando a Bobe e o Zeide saem e fico sozinha em casa, não consigo parar de pensar nos bolos no congelador. A presença deles é um apelo tão forte que perco o foco, sou incapaz de me concentrar até no livro mais interessante que seja. Cheia de culpa, abro o congelador e fico olhando para a pilha de fôrmas embrulhadas em papel-alumínio — torta de maçã, brownie de chocolate, fudge com avelã, bolo-mármore. Só um pedacinho, digo a mim mesma, puxando com cuidado a fôrma de cima. Mas depois que o bolo está aberto na minha frente sobre a mesa da cozinha, não consigo parar de pegar pedaços, levando as fatias à boca com os dedos e engolindo o mais rápido possível, instigada pelo medo de ser pega no flagra. Enfio pedaços de brownie com cobertura pela goela abaixo, observando os farelos grossos caindo por todos os lados, e, quando for mais velha, vou me lembrar da sensação de desespero nesse momento, vendo-me reduzida a tais circunstâncias. Depois, limpo meticulosamente o chão da cozinha, tomando o cuidado de eliminar qualquer evidência; comer me faz sentir tão culpada quanto me sinto em relação aos livros. Fico com a eterna sensação de ter feito algo terrível, e no entanto continuo com fome.

Decido que, quando crescer, nunca vou economizar com comida. Às vezes, anseio o prazer simples de um tomate fresco, com pele firme e polpa suculenta. Surrupio moedas da pushka, a caixa onde a Bobe guarda o dinheiro da caridade, e compro róseas fatias de melancia para comer na varanda, deixando cair suco e sementes pretas nos vasos de flores. Pequenos brotos abrem espaço entre as petúnias semanas depois, e a Bobe os arranca com curiosidade, examinando-os antes de decretar que são ervas daninhas.

No quintal, morangueiros começam a germinar ao longo do caminho de pedra calcária e a roseira-brava trepa pela cerca de arame farpado nos fundos. O pé de *loganberry* paira pesadamente sobre a varanda. A Bobe reclama que está roubando o sol de suas tulipas, mas o Zeide diz que não podemos cortá-lo, pois é uma árvore frutífera, e a lei bíblica proíbe derrubar esse tipo de árvore. Até a poda não é verdadeiramente correta.

Quando estivermos próximos da época de Pessach, as frutinhas polpudas vão estar por todos os lados na varanda, manchas púrpuras escuras no tapete de grama artificial. Mais tarefa para a Bobe.

A livraria judaica em Borough Park vende livros que o Zeide não aprova. Ele gosta que eu leia em iídiche, contos extravagantemente ilustrados de tzadikim lendários, que realizam milagres previsíveis através da oração e do exercício da fé, cujas histórias se desenvolvem sem elegância por vinte e tantas páginas de escrita monótona. Zeide traz para casa semanários iídiche, periódicos com notícias desencavadas de antigos jornais e enciclopédias, com ensaios desatualizados sobre a política dos anos 1950 ou cantos judaicos. Sei que existem outras obras escritas em iídiche, mas estão banidas. Na verdade, há todo um mundo de literatura iídiche que nunca terei permissão de ler. Sholem Aleichem é proibido nessa casa; ele era um apikores, como se referem aos judeus que negam a religião. A população Satmar não lê nada que é escrito por esses judeus, ainda que no idioma sagrado iídiche.

Mesmo assim, a livraria judaica vende tudo que tenha ligação com judeus, e de certo modo me sinto menos culpada ao voltar para casa com um livro de lá do que da biblioteca. Se for pega, sinto que terá sido um delito menor. O tom irreverente em *Tévye, the Milkman* me deixa chocada; quem diria que algo escrito em iídiche pudesse soar tão grosseiro e ofensivo? Sempre pensei nela como uma língua formal, mas aparentemente muitas palavras iídiche pararam de ser usadas, porque o iídiche da Williamsburg atual não tem nada a ver com o iídiche mundano e malicioso do século XIX. Só de ler sinto as bochechas pegando fogo.

De longe a leitura mais empolgante é *The Chosen*. Na livraria, peguei o livro incentivada por uma leve curiosidade. Havia presumido pela capa — a ilustração de um rapaz hassídico de costeletas cacheadas segurando um livro de orações — que fosse uma história entediante de um responsável menino judeu. Mas ver as conhecidas ruas de Williamsburg descritas nos capítulos iniciais como "quadras de cimento rachado [...] amolecidas pelos verões sufocantes", justapostas a descrições das demais forças étnicas que dominam meu pequeno distrito superpovoado do Brooklyn, foi um choque para minha sensibilidade literária. Um livro sobre o lugar onde moro! Termos e referências que, finalmente, soavam familiares! Que sensação inédita e maravilhosa me debruçar sobre as páginas de um livro e perceber que a costumeira sensação de alienação, de confusão, sumira. Foi tão fácil me identificar com os personagens e as tramas em *The Chosen* que continuavam a ocorrer à minha volta bem ali. A Williamsburg de Chaim Potok sem dúvida mudara, mas sua essência, sua história, continuava sendo a mesma. Eu tinha certeza de que, se o Zeide me pegasse com aquele livro, não arrumaria problema. Afinal, o livro era sobre nós. Se havia no mundo um livro sobre a gente, então talvez não fôssemos tão estranhos, afinal.

Embora tenha escutado inúmeras vezes a história de nossa pequena comunidade Satmar, não sei muito sobre o movimento hassídico em si, e *The Chosen* é a primeira e perturbadora introdução a meu passado que encontro. Começo a compreender a ligação que existe entre os personagens indecentes de Sholem Aleichem e eu. Antes me considerava distante demais das histórias da Diáspora, mas pelo jeito existe uma espécie de conexão entre judeus hassídicos e uma certa ingenuidade provinciana, ou até mesmo ignorância. É uma inocência valorizada pelos hassídicos, que se referem a isso como pureza e probidade, e ela desafia o catedrático, que precisa se esforçar para manter essa inocência ao mesmo tempo que aprofunda os estudos no Talmude. De repente vejo meu avô com novos olhos. Sempre o considerei possuidor de uma mente brilhante, mas é por sua genialidade talmúdica que ele é conhecido. Chaya costuma balançar a cabeça e suspirar quando ouve isso, dizendo-me que o Zeide nunca será capaz de aplicar sua inteligência erudita a assuntos práticos. Seu conhecimento do mundo, diz ela, é inexistente. Mas e se ele preferir que seja assim? E se foi esse jeito de viver que ele escolheu, seguir os passos de seus ancestrais que caminharam inocentemente para as armadilhas preparadas pelos gentios, recorrendo a Deus e não à própria esperteza para sobreviver? O gênio só tem serventia no estudo da Torá. Para tudo o mais, a pessoa deve depender da fé.

Como é a primeira vez que leio *The Chosen*, fico do lado de Danny, o menino hassídico, em quase tudo. Sinto que os argumentos talmúdicos de seu pai são familiares, e os pontos de vista de Danny me parecem completamente corretos mesmo antes de eu de fato levá-los em consideração. Para cada atitude sionista e independente introduzida por Reuven, tenho um contra-argumento. Mais tarde, já adulta, vou reler o livro, assim como assistir ao filme, e compreender que, quando criança, não tinha o necessário para aceitar argumentos que minariam todas as escolhas que alguém fizera por mim, que reduziriam a pó as bases de minha mera existência. Eu perceberia que precisara acreditar em tudo que me ensinavam, ao menos para sobreviver. Durante muito tempo, não estava preparada para aceitar que minha visão de mundo pudesse estar errada, mas não me envergonho de relembrar minha ignorância. Foi essa inocência que o Zeide lutou para instilar em mim, a ingenuidade doce e pueril de meus ancestrais, que deveria durar até a idade adulta e mesmo na velhice, e a qual eu acabaria por descartar quase por completo, com exceção de sua raiz mais profunda no cerne de minha natureza. Anos depois, mesmo quando contemplava o mundo de olhos bem abertos, em meu íntimo eu continuaria inocente.

Creck. Adoro o som de quando a casca finalmente cede, rachando ao longo do centro em uma única linha. O quebra-nozes já deixou bolhas na palma da minha mão, nos pontos onde o aperto, forçando o fruto duro à submissão. Estou fazendo charosset para o Seder de Pessach, e o Zeide diz que nessa época é proibido usar nozes descascadas, devido ao risco ínfimo de que possam ter tido contato com chametz, então nós temos que abrir cada uma. Ou eu tenho que abrir. Bobe rala a raiz-forte para o maror amargo, o rosto afastado da tigela, de modo a evitar a acidez que ela solta. Seus olhos ficam vermelhos e se enchem de água. As ervas amargas serão consumidas mais tarde, em deferência ao trabalho escravo que os judeus foram obrigados a fazer no Egito, mas acho que a Bobe já teve sua cota de homenagens por hoje.

Bobe enxuga outra lágrima e respira fundo antes de atacar o tubérculo teimoso com zelo renovado. A raiz-forte é difícil de ralar, e ela não conseguiu juntar mais que uma pequena quantidade de maror na tigela. Baixinha, ela arqueia os ombros, colocando toda a sua força na tarefa. Não penso na Bobe como sendo uma mulher fisicamente forte, ainda que tenha dado à luz onze filhos e passado por horrores inimagináveis nos campos de concentração. Ela não consegue dormir direito, e na maioria dos dias parece que suas tarefas só se acumulam, mesmo quando chega na última delas. O *borsche* caseiro, os picles que ela mesmo põe em salmoura, até as nozes precisam ser quebradas antes de poderem ser usadas para preparar o charosset.

Não aguento mais ver isso.

— Bobe, para! Tive uma ideia. Espera aí, já volto.

Vou correndo até o quarto e vasculho a última gaveta da cômoda até encontrar o que procuro. Quando volto à cozinha, a Bobe solta uma risada alta ao me ver. Coloquei os óculos de natação e o protetor de nariz, remanescentes das aventuras de verão do ano passado.

— Viu? — falo numa voz aguda e nasalada. — Agora eu posso ralar o maror sem me preocupar com o que ele solta.

Os óculos ficam embaçados nas beiradas, mas ainda dá para ver a Bobe se sacudindo de rir ao me passar o ralador.

Coloco um par de luvas de borracha e esfrego a raiz-forte vigorosamente contra a superfície serrilhada do ralador. E a ardência de fato mal me afeta. Do outro lado da mesa, Bobe abre as cascas eficientemente com o quebra-nozes em uma das mãos, extraindo o fruto por inteiro antes de jogá-lo na tigela do charosset. Ela meneia a cabeça, admirada e achando graça, quando vê que resta apenas um miolo de raiz-forte em minha mão. Sinto tanto orgulho de ser útil na cozinha, mesmo que seja de forma excêntrica.

— Viu? Agora você tem todo o maror de que precisa.

As pessoas começam todas a chegar para o Seder assim que a Bobe termina de limpar a pia e o balcão da cozinha. A comida foi toda preparada em potes especiais para Pessach e guardada na geladeira, coberta inteira com papel-alumínio. Tia Rachel é a primeira a chegar, com as três filhas a tiracolo.

— *Gut yontif, gut yontif* — anuncia Rachel a ninguém em particular.

Ela beija a bochecha da Bobe, mas seus olhos estão em outra parte, esquadrinhando criticamente a longa mesa de jantar, que verga de leve no meio, onde as extensões foram inseridas.

— Mame, sua tishtech é pequena demais para a mesa com a extensão. Você precisa colocar duas. Está vendo, olha aqui, o forro fica sobrando.

Rachel estala a língua, evidenciando sua desaprovação.

— Eu pego outra toalha — ofereço.

Rachel já está se observando no espelho às minhas costas, ajustando a frente da peruca castanha, cuja franja cai em seu olho esquerdo. Seus dedos longos e finos alisam com destreza a parte cheia de spray. Rachel é a única na família que usa perucas 100% de cabelo humano, sem um único fio sintético, embora o Zeide esteja sempre nos advertindo de que uma indulgência leva a outra. Ele nos alerta a não enveredar pela trilha traiçoeira da pritzus, ou promiscuidade, quando um passo em falso é tudo de que Satã precisa para nos fazer despencar no abismo. Todo mundo sabe da vaidade de Rachel — que ela compra roupas de grife na Saks (não na Duffy's, uma loja de descontos), que faz penteados da última moda em suas perucas e carrega de tal forma na maquiagem antes do Shabes que ela dura até o dia seguinte. Até escutei Chavie, sua irmã, cochichar que ela parou de raspar a cabeça e já está com quase um palmo de cabelo. Talvez seja isso que o Zeide quer dizer sobre o caminho da pritzus: Rachel provavelmente só pensou em deixar o cabelo crescer após levar até o limite a sua indulgência com as perucas. Entendo que é difícil se contentar com pouco. Mas a solução do Zeide para a questão não é exatamente palatável para a maioria das mulheres. Por ele nós renunciaríamos a toda vaidade, mas isso não é algo realista.

Os cachos de Roiza e Baila continuam elásticos como molas, do modelador usado por sua mãe, presos no lugar por faixas de veludo idênticas. As filhas de idade mais próxima à minha sentam empertigadas na ponta do sofá forrado de plástico, as mãos cruzadas com recato no colo. Observo com inveja suas saias de tecido quadriculado e suéteres pretos macios de caxemira, combinando. Não ganhei roupas novas para o feriado. Aliso as pregas do meu vestido de cintura império, herdado de uma das filhas da tia Faigy. A barra está um pouco puída, de modo que o veludo bordô parece cor-de-rosa nas extremidades.

Baila é a mais bonita, porque tem cabelo loiro. Dizem que o cabelo loiro é de família, mas minhas mechas castanhas não têm quase nada de loiro. Roiza tem o cabelo mais escuro, embora tenha grandes olhos azul-claros e pele branca luminosa. Todas temos as maçãs do rosto proeminentes e arredondadas da Bobe.

Não sou parecida com nenhuma delas, para ser honesta. Elas se parecem com os Weissman, o lado paterno de sua família: grandes, com olhos dissimulados que esquadrinham tudo e sorrisinhos arrogantes. Eu me pareço com a Bobe. Sou a única bem parecida com ela. Praticamente todos os outros puxaram os genes do meu avô, os genes Mendlowitz: nariz grande, olhos azuis e cabelo vermelho vivo. Tenho os olhos da Bobe, cinzentos, de pálpebras pesadas, reservados; o cabelo dela, nem loiro nem castanho, mas grosso e forte, como na foto de seu passaporte; e seu sorriso de lábios fechados, comedido. Só a Bobe e eu manifestamos os genes Fisher.

Enquanto ajudo a Bobe com a segunda toalha de mesa, escutamos batidas na porta e, sem esperar alguém atender, minha tia Chavie entra, com o bebê aninhado no colo. Roiza e Baila correm para segurar a criança, fazendo barulhinhos empolgados para o menininho sonolento, enquanto Chavie e Rachel trocam um beijo amistoso, indo em seguida à cozinha com a Bobe para fofocar em húngaro.

Observo as meninas se derreterem pelo bebê. As feições minúsculas se contraem de irritação quando elas acariciam sua bochecha. O nome dele é Shimon. É um muzinka, um filho único, temporão. Chavie e Mordechai foram casados por dezessete anos antes de ele vir. Todo mundo ficou muito feliz com o nascimento. Bobe chorou na cerimônia de circuncisão. Não existe maldição maior do que a infertilidade, afirmou Bobe no dia que voltávamos do hospital após uma visita a Chavie. Como aconteceu com a tia Sarah, pobre dela, que morreu sem filhos.

— Que seja amaldiçoado aquele Mengele, filho do demônio, que calcinou as entranhas dela com ácido — dissera, com uma cusparada e fazendo gestos com a mão para espantar o diabo.

Shimon chegou do Centro Médico Maimônides com um fio vermelho grosso amarrado no pulso direito. Nenhum mau-olhado no mundo vai atingi-lo.

Também penso às vezes em usar um fio vermelho no pulso, mas, para falar a verdade, que mau-olhado posso atrair, com meu vestido de veludo puído, esse meu cabelo liso e sem vida, que nunca chegou perto de ser cacheado? Eu me pergunto como ficaria com uma faixa de veludo na cabeça.

Às 21h30, escutamos os passos pesados dos homens subindo a escada, a chapinha de metal para os festejos recém-costurada em seus sapatos novos fazendo barulho contra os deslizadores de latão que fixam o linóleo. Abro a porta, e todos passam direto por mim, primeiro o Zeide, depois meus tios e primos.

"*Gut yontif, gut yontif!*" Um coro de saudações festivas se ouve de todos os lados. Os filhos da Bobe a beijam no rosto; seus genros se limitam a cumprimentá-la respeitosamente com a cabeça. Beijo a mão enrugada do Zeide e lhe desejo bom yontif.

Zeide já vestiu seu kittel branco, e percebo Bobe balançando a cabeça em desaprovação quando nota como está amarrotado. Os demais se preparam para o Seder e põem o kittel, abotoando a longa túnica de linho branco até o fim, para então prendê-la no meio com um cinto. Eles se colocam do lado direito da mesa, deixando os lugares mais próximos à cozinha para as mulheres. A ideia é que sejam anjos nessa noite — por isso usam o kittel branco —, mas para mim parece apenas que estão usando vestidos.

Enquanto o Zeide se prepara para o kidush, vou buscar as almofadas de Pessach e as coloco na grande poltrona à cabeceira da mesa, de modo que o Zeide possa se reclinar como pede a Hagadá quando for comer a matzá. Os demais se aproximam, adultos na frente e crianças atrás. Bobe usou a melhor prataria, e a mesa está coberta dela, cada jarra de vinho e cada castiçal competindo com o seguinte, e o clarão do candelabro de latão é tão forte que chega a doer a vista.

Ficamos todos de pé para o kidush, segurando nossos cálices de prata com vinho até a borda. É para bebermos tudo após a bênção, tomarmos até a última gota e deixarmos espaço para o cálice seguinte, mas mal consigo dar um gole sem fazer careta. É a Bobe que faz o vinho de Pessach, do zero, e nas duas últimas semanas eu o observei fermentar na geladeira. Roiza ri da cara que faço.

— Qual o problema? — pergunta, inclinando-se em minha direção. — Forte demais para você?

— *Nu!* — exclama Zeide lá da frente. A audição dele é excelente. — O que é isso, conversa fiada? Em Pessach?

Não falo nada, mas dou uma cotovelada em Roiza como resposta. Todos sabemos que não é permitido conversar no mínimo até começarmos a comer. Até lá, temos de permanecer sentados em silêncio à medida que o Zeide avança penosamente na leitura da Hagadá. Espero que não se arraste demais em sua drashá, o sermão anual que é sempre sobre a mesma coisa, mas a casa está cheia esse ano, e o público deixa Zeide mais agitado. É a primeira noite de Pessach, e isso quer dizer que o último pedaço de matzá tem de ser ingerido antes da uma da madrugada. Já são 22h30. Certamente significa que não resta outra opção ao Zeide a não ser acelerar um pouco as coisas.

E como era de esperar, o Zeide faz uma pausa após a canção Má Nishtaná para enfiar um marcador em sua Hagadá e fechar o livro, deixando-o de lado. Está pronto para contar a história.

— Aí vai ele — sussurra Roiza em meu ouvido. — Bem na hora.

— Roiza Miriam! — exclama Zeide.

Ele insiste em chamar todas nós pelo nome completo. Se não fizesse isso, afirma, parte de nossos nomes seria esquecida, até por nós, e nomes como o nosso, obliterados.

— Devoireh! Fará bem a vocês duas prestar atenção no que tenho a dizer.

Zeide vai falar sobre o tempo que passou no exército húngaro durante a Segunda Guerra Mundial. Ele em geral não comenta sobre sua experiência na guerra, mas uma vez por ano julga apropriado, principalmente em uma noite para relembrar toda a perseguição sofrida por nossos ancestrais. Acho que está tentando nos dizer que a celebração de Pessach continua atual e verdadeira; a libertação de egípcios ou nazistas, tanto faz. O importante é que precisamos dar valor à liberdade que temos nesse exato momento e nunca subestimá-la. Zeide sempre nos adverte que nossa liberdade pode ser tomada a qualquer momento, de acordo com a decisão de Deus.

Escuto-o começar pela parte engraçada, para cativar as crianças. Sim, sim, eu sei, é absurdo, sério, nomear o Zeide cozinheiro do exército quando ele mal consegue esquentar uma sopa. Ele teve de perguntar à ajudante de cozinha como fazer kraut pletzlach. Hilário.

— Eu tinha de preparar três refeições por dia, para um exército inteiro. Até mantinha uma cozinha kosher, mas tudo em segredo, claro. Quando ficava perdido, pedia às ajudantes que preparassem a comida, e eu limpava a cozinha. Quase não tinha tempo para rezar e, quando tinha, dificilmente conseguia achar um lugar que fosse seguro.

Passo os dedos pelas páginas de borda dourada da minha Hagadá, com sua luxuosa capa de couro com o nome da Bobe gravado em letras douradas. Fraida. Só o Zeide a chama assim. Mas ela não o chama pelo nome, só de meyn mahn, ou "meu marido".

— Em Pessach, não havia farinha para fazer matzá, só batatas. Então a gente comia batatas em vez de matzá, meia batata por pessoa, mergulhada em água com muito sal.

Olho para a Bobe. Percebo que se sente da mesma forma como eu me sinto hoje. Cobriu a face que está virada para o Zeide com a mão calejada e, embora mantenha os olhos na mesa, posso ver como balança a cabeça de exasperação. Ouviu essa história muito mais vezes do que eu.

É a história da Bobe que raramente é ouvida. Bobe, que perdeu todo mundo na guerra, quando todos os seus parentes foram brutalmente assassinados nas câmaras de gás de Auschwitz enquanto ela trabalhava nas fábricas de Bergen-Belsen. Bobe, que estava quase morrendo de tifo no momento da libertação.

É a Bobe quem acende uma vela de yahrzeit para cada um da família, do bebezinho Mindel a Chaim, de catorze anos. Mas ela quase nunca fala nada a respeito.

Zeide sabe que teve sorte de escapar servindo no exército, mesmo que tenham cortado sua barba e suas peyot.

Quando o prato de raiz-forte é passado, Bobe se serve de uma porção generosa. Finjo que vou pôr uma colherada no meu prato, mas de propósito coloco apenas dois fiapos. O cheiro é pavoroso. Encosto a língua, hesitante, iniciando contato vagarosamente com as tiras brancas em minha colher. Assim que as toco, quase escuto um som sibilante, como se a erva queimasse a língua. Sinto meus olhos lacrimejarem.

Olhando de lado para a Bobe, vejo-a mastigar obedientemente sua porção. Fico me perguntando como ela pode estar tão disposta a relembrar a amargura do cativeiro sem poder celebrar de verdade a libertação dessa amargura. Não sei se algum dia vai parar realmente de trabalhar. Após a leitura da Hagadá, terá de servir a refeição, depois esperar até os homens finalmente encerrarem a cerimônia, de madrugada, quando então lhe caberá arrumar toda a bagunça antes de ir para a cama.

— *Ai! Ai! Ai!* — grita Roiza de repente, apontando para a garganta. Está ofegante, pedindo água.

— Qual o problema? — pergunto. — Forte demais para você?

— *Nu!* — diz Zeide. — Chega desse papo shtissim!

Passados os oito dias de Pessach e depois que toda a louça normal está de volta aos armários sem cobertura, Zeide começa a marcar o Ômer, a contagem regressiva especial de 49 dias para Shavuot, feriado que celebra o dia que o povo judeu recebeu a Torá no Monte Sinai. Durante esse período sagrado, chamado Sefirat, não podemos ouvir música, cortar o cabelo ou usar roupas novas. É um período austero, ocorrendo de forma irônica contra o pano de fundo deslumbrante de primavera.

Zeide fica especialmente introspectivo nessa época. Após a cerimônia de havdalá que se segue ao fim do Shabes, ele continua à mesa por um longo tempo, sentindo o aroma da fumaça de brasas da vela trançada amarela, de vez em quando mergulhando-as no vinho entornado, produzindo um som sibilante. O lava-louça estremece, cuspindo vapor enquanto trabalha nas louças usadas no Shabes, e o rugido do aspirador gigante que uso para limpar o tapete abafa todo o som.

Bobe e eu estamos no quarto dobrando o jogo de linho quando escutamos o Zeide chamando da cozinha, sua voz quase inaudível acima do zumbido do ciclo de enxágue do lava-louça.

— Fraida, tem bolo no forno? Está com cheiro de queimado.

Bobe estala a língua em desaprovação e caminha apressada para a cozinha.

— Que bolo? E você acha que eu tenho tempo de fazer bolo logo depois do Shabes? Que hora eu preparei tudo, me diz, nos dez minutos desde que você rezou a havdalá? Antes ou depois de pôr um monte de roupa para lavar?

Sigo a Bobe até a cozinha e não demoro a ver o que disparou o detector de fumaça. Na cabeça do Zeide, seu chapéu de marta estala e fumega vivamente; deve ter encostado nas brasas. O Zeide continua sentado em sua poltrona, distraído, ainda sentindo o cheiro da vela.

Bobe corre até lá, murmurando com irritação.

— Marido, é seu shtreimel que está queimando, não é bolo nenhum — diz, e antes que o Zeide possa protestar, o chapéu de pelos vai parar na pia, crepitando violentamente, o chiado sumindo devagar sob o jorro da torneira.

— Está vendo, Zeide? — digo, sorrindo. — Você é tão santo que até seu shtreimel está queimando.

Mais tarde, a massa encolhida de pelos jaz encharcada e triste sobre a mesa da sala de jantar, testemunho do caráter devoto e absorto do Zeide, duas qualidades que seriam consideradas intercambiáveis por muitos. Me delicio ao recontar a história para todos os meus primos, que desatam a rir com a visão do Zeide sentado inocentemente à mesa da cozinha enquanto seu shtreimel é consumido pelas chamas no topo da sua cabeça.

No domingo, Zeide sai para comprar um novo modelo, resmungando muito do preço (a partir de dois mil dólares), e se recusa a permitir que a Bobe jogue fora o chapéu queimado, para o caso de ainda ser possível salvá-lo. Uma aparada aqui e ali, diz, talvez uma boa escovada, e ainda dá para usar no Shabes. Bobe ri, porque o shtreimel está tão obviamente queimado e deformado que é impossível de ser usado, e quando o tio Tovyeh chega para levar o Zeide à loja, ela enfia o chapéu no lixo e joga fora na lixeira do terreno em obras, do outro lado da rua.

Zeide chega em casa com um chapéu novo, bem mais alto do que seus anteriores, porque essa é a nova moda, mas o pelo é reluzente demais, e é visível que ele foi atrás de uma pechincha. Os shtreimels mais caros têm uma aparência macia, mais natural, mas esse novo é rígido e altivo, e nada tem a ver com o jeito do Zeide.

— Só vou usar em casamentos — diz ele, colocando a caixa com o chapéu na prateleira mais alta do armário da sala, atrás de seus outros chapéus.

Zeide é uma das pessoas mais respeitáveis que conheço, e, no entanto, só se veste com roupas velhas, como um maltrapilho. A ideia de usar algo novo e caro o deixa horrorizado. Dignidade é fundamental, mas apenas sinto orgulho de mim mesma quando uso coisas novas e limpas. De que espécie de amor-próprio é constituída a consciência do Zeide, que consegue se vestir como um mendigo e ainda assim impor respeito?

Sei que a Bobe pensa como eu. O Zeide nunca a deixava comprar roupas para as filhas quando eram pequenas, então ela ia às grandes lojas de departamentos da cidade e olhava para os modelos mais recentes, examinando cada detalhe sob o pretexto de testar a qualidade. Era assim que memorizava o corte do vestido e, depois, recriava versões mais modestas na máquina de costura, usando os tecidos mais finos que conseguisse encontrar no mercado. Como ela mesma fazia as roupas, Zeide permitia que comprasse o tecido. Ele aprovava sua frugalidade; chamava-a de sua geshikt. Orgulhava-se de ter uma esposa prática.

Assim, as filhas da Bobe estavam sempre bem-vestidas e ninguém sabia seu segredo. Como a riqueza do Zeide era um fato público e notório, quem teria imaginado que aqueles vestidos rendados com detalhes refinados não haviam sido comprados na Saks da Fifth Avenue?

Nas fotos de minha avó quando ainda era uma jovem mãe, sua aparência é impossivelmente elegante e feminina. Usava sandálias delicadas de salto fino, e as panturrilhas torneadas eram visíveis sob a saia longa e graciosa. Sua cintura ainda era definida depois de três filhos. Ela continuaria a conservar a silhueta mesmo após ter dado à luz o décimo primeiro. Nasceram todos com uma diferença de tão pouco tempo entre si que o fato de ter conseguido manter aquela aparência é um feito e tanto, mas até hoje a Bobe continua com o mesmo tipo de corpo.

Só que, depois de tanto tempo, cansou de brigar por tudo. Ela entregou os pontos e já não insiste mais com o Zeide para comprar roupas novas. Tampouco usa a máquina de costura. Gostaria que a tirasse de seu compartimento sob a mesa, ao menos uma vez, e costurasse algo para mim, mas seria demais pedir isso. Com sorte, alguma tia minha me trará um vestido de um de seus inúmeros passeios na Daffy's e deixará na casa da Bobe, assim, como quem não quer nada.

A primavera também surge aqui, nas ruas sujas de Williamsburg. As árvores se cobrem de flores, invadindo todo espaço disponível com seus ramos luxuriantes e pesados. Galhos robustos cutucam insistentemente as janelas dos prediozinhos marrons; seus aromas entram pelas janelas, deixadas abertas para a passagem da brisa. Enquanto o sufocante calor do verão não chega, a vizinhança fica suspensa em uma perfeição momentânea, uma fantasia preenchida por rajadas rodopiantes de pétalas rosadas e brancas que chovem sobre a calçada ensolarada.

Em maio, o Zeide se junta aos outros homens a caminho do desfile antissionista em Manhattan. Todo Dia da Independência de Israel, os hassídicos Satmar saem de suas várias comunidades para demonstrar sua oposição ao Estado de Israel. Ao contrário do que comumente se acredita sobre o apoio dos judeus a Israel, o Rebe Satmar insistia que deveríamos nos incumbir de lutar pela destruição do Estado judaico, mesmo que para isso precisássemos nos tornar mártires da causa. O sionismo é uma rebelião jamais vista em nossa história, dizia o Rebe. A noção de que nós mesmos poderíamos trazer nossa redenção a partir do exílio é um absurdo! Judeus fiéis esperam pelo Messias, não pegam em armas e espadas para fazer o serviço eles mesmos.

O desfile traz cenas inusitadas. Ninguém entende o motivo de uma pessoa de aspecto obviamente judeu segurar um cartaz dizendo "Destruam Israel". Mas, para mim, faz sentido. Nunca tive dúvidas de que o Estado de Israel não deveria existir.

Cabe a nós reparar o pecado mortal do sionismo, diz o Rebe Satmar em seu manifesto, o *Vayoel Moshe*. Todo lar Satmar tem um exemplar dessa bíblia antissionista. O livro relata a história do sionismo, como começou no início do século XX e como um pequeno grupo de judeus teve a ideia bizarra de criar uma terra judaica para si. Na época, todos acharam que fossem loucos, mas o Rebe sabia no que se transformariam. Ele previu.

Tentaram muitas vezes concretizar seus propósitos sombrios, escreveu ele, mas só depois do Holocausto conseguiram influência política e social suficiente para de fato alcançar esse tipo de poder. Usar o Holocausto para obter apoio é uma afronta à alma de todos que pereceram, afirma Zeide; aqueles judeus inocentes certamente não se sacrificaram para que os sionistas pudessem assumir o controle.

Bobe também detesta os sionistas. Ela me conta de todos os judeus que tentaram escapar para Israel a fim de fugir dos nazistas e de como os sionistas mandaram os navios voltar, devolvendo-os aos campos. Não queriam povoar sua nova terra com judeus ignorantes de shtetls religiosas, conta ela — queriam um novo tipo de judeu, instruído, esclarecido, devotado à causa. Assim, em vez disso, diz, aceitavam as crianças pequenas, que ainda podiam ser moldadas, e quando as pessoas ficaram sabendo disso, perceberam que, se havia uma chance de seus filhos sobreviverem, valia a pena separar-se deles.

Na escola aprendemos como as crianças foram submetidas a surras e abusos até renunciarem a sua fé e jurarem devoção eterna ao sionismo. A meu ver, judeus e sionistas são coisas diferentes — não dá para ser os dois. Na verdade, tenho convicção de que os únicos judeus legítimos são os hassídicos, pois uma só gota de assimilação adicionada à mistura instantaneamente impede a pessoa de ser um verdadeiro judeu. Embora não seja permitida a presença de mulheres no protesto, eu adoraria participar, nem que fosse em nome da Bobe e da família que ela perdeu na guerra. Alguém precisa fazer isso, e se os judeus não religiosos não se importam, temos de redobrar nossos esforços, sem dúvida.

Vi as fotos, todas elas. Retratos em preto e branco das irmãs e irmãos da Bobe, de seus pais, seus avós; todos mortos. Eu as guardo embrulhadas em papel-toalha na primeira gaveta da minha cômoda e as tiro para olhar quando sinto que sou capaz de aguentar. O rosto deles é tão real que não consigo aceitar. A bebê, morta aos dois anos. *Como é possível?*, pergunto a Deus. *Como esses rostos cheios de vida podem ter sumido? São meus ancestrais!* Sempre choro quando vejo as fotos e tenho de devolvê-las rapidamente ao papel-toalha antes que meus soluços silenciosos se transformem em uma grande choradeira. Bobe não gosta de falar sobre sua família, e não quero ser eu a lembrá-la.

Os sionistas usaram o Holocausto para conquistar apoio, afirma Bobe. Mas, afinal, o que eles sabem sobre o Holocausto? Não há sequer um sobrevivente entre eles, diz. Nenhum. E acredito nela, pois vejo lágrimas se acumulando sob suas pálpebras.

O rabino nos proibiu de viajar para Israel. Até a chegada do Messias, não temos permissão de entrar na Terra Prometida. Na escola, há regras rígidas sobre isso; mesmo que a pessoa tenha família lá, visitas são proibidas. A pena é a expulsão definitiva. Não me parece nem um pouco justo, essa determinação que nos impossibilita de ao menos ver o país onde temos tantas raízes, o país de que as professoras nos falam ao contar nossa grandiosa história. Mesmo assim, sei que existem garotas que desrespeitaram as regras, cujas famílias empreenderam trajetos tortuosos e as levaram a essa terra proibida. Na verdade, em apenas duas semanas, milhares de judeus americanos viajarão a Israel para o feriado de Lag Baômer, aniversário da morte do Rabi Shimon bar Yochai, o grande sábio do século II que escreveu o Zohar, principal obra da Cabala. Eu sei inclusive que minha tia Chavie viajou para lá um ano antes do nascimento de seu filho, para orar junto ao túmulo do Rabi Shimon.

É comum uma mulher infértil rezar por um filho nesse local, prometendo em retribuição voltar quando a criança completar três anos e realizar a cerimônia do primeiro corte de cabelo em Lag Baômer. Chavie com certeza vai levar Shimon quando ele estiver com a idade certa, porque todo mundo sabe que seu nascimento foi um milagre, e só o Rabi Shimon poderia ser responsável por um milagre como esse. Até o Zeide apoiou a decisão de Chavie; para fins de reprodução, não tinha problema em fazer vista grossa para algumas regras, mesmo que elas tenham sido criadas pelo Rebe Satmar.

Lag Baômer é um feriado incrível. Por todas as ruas de Williamsburg os homens montam grandes fogueiras e dançam à sua volta até amanhecer, cantando melodias tradicionais enquanto as mulheres espiam das janelas ou assistem dos degraus dos prédios. As labaredas fornecem um aspecto lúgubre alaranjado ao rosto dos homens, seus cachinhos refletindo a luz ao ritmo entusiasmado da dança. Gosto de ficar acordada o máximo que consigo para assistir, porque é uma visão poderosa e hipnotizante, mesmo eu não entendendo muito bem o seu significado.

O Corpo de Bombeiros coloca caminhões em todas as esquinas para monitorar as fogueiras, e os bombeiros ficam recostados tranquilamente na lateral dos veículos, observando essa esquisitice com uma expressão distante no rosto. Estão bastante acostumados a cuidar da segurança das nossas atividades, e alguns parecem se ressentir de sempre serem chamados para servir à nossa comunidade. Não são amigáveis conosco, pois não somos amigáveis com eles. Gostaria de poder conversar com um deles, mas alguém veria. Seria considerado um comportamento bastante inapropriado.

Assim, apenas os observo. Os uniformes parecem muito grandes e folgados para a constituição deles, e todos têm a barba feita, em um contraste chocante com os rostos que estou acostumada a ver. Os olhos que passeiam tão sem emoção pela cena estão bem à vista, e não ocultos por óculos de lentes grossas ou chapéus. Se eu encarar um deles por tempo suficiente, quem sabe vai retribuir o meu olhar, penso. Faço isso, desejando que olhe para mim, mas o homem não percebe. Não pode ver o que penso por trás da máscara que me torna parecida com todas as outras. Uma vez na vida *eu* passo despercebida.

Olhando para os bombeiros sem barba, sinto um forte e desesperado anseio de transpor o abismo que nos separa. Isso arde em meu rosto e meu peito, como se as chamas da fogueira me consumissem por dentro. Se as pessoas em volta de mim soubessem como estava me sentindo a respeito daqueles góis que realizavam nosso trabalho por nós, ficariam horrorizadas, e até eu sinto vergonha por minha estranha atração. Não há nada mais perigoso do que um gói, mas sou atraída pelo mistério de um mundo estrangeiro tão próximo e, ao mesmo tempo, tão distante de mim.

Os bombeiros não me veem como eu os vejo. No futuro, os góis que virei a conhecer nunca vão entender o fascínio que tenho por eles. Mas, mesmo assim, esse desejo doloroso e ardente continuará a me acompanhar por muitos anos, inflamado toda vez que meu olhar cruzar com o de um homem cujo queixo reluz do barbear recente, cujos olhos fitam diretamente os meus sem repugnância ou vergonha, livres da sombra de um chapéu de pele.

Em junho, os dias quentes chegam rápido, um calor que escorre com o orvalho pelas folhas dos bordos carregados dos dois lados da rua. Zeide desce ao jardim e corta flores para Shavuot, porque é a tradição decorar a casa com flores e samambaias para relembrar como o estéril Monte Sinai foi adornado com flores para a ocasião. Enquanto o Zeide corta ramalhetes de rosas e de delicadas írises, Bobe observa da varanda, pedindo-lhe que tome cuidado, lamentando a perda do colorido em seu jardim. O Zeide não consegue entender a felicidade que as flores proporcionam a Bobe, mas apenas quando estão na terra, crescendo. Fora dela, em um ou dois dias essas lindas flores começarão a murchar, sua vida abreviada de forma cruel. Para que ter um jardim, diz Zeide, se não para honrar a Torá?

Em Shavuot comemos cheesecake cremoso com cobertura de farelos de biscoito e triângulos de krepale recheados com queijo cottage que a Bobe tira do congelador e frita na manteiga em uma frigideira.

Depois de esperar meia hora, comemos a carne: travessas de peru defumado fatiado, nadando em molho de tomate, coxa de frango salteada em cebola caramelizada e picadinho de fígado. O propósito de fazer refeições de laticínios separadas das de carne é simbólico; no Monte Sinai, os judeus concordaram em seguir as leis da Torá, mesmo aquelas que acarretariam em sacrifícios expressivos, sendo um deles o mandamento de separar o leite da carne. "Obedecemos e escutamos", disseram os judeus no Monte Sinai, e não o contrário, demonstrando uma fé cega da qual devemos continuar a nos orgulhar, segundo Zeide. Estivemos todos no Monte Sinai, diz Zeide depois de terminarmos a refeição, todos de barriga estufada. O Midrash afirma que a alma de todos os judeus estava presente quando a Torá foi transmitida ao povo escolhido, e isso quer dizer que, mesmo que não lembremos, estivemos lá e optamos por aceitar a responsabilidade de sermos os escolhidos. Logo, continua Zeide em seu sermão, rejeitar a lei corresponde a cometer uma hipocrisia, já que estávamos todos presentes no momento em que o acordo foi aceito. Não há imunidade para a alma de um judeu.

Pergunto-me qual seria a idade da minha alma para ter estado presente naquele momento no Monte Sinai. Será que concordei porque queria sentir que fazia parte do grupo? Isso seria bem típico de mim, o medo de revelar que sou diferente dos outros.

No entanto, o contrato firmado com Deus no passado longínquo não é o mesmo contrato que o Zeide fez com o Rebe cinquenta anos atrás. Quando o Rebe Satmar anunciou seus planos para uma kehilá, uma comunidade, em Williamsburg, Zeide jurou sua lealdade antes mesmo de saber o que isso implicaria e, ao fazê-lo, atrelou a família inteira, e todas as suas futuras gerações, a essa comunidade. A família do Zeide na Europa não vivia dessa maneira. Não eram extremistas; eram pessoas cultas que tinham casas com assoalho de madeira e tapetes persas, e viajavam sem medo por todo o continente.

Foi o Rebe quem decidiu que eu não podia ler livros em inglês ou usar vermelho. Ele nos isolou, de tal forma que nunca pudéssemos nos misturar ao mundo exterior. Se eu não estava presente quando o acordo foi feito, por que ainda sou obrigada a seguir todos esses mandamentos? Será que o Zeide espera mesmo que eu siga as lições do Rebe tão cegamente quanto ele, que as seguiu quando estava assustado e sozinho, como estavam todos os sobreviventes, e não havia outro lugar ao qual se voltar que parecesse seguro?

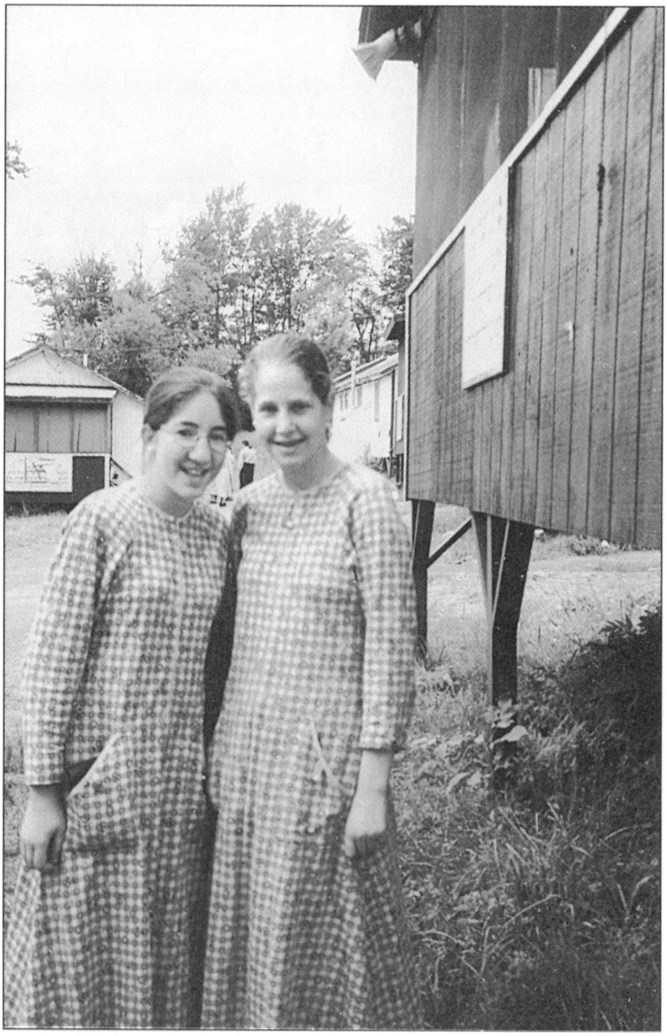

3

O despertar do conhecimento

"A criança crescerá sabendo coisas formidáveis —
sabendo que esses cortiços de Williamsburg não são o
mundo todo."
A Tree Grows in Brooklyn, Betty Smith

Três semanas sem nada para fazer entre o fim das aulas e a ida para o acampamento de verão, três longas semanas de calor insuportável. Saio apenas alguns minutos para sentar nos degraus da entrada e mesmo à sombra sinto a letargia me dominar na hora, o cabelo lambido por conta da umidade, o ânimo inexistente. Minhas pernas coçam sob a meia-calça de lã, que, ironicamente, não me protege dos mosquitos. Estou viciada nos sorvetes italianos cor-de-rosa do armazém do sr. Mayer. Eles duram uma eternidade, e meu estômago já pede mais quando raspo o fundo do copinho de papel.

Bem quando começo a achar que vou morrer de tédio, meu primo Moshe chega para passar um tempo com a gente. É porque foi expulso da yeshivá, ouço Bobe sussurrar no telefone quando acha que estou dormindo. Sempre criando problemas, esse menino, diz ela, suspirando.

Do meu quarto, às cinco e meia da manhã, ouço o Zeide acordar Moshe como um sargento.

— De pé. Hora das orações. Vamos lá. De pé. Vamos. O sol está saindo. Vamos rezar na primeira luz do dia. De pé. Vista-se.

Ele arrasta o menino para fora da cama, puxando-o pela orelha, e escuto Moshe cambaleando cegamente à procura de suas roupas enquanto o Zeide vocifera. Moshe está aqui para ser disciplinado pelo Zeide, a cura para todos os maus exemplos. Com doze filhos para cuidar, os pais de Moshe já têm problemas de sobra.

Zeide espera que consiga um bom shiduch, um casamento arranjado, mas não tem chance de alguém querer se casar com um rapaz de dezoito anos que não frequenta a yeshivá. Não se vê sinal de barba no rosto liso de Moshe, e não sei dizer se é porque anda fazendo o que não devia ou se não passa de um amadurecimento tardio. Tentar impedir o crescimento dos pelos faciais seria uma ofensa gravíssima, e fico empolgada com a possibilidade de que ele tenha aprontado tamanha arte.

Eu o provoco, comentando aquela ausência.

— Fala a verdade — digo —, você arranca com a mão? Ou passa a navalha? Quem sabe uma pinça!

— Cala a boca, dedo-duro — rosna ele para mim. — Você não sabe de nada. Vá cuidar da sua vida.

Mesmo assim, ele aparece no meu quarto à noite, após a oração, e fica fuçando as minhas coisas, me provocando. Sabe que não deveria conversar comigo porque sou menina, mas a Bobe não o repreende e o Zeide ainda está no kolel, estudando. Mais tarde, escuto Zeide lhe passando um grande sermão sobre a impropriedade de confraternizar com mulheres.

— Que negócio é esse de ficar de conversa com meninas — diz Zeide em um sussurro raivoso, depois de puxar Moshe de lado —, quando devia passar seu tempo livre aprendendo o texto sagrado da Torá e se concentrando no futuro? Que menina, você acha, vai olhar para um rapaz como você, que não consegue ficar quieto durante um shiur, muito menos passar um dia inteiro estudando?

Lanço um olhar rápido em sua direção. Moshe não fala nada, apenas olha para o chão, mexendo os pés, nervoso, seu rosto traindo um sofrimento genuíno, profundo, que alguma coisa dentro de mim reconhece.

Os sermões de reprovação não ajudam muito. Moshe continua deixando os seforim para conversar comigo e, sentindo uma mistura de pena e curiosidade, não me oponho. Quando a Bobe sai para visitar as amigas no fim do dia, mostro para Moshe como assar marshmallow na boca do fogão. Colocamos os marshmallows kosher nos espetos de metal que a Bobe usa para fazer shish kebab, então é claro que são fleishig. Então, não podemos comê-los com nossa calda de chocolate.

Moshe me ensina a passar trote.

— Alô? Aqui é da companhia elétrica. Estamos com alguns problemas na sua área e precisamos que a senhora verifique se a sua televisão está no ar. Ah, está? Bom, então é melhor você correr para ela não cair!

Bato o telefone e rimos histericamente. Minhas costelas doem pelo melhor motivo.

Certa noite, Moshe sugere que disquemos para números gratuitos aleatórios com palavras engraçadas, tipo 1-800-PAPAO. Às vezes, acabamos ligando para números que realmente existem; 1-800-BANHEIROS oferece serviços de encanador.

— Ei, escuta isso — diz ele, e então disca 1-800-GORDONA e põe o telefone no viva-voz.

Uma voz feminina atende, mas dá para perceber que é uma gravação. Soa ofegante, esquisita.

— Grande... gorda... molhadinha — arqueja a voz, e aperto rapidamente o botão de desligar.

Moshe ri alto da minha reação, e sinto que ele planejou isso. A atmosfera muda.

— Quantos anos você tem, Devoiri? — pergunta ele.

— Treze, por quê?

— Sério? Treze anos? Não acredito. Eu estava certo de que você tinha dezessete anos. Você parece bem mais velha!

— Nada disso. Tenho treze.

Raspo o resto do marshmallow do espeto com os dentes. Moshe me observa lamber os lábios e balança a cabeça com admiração.

— O que foi?

— Nada. Só não consigo acreditar que você é tão nova.

Zeide me chama de lado pela manhã e pergunta se aprendi durante o ano as leis do yichud na escola. Aprendemos algumas, claro. Sei que uma garota não pode ficar em uma sala a sós com um homem, mesmo tendo outras mulheres por perto. Se houver dois homens ou mais, tudo bem. É preciso deixar as portas destrancadas caso você se encontre nessa situação. Nada de contato físico. Também é proibido cantar, claro. Mas Zeide e Bobe me deixam sozinha com Moshe à noite, nem se preocupam, e mantenho a porta aberta como se espera que eu faça, de qualquer maneira. Além do mais, Moshe é meu primo. Quer dizer, nós somos parentes. Essas regras são por desencargo de consciência.

Quando a Bobe sai para dar comida aos pacientes do Aishel, o asilo, saio correndo para comprar um sorvete italiano na mercearia do sr. Mayer. Cereja ou limão, não consigo decidir. O de limão é azedo e branco, o de cereja tem uma doçura pegajosa que continua por muito tempo na mancha rosa e escura deixada na minha língua e nos meus dentes.

Enquanto estou em frente ao freezer com os sorvetes, Rodrigo, o menino mexicano que trabalha para o sr. Mayer, acidentalmente encosta em mim ao se dirigir aos fundos da loja. Os corredores são estreitos e, com uma reação automática, recuo abruptamente. Cereja, resolvo, e pego o sorvete vermelho. Antes que possa fechar a porta, sinto a mão de alguém na minha bunda. Tenho a sensação nítida de um beliscão, mas dura apenas uma fração de segundo, então não consigo ter certeza, e quando me viro bruscamente vejo Rodrigo desaparecer na escuridão bolorenta da salinha nos fundos.

Fico paralisada por um momento, segurando o sorvete italiano, de costas para o freezer, me protegendo. Meu rosto pega fogo. Minha garganta arde de indignação. O mexicano! Na minha rua!

A fúria impulsiona meus passos e dirijo-me com rapidez para a frente da loja, os saltos dos meus sapatos ecoando com força nas tábuas do assoalho. No balcão, o velho sr. Mayer se debruça sobre o livro contábil, com ambas as mãos tremendo por conta do Parkinson e a ponta da barba branco-amarelada encostando nas folhas gastas do livro-razão.

Coloco as duas moedas de 25 centavos no balcão de cortar carne. Sei muito bem que não devo dar o dinheiro diretamente para o comerciante: não é permitido. O sr. Mayer nem ergue o rosto. Hesito por um momento, sem conseguir decidir se devo lhe contar sobre o que acaba de acontecer ou deixar para lá. É tão constrangedor.

— Sr. Mayer. — Ele não olha. Acho que pode ter ficado meio surdo com a idade. Ainda determinada a chamar sua atenção, falo mais alto.

— Sr. Mayer!

Ele ergue levemente a cabeça e me observa pelas lentes bifocais.

— Diga ao seu menino mexicano que não encoste a mão nos fregueses.

O sr. Mayer me olha inexpressivamente, seus grandes olhos me fitando das órbitas amareladas. Acho que talvez não tenha me escutado, mas então percebo seus lábios estremecerem com as palavras na ponta da língua, só que não sai nada. Por um momento, ele fica imóvel com o choque, as mãos ressequidas como que suspensas sobre o balcão, até que estica o braço e pega as duas moedas, com a outra mão estendendo para mim uma pá de madeira embrulhada em um guardanapo branco de papel. Ele não vai falar nada. Relutante, pego a pazinha e me dirijo à porta. A sineta tilinta com algazarra quando saio.

Chegando em casa, agacho nos degraus da entrada e observo os pombos brigarem pelas migalhas que a Bobe jogou no jardim. Ainda embrulhado, o sorvete italiano continua entre minhas mãos, o copinho amolecendo à medida que o conteúdo derrete. O líquido cor-de-rosa vaza pelo fundo e respingos vermelhos escorrem por entre os meus dedos. Fico enjoada.

Deveria contar para alguém. Se contar ao Zeide, ele irá pessoalmente à mercearia para brigar com o sr. Mayer, e dessa vez o homem vai escutar, perceber que não pode deixar seus empregados fazerem o que bem entendem. A justiça deve ser feita. Sou uma garota judia; ao menos em minha própria comunidade, deveria estar em segurança.

Mas como criar coragem para contar ao Zeide? Que palavras usar para descrever a experiência? A mera ideia é constrangedora demais. E se eu contar e ele achar que a culpa é minha, por algum motivo? Eu não estava envolvida, de certa maneira? Não quero ver sua expressão de decepção.

Minhas mãos ficam dormentes por causa do copo gelado, e o frio se espalha pelos meus braços, meus ombros e meu peito. Tremo violentamente, como que exorcizando um demônio invisível. Só de imaginar o gosto enjoativo e doce do sorvete de cereja, minha bile sobe à garganta. Jogo o copinho pingando e ainda fechado na lata do lixo. Quando entro, vejo que o chão sob meus pés está cheio de manchas escuras, da bagunça que fiz.

O Shabes dura mais tempo em junho, e nessa semana passo a tarde no sofá devido a uma misteriosa dor abdominal que não responde à usual dose de antiácidos da Bobe. Zeide só diz a bênção da havdalá às 22h30 de sábado, mas às onze Rachel e Tovyeh chegam de Borough Park com seus filhos para a Melavê Malká, a refeição depois do Shabes. Tomo alguns comprimidos de Tylenol, a dor cede e dá lugar a um incômodo leve, então me junto a meus primos à mesa da sala de jantar para comer ovos mexidos e salada, enquanto Moshe é mandado à pizzaria kosher na Marcy Avenue, onde a fila nos sábados à noite normalmente se estende até a rua.

Quando Moshe chega com a caixa de papelão manchada de gordura nas mãos, Zeide e Tovyeh já estão absortos em um debate talmúdico qualquer, e, depois que termino de distribuir a pizza para as crianças, Zeide faz um gesto para me aproximar. Ele pede que eu traga um vinho do porão, um Borgonha da marca Kedem, com o rótulo amarelo. Eu hesito. Estou com medo de descer sozinha no escuro. Sei que tem ratos no porão; às vezes um gato de rua aparece para brincar e dar um fim neles.

— Não quero ir sozinha — falo.
— Tudo bem, então Moshe vai junto. Mas veja se pega o vinho certo. Moshe! Vá com a Devoireh à adega e acenda a luz para ela enxergar. Aqui, toma.

Ele nos estende o pesado molho com as chaves para todas as fechaduras da casa.

Moshe e eu descemos os três lances de escada até o porão, os últimos degraus envoltos na escuridão e no que acredito serem teias de aranha. Posso sentir o cheiro do desodorante que ele usa, penetrante e forte, embora não devesse usar produtos com perfume. Seus passos são mais pesados que os meus. Estou pensando no motivo de o Zeide nos deixar descer sozinhos ao porão. Tenho certeza que é contra as regras, mas o Zeide nunca teria permitido se fosse o caso, então acho que tudo bem.

Moshe tateia os quadros de luz, tentando encontrar o disjuntor certo no escuro. Finalmente, uma luzinha alaranjada emana das lâmpadas que se entremeiam com o encanamento no teto e ilumina o porão úmido. As montanhas de tralhas estão mais visíveis agora — malas velhas empilhadas, um antigo carrinho de bebê sem uma roda, colchões velhos e, no fundo, o engradado dos vinhos.

É difícil enxergar bem, mesmo com a iluminação improvisada, e puxo uma garrafa atrás da outra, procurando o vinho furtivo, enquanto Moshe não faz a menor menção de me ajudar, preferindo andar de um lado para outro às minhas costas.

Acho que encontrei o vinho certo, um Borgonha Kedem, rótulo amarelo. Olho mais de perto, para confirmar, depois o entrego a Moshe.

— Aqui. Leva lá para cima. Vou apagar as luzes e trancar a porta.

Moshe pega a garrafa e a põe no chão.

— O que você está fazendo? Esse chão é de cimento! Você podia ter quebrado a garrafa! O Zeide vai ficar furioso. — Tento pegar a garrafa, mas Moshe agarra meus pulsos. — O que... o que você está fazendo? — Minha voz falha.

Sinto ele me levar em direção à parede, e não tenho reação, meus braços paralisados pelo choque. Um dedo continua a segurar o pesado molho de chaves. Próximo assim, seu hálito de molho de tomate na minha testa, o corpo de Moshe parece surpreendentemente grande e sólido. Ele segura meus pulsos com tanta força a ponto de machucar, e meus braços parecem frágeis como galhos finos. E isso sou eu, que consigo carregar um aparelho de ar condicionado pela escada.

Solto uma risadinha nervosa. Examino seu rosto, para ver se é só uma brincadeira boba desse garoto encrenqueiro que foi expulso da yeshivá e quer me assustar no porão. Mas seu rosto não está relaxado como em sua pose normal de desinteresse tranquilo. Seu maxilar está tenso, os olhos, estreitados.

Ergo o joelho para chutá-lo, mas ele pressiona minhas pernas contra a parede com suas coxas grossas, me esmagando com seu peso. Ele ergue meus pulsos acima da minha cabeça com uma das mãos e com a outra procura o zíper do meu vestido. Tenta abrir com um puxão, e eu me curvo em um reflexo para me proteger, agora gritando.

— Para! Por favor, para! O que você está fazendo...? Isso é loucu...

Moshe tapa minha boca com a mão e sinto o gosto salgado do seu suor. Percebo que ele está tentando me empurrar para o chão, uma das mãos no meu ombro, a outra na minha cintura. Lembro do molho de chaves e faço uso dele, golpeando a virilha de Moshe, empurrando-o às cegas.

A borda afiada de uma das chaves engancha na parte mole da sua barriga, e eu a empurro e torço; meu pulso é a única parte de mim com alguma liberdade de movimento, e faço uso dele enterrando a chave com toda a força, mesmo quando o escuto murmurar um xingamento no meu ouvido. Ele se contorce, levantando um pouco o corpo e movendo-se ligeiramente, procurando a arma em minha mão. Solto grunhidos baixos ao bater com a chave rápida e profundamente em sua virilha, e agora ele me solta de maneira brusca, apalpando o corpo, gemendo.

Fecho o zíper do vestido ao fugir, desviando das pilhas de tralhas, e saio correndo pelos barulhentos degraus de madeira até sair para a luz brilhante do térreo. Esqueci o vinho.

Já em cima, passo pela sala de jantar e tento ir de fininho para o meu quarto, mas o Zeide percebe e me chama.

— *Nu*, Devoireh! — Ele olha para mim, esperando. — Achou o vinho?

Assinto.

— Dei para o Moshe — respondo.

Dito e feito, Moshe aparece ofegante à porta, o Borgonha na mão, depositando-o na mesa com seu sorrisinho característico, como se nada tivesse acontecido. Ele se vira para me encarar com uma expressão de autoridade, algo orgulhoso e poderoso por trás de seus olhos. Dou meia-volta e me afasto, pressionando as mãos contra minhas bochechas, que ardem.

Ao chegar ao quarto, não acendo a luz. Fico deitada na escuridão quase total, atenuada apenas pela luz fraca cor de pêssego vinda do poste na rua, que entra de leve pela janela, a sombra dos galhos de bordo criando padrões nas paredes do meu quarto estreito. Com as mãos delineio os contornos do meu corpo, os dedos percorrendo meu pescoço, passando pelo vão entre os seios e parando na minha barriga, tentando perceber se o formigamento queimando ali dentro pode ser sentido na minha pele, como o calor de uma febre. Minha pele está fria, macia, serena. Continuo deitada na cama, mesmo quando os ruídos na sala de jantar começam a diminuir, e escuto pessoas descendo a escada com passos pesados e saindo pelas portas duplas da entrada do prédio para a rua. Escuto Tovyeh entrar em seu carro e, um momento depois, o grande Dodge Durango azul sair roncando pela noite.

Escuto a Bobe se preparando para dormir, o Zeide estudando sozinho na sala de jantar e finalmente Moshe indo para sua cama às duas da manhã. Fico acordada por muito tempo, as mãos apoiadas na barriga, ainda vestida, esperando escutar algo, mas nada sai de minha garganta. Quando amanhece, pego no sono.

Sentada à mesa do Shabes na sexta à noite, ouvindo o Zeide entoar os hinos tradicionais, irrompo em soluços altos, sufocantes, interrompendo-o em pleno canto. Ninguém entende minha súbita tendência a crises histéricas; Zeide diz que devo rezar por menuchas hanefesh, paz na alma.

— Que motivo no mundo pode ter para chorar? — pergunta ele delicadamente, erguendo os olhos de seus livros sagrados.

Fico com vontade de gritar: é isso mesmo, não tenho por que chorar, nada comparado a você e ao sofrimento que pode reivindicar como seu.

Sinto que lhe contar a razão do meu choro soaria ingrato. É culpa do Zeide que Deus me colocou em um mundo onde não há lugar para mim? Como explicar para ele o buraco gigante que ameaça me engolir se eu não o encher de *coisas*; como lhe contar sobre o orgulho e o desejo, e o sofrimento resultante de não *ter*?

Tudo que você pensa que é seu nesse mundo não é seu de verdade, afirma Zeide. Pode ser tirado de suas mãos a qualquer instante. Grande consolo pensar que as poucas coisas que tenho podem ser roubadas na calada da noite. Pai, mãe, irmãos, uma casa, um vestido — tudo isso são coisas que possuímos; a longo prazo, elas não têm importância. Zeide diz que entende isso porque sabe como é perder tudo. Ele afirma que a única coisa valiosa que a pessoa pode conquistar nessa vida é menuchas hanefesh, a serenidade profunda, interior, que prevalece mesmo diante dos males. Nossos ancestrais eram tão fortes que conseguiam manter absoluta calma até nas circunstâncias mais graves; abusos físicos terríveis e uma angústia inominável não os demoviam de sua placidez. Quando se tem fé, diz Zeide, compreendemos como a vida é pequena se pensarmos no que realmente importa. Se temos o céu como perspectiva, nosso sofrimento é ínfimo, mas se a sua alma for tão oprimida que você não consegue enxergar além do que está na sua frente, nunca poderá ser feliz.

Como encontrar essa tal paz interior incapaz de ser abalada por qualquer que seja a razão? O mundo à minha volta é tão real e tangível que não consigo resistir; a perspectiva do céu não parece tão atraente assim.

Enfim surgiu uma pretendente para Moshe essa semana. Zeide fica animadíssimo por alguém se interessar pelo neto do qual quase desistira. Mas quando alguém liga em nome da jovem para obter mais informação sobre o caráter do rapaz, não o elogio, como exige o costume. Pelo contrário, desafio abertamente a tradição e o chamo de mau exemplo, louco, shlechter. E quando o Zeide descobre o que fiz, ele começa a gritar comigo, mas antes de ele terminar, bato com as duas mãos na mesa e grito.

— O quê? O que foi? — pergunta.

— Ele tentou... Ele tentou...

Mas não sei o que ele tentou. Desisto e saio da mesa, mesmo quando o escuto me chamar. Agora não sou obrigada a conversar se não quiser. Agora tenho o direito de lhe dar as costas.

Zeide pede a minha tia Chaya que converse comigo. Ela usa palavras gentis para fazer com que eu desabafe, então lhe conto, não a história toda, mas o suficiente para seu rosto se contrair de raiva e ela murmurar baixinho:

— Animais. São só um bando de animais.

— Quem?

— Os rapazes. Os meninos. Não sei o que o Zeide estava pensando, trazê-lo para cá, para ficar na mesma casa que você.

No fim, Moshe fica noivo de uma garota israelense. Todo mundo sabe que um shiduch israelense é a última opção. Um pai em Israel é tão pobre que dá as filhas a qualquer um que possa pagar. Moshe terá de se mudar para viver perto da família de sua esposa em Israel e nunca mais precisarei vê-lo.

Bobe está ao telefone com uma de suas filhas quando descubro o sangue grosso, viscoso, em minha roupa de baixo, e consigo escutar sua voz pela porta do banheiro, cheia de suspiros pesados. Estou esperando que saia do telefone para lhe dar a notícia de minha morte iminente, mas meu terror é grande demais para me controlar, então abro uma fresta na porta e faço um gesto para que largue o telefone. Ela pede licença a quem está na outra ponta e se aproxima com um ar levemente irritado.

— *Nu*, o que foi, mamaleh? — pergunta, apressada, ajeitando o turbante sobre a orelha.

— Estou sangrando — falo baixinho, esperando uma reação chocada, de que talvez ligue para a Hatzolah, o serviço voluntário de emergência, para me levarem ao hospital.

— Aqui, mamaleh — diz, abruptamente, abrindo a gaveta de baixo do armário do banheiro. Ela pega o que parece ser um chumaço de algodão longo e estreito e põe na minha mão.

— Coloque isso na sua roupa de baixo — diz —, que daqui a pouco vou à farmácia e trago alguns absorventes para você.

Não entendo como pode estar tão calma. Ela me diz para não me preocupar em ter um litro de sangue jorrando de mim, pois parece que isso acontece com todo mundo, e é saudável. Pense nisso como uma limpeza do corpo, diz ela. Vai embora em alguns dias.

Quando volta da farmácia com uma caixa de absorventes, me diz para escondê-la no fundo do meu guarda-roupa, para que ninguém veja. Não convém falar sobre essas coisas, diz. Não leva a nada.

É difícil fazer o processo de trocar os absorventes em segredo, como se fosse um curativo, de tantas em tantas horas. Tenho de embrulhá-los em papel e saco plástico, como a Bobe me mostrou, antes de jogá-los disfarçadamente na lata do lixo, para ninguém desconfiar. Sinto-me estranhamente deprimida, como se de algum modo houvesse trocado de corpo e esse novo corpo não fosse do meu agrado. Não vejo a hora dessa hemorragia acabar, como a Bobe prometeu que aconteceria. Espero que nunca mais volte.

Em breve já não posso mais confiar que meu corpo vá ser o mesmo todos os dias, magricelo e esguio como costumava ser. Agora é como se cada dia minhas roupas tivessem um caimento diferente e o espelho nunca mostrasse o mesmo reflexo. Fico frustrada com minha incapacidade de controlar o que meu corpo faz, ou sua aparência.

Minhas amigas se tornaram obcecadas por dietas, levando recipientes de plástico com alface-americana para o lanche, em lugar do costumeiro bagel com cream cheese. Por mais que tente, não consigo resistir ao sabor delicioso da manteiga de amendoim no pão branco ou ao de cobertura de chocolate em um sorvete de baunilha.

Algumas levam a dieta longe demais. Chani Reich passa o intervalo inteiro correndo para cima e para baixo pelos corredores a fim de queimar calorias que não parece consumir. Bruchy Hirsch está internada há semanas, porque desmaiou durante a aula um dia desses. Nem seus pais conseguiram fazer com que se alimentasse.

O recato é o auge a ser atingido por uma jovem. E, realmente, as recatadas são as mais magras, ocultando seu corpo de olhares curiosos, mantendo a inocência e a pureza da infância. Por quanto tempo, me pergunto, uma garota consegue ignorar a maturidade iminente?

Afinal, não vai demorar muito para todas nos tornarmos mães. Esse período representa o crepúsculo de nossa infância, nossos derradeiros momentos de despreocupação antes do início da vida real.

Parto para o acampamento de verão levando minhas novas roupas de baixo e um estoque de absorventes grandes, sentindo-me agora como uma das garotas mais velhas, como se estivesse no limiar de algo imenso e importante. O terreno se estende pela parte mais remota de um vale úmido e escaldante nas montanhas Catskill, a quilômetros da rodovia principal. Judeus Satmar gostam de ficar o mais longe possível dos gentios que habitam essa região montanhosa durante o ano e não querem que possamos caminhar até a cidade ou interagir com pessoas de fora, assim passamos os verões enfurnadas em uma propriedade que só pode ser acessada por uma estradinha de terra precária e escondida que se prolonga por quilômetros.

Há várias nascentes ali, com cogumelos brotando à sombra, enquanto a chuva se acumula nas concavidades do terreno e as poças volumosas resultantes escorrem pelos morros por semanas a fio, antes de finalmente escassearem e a água evaporar no ar úmido. Apenas os amplos descampados elevados são mantidos secos para as atividades do acampamento.

Fico na cama de baixo do beliche que divido com Layala, uma garota grande e forte de cabelo loiro e olhos azuis que vive criando encrenca. Quando a supervisora noturna sai na varanda para respirar ar fresco e bater papo com as outras garotas de serviço, ergo as pernas e chuto o colchão de Layala com toda a força, e a estrutura metálica da cama vibra com o movimento. Ela grita com o impacto, e isso faz todas as inspetoras do turno da noite aparecerem correndo, apontando suas lanternas entre as camas, tentando encontrar a origem da comoção. Permaneço imóvel sob a fina colcha de verão, os olhos fechados, minha respiração controlada e lenta, o retrato da inocência.

O verão é tempo de aprontar. Faço tudo que me dizem para não fazer. Fico na cama na hora que deveria estar nadando e me escondo no banheiro quando as supervisoras vão atrás de quem quer que tenha ficado por ali. Detesto nadar com aquela roupa comprida, azul com uma palmeira estampada, que serve para me lembrar que sou uma garota Satmar. É uma referência ao sobrenome do rabino: Teitelbaum significa "palmeira" em alemão, e o símbolo está por toda parte — nos chalés, nos ônibus, nos materiais timbrados e nas roupas de banho. Assim que entro na água e a roupa fica molhada, ela cai até os joelhos e fica batendo nas minhas panturrilhas a cada passo que dou.

Algumas garotas enrolam as barras e as mangas e se deitam na toalha sobre o concreto quente, tentando aproveitar o pouco sol que bate na piscina cercada por um muro de tijolos. As paredes elevadas projetam uma sombra intensa na maior parte da área. Após a segunda semana de acampamento, quase todas estão bronzeadas — todas menos eu, incapaz de pegar a menor cor que seja, com minha pele branca como cera. Enquanto Layala fica cada vez mais morena e atlética, tudo que tenho para mostrar são um par de joelhos ralados e sardas marcando meu nariz.

Vou acumulando pontos negativos com rapidez, já que não apareço para o shiur, o sermão diário, e sou repreendida por cochilar durante a oração. O único prédio no acampamento que não parece um forno é o monstruoso salão de jantar, onde todos no acampamento se revezam para fazer as refeições. Cabem quinhentas pessoas ali, e do teto zumbem fileiras de ares-condicionados que mantêm o ar abençoadamente fresco circulando pelo ambiente cavernoso.

Rezamos em voz alta antes e depois de cada refeição, com uma das garotas sendo escolhida para conduzir a oração ao microfone. Passo o verão inteiro na expectativa de ser escolhida, porém só as meninas comportadas são chamadas. Faço um teste para uma peça importante, e as monitoras ficam impressionadas com minha dicção alta e clara, mas ganho apenas um papel pequeno, enquanto os maiores vão para Faigy e Miriam-Malka, garotas bem certinhas, com pais influentes. Talvez se o Zeide fosse mais ativo, as pessoas sentiriam que tinham de prestar contas a alguém pela forma como eu era tratada, mas o Zeide não faz ideia dessas coisas, e como as monitoras sabem que não serão responsabilizadas, não se importam de verdade com a minha felicidade. De vez em quando, se peço, Bobe manda um pacote pelo ônibus que vem às Catskills toda sexta, mas nunca é como os pacotes das outras meninas, cheios de doces. Ela me manda pão de ló embrulhado em papel-alumínio e ameixas frescas. Ainda assim, é melhor que nada. É uma maneira de mostrar que alguém cuida de mim, como fazem todas as outras.

Esse é o verão em que Milky e Faigy tomam banho juntas e o resto da turma cochicha sobre elas, cobrindo a boca com as mãos. Layala me conta histórias escabrosas das duas garotas em trajes de banho brincando de espirrar água na banheira com a porta fechada. Certa noite, ela vem para a minha cama enquanto a supervisora conversa do lado de fora e todo mundo está dormindo; coloca as mãos em meus seios e diz para pegar os dela, para ver se são maiores. Claro que são maiores, e ela fica com o nariz empinado por causa disso, como se fosse motivo de orgulho, como se tivesse vencido uma competição. Na segunda metade do verão, troco de cama. Pego o beliche em cima de Frimet, que é silenciosa como um ratinho, exceto quando chora no travesseiro; nessas horas, ela emite guinchos minúsculos que são como os pneus de borracha de um caminhão de brinquedo.

Há dois acampamentos de verão atualmente, um para as pessoas como eu, vindas de famílias que apoiam Zalman Leib, o filho mais novo do Rebe Satmar, e outro para as famílias que apoiam Aaron, o mais velho. Os dois filhos competem para herdar a dinastia do atual rabino quando ele falecer, e a briga prolongada se tornou bastante desagradável.

Golda está no acampamento dos aroinies, como os chamamos. Assim, ainda que passemos o ano letivo juntas, não a vejo no verão. Ela vem me visitar no meu aniversário, e quando desce do grande ônibus com ar-condicionado que circula por todas as colônias e acampamentos hassídicos nas Catskills, nós nos afastamos o máximo possível das batidas ritmadas de pés e mãos nos chalés principais para desfrutar alguma privacidade.

Entramos no gan yehudah, um campo extenso na frente do acampamento onde conservam o capim sempre alto para obstruir a vista, mesmo que estejamos em Kerhonkson, Nova York, e os vizinhos mais próximos, a trinta quilômetros de distância. Golda e eu sentamos com as pernas cruzadas no chão e fazemos colares com o mato, a ponta dos nossos dedos esverdeada de desfiar os brotos. Nós duas odiamos o acampamento. Odiamos ter de berrar sem motivo algum. Odiamos ficar no concreto quente o dia inteiro disputando os jogos que as monitoras inventam para nós. Golda escreve canções. Eu escrevo em meus diários. Queria poder cantar como ela ou pelo menos ser parecida com ela, com sua pele morena reluzente e seu sorriso afetuoso, lindo, que evidencia suas maçãs do rosto, transformando-as em montes luminosos, seus dentes como diamantes ao sol. Golda é bonita, mesmo com a acne começando a brotar em sua testa. Acho que terá uma vida maravilhosa, que coisas fantásticas acontecerão com ela, porque tem esse rosto, o rosto de uma mulher a quem coisas tremendas são concedidas.

No capinzal, começo a pegar no sono em determinado momento, e as palavras de Golda passam como uma caligrafia chinesa no fundo dos meus sonhos, para então desaparecer. O sol arde no tecido das minhas roupas e elas me queimam. O zíper de metal da saia fica incandescente. Golda, a meu lado, também cochila. Pelos olhos semicerrados posso ver seu cabelo preto cintilando ao sol, entremeado ao mato. Sinto uma formiga picar minha perna — dói, não como uma picada de mosquito, mas como o beliscão de várias pinças minúsculas, e preciso coçar. Sinto o sangue escorrer por minha perna, molhar minha meia-calça, e o tecido seca e endurece na mesma hora.

Golda e eu levamos um susto com a sirene. O campo está vazio, assim como o estacionamento além dele. Todo mundo está no chalé principal assistindo ao jogo de machanayim, uma versão judaica mais recatada de queimado. O ruído vem e vai, seu volume instável, o som crepitante. Está vindo de um megafone. Golda e eu espiamos entre o capim e vemos o sr. Rosenberg, um dos poucos residentes homens dos acampamentos, além da sra. Halberstam, a diretora obesa, em seu casaco e turbante, entrando no campo com o megafone na mão.

Golda e eu nos entreolhamos, perplexas. Deveríamos nos levantar? Ou continuar deitadas? Por que estão aqui?

— Maidlach! — A voz da sra. Halberstam falha no megafone antigo. Está falando conosco!

— Apareçam, meninas. Precisam sair daí agora mesmo.

Consigo vê-la agora, as bochechas vermelhas com o calor, quase fechando os olhos. Parou de avançar, mas é óbvio que nos viu. Provavelmente estamos encrencadas por não estarmos onde deveríamos. Ou talvez tenham medo de carrapatos. É raro aparerem esse campo.

Golda e eu saímos do campo. Tentamos assumir expressões inocentes, mesmo precisando cerrar os dentes para segurar as risadinhas. A sra. Halberstam parece em pânico, e não é bonito de se ver. A severidade do sr. Rosenberg parece além do normal, seus olhos muito abertos e fixos, sua barba laranja desgrenhada como que se eriçando. Somos escoltadas em silêncio.

Gostaria de saber por que as duas pessoas mais importantes na equipe do acampamento foram mandadas para nos disciplinar por uma infração tão boba.

No limiar do campo, eles param, a sra. Halberstam virando para nos dirigir a palavra e o sr. Rosenberg mais atrás, em um apoio tácito, seu olhar pregado em nós, torcendo as duas peyot em tons de laranja queimado com ambas as mãos em movimentos agitadíssimos, traindo sua fúria.

— O que estavam fazendo ali? — pergunta a sra. Halberstam.

— Nada. Só schmoozing — responde Golda, irreverente.

Ela nunca tem medo de autoridade, ainda mais ali, porque eles dois não têm autoridade alguma sobre ela. No fim do dia ela vai retornar para o outro acampamento e lá terá de responder a pessoas diferentes.

A sra. Halberstam fica cada vez mais irritada.

— Tem ideia do que ficou parecendo, as duas ali? Qual o problema de vocês? O que estão querendo que as pessoas pensem? Querem voltar para casa?

Estou completamente confusa. Golda parece estupefata. O que ela pode estar querendo dizer?

— Olha, a gente só estava conversando, de verdade. Nós duas somos amigas. Passamos o verão inteiro sem nos vermos. Ela é de outro acampamento — digo, tentando acalmá-la.

A diretora hesita e olha para Golda. O sr. Rosenberg intervém. Os dois conversam aos sussurros entre si.

— É verdade? — pergunta, e Golda assente afirmativamente.

— Bom, se queriam conversar, por que se enfiar desse jeito ali no campo? Por que não sentam a uma mesa de piquenique e pronto? Ou em algum lugar no campo onde cortam o mato? Isso é prova de que não foram ali só para conversar! — argumenta a sra. Halberstam, triunfante.

O que mais ela acha que a gente poderia ter feito?, pergunto-me. Fico tentando imaginar do que ela está nos acusando.

Golda parece igualmente perplexa. Ambas estamos assustadas.

Começo a chorar, forçando as lágrimas a cair dos olhos, o que não é nada fácil com o calor que está fazendo. Sou ótima em chorar quando quero e em pouco tempo me desmancho em lamúrias. O rosto dos dois se suaviza visivelmente conforme meu arrependimento sincero se torna óbvio.

— Escutem — diz a sra. Halberstam —, se querem conversar, façam isso onde ficam as mesas de piquenique perto do salão de jantar. Qual o problema de conversar ali? Fiquem lá como boas meninas e não deixem a gente pegar vocês duas sozinhas no gan yehudah outra vez.

Golda e eu nos afastamos o mais rápido possível e vamos sentar diante de uma das mesas de piquenique, olhando por cima do ombro para ver se continuam nos observando. Quando tomam outro caminho, damos um suspiro simultâneo de alívio. Retorço as mãos em meu colo, sentada diante de Golda. Não falamos nada. Nossa amizade agora parece manchada. Ambas sabemos que fomos acusadas de algo, mas não sabemos ao certo do quê. Sabemos que é algo verdadeiramente horrível, mas como podemos nos defender de uma acusação que não compreendemos? Toda a alegria que sentíamos antes desapareceu.

Golda vai embora à tarde com as garotas do outro acampamento, e não tenho notícias suas durante todo o restante do verão. Mas da próxima vez que me convidam ao gan yehudah, recuso educadamente, e começo a pensar se há meninas que vão lá por outras razões além de simplesmente procurar paz e tranquilidade. Afinal, é realmente o único lugar no acampamento que oferece algum tipo de privacidade.

Layala pede que eu volte para o meu antigo beliche. Podemos ser amigas especiais, diz, e ela vai cuidar de mim, porque é uma garota grande e todas têm medo de sua força bruta. Até sua voz é rouca, poderosa, cheia de ameaças ocultas.

Duas semanas antes do encerramento, o norte de Nova York fica infestado por nuvens de minúsculos mosquitos, consequência das fortes chuvas que se acumulam nos vales. O acampamento fica sitiado; nuvens de mosquitos se abatem sobre nós como uma praga. Entram na boca, no nariz; nós os respiramos. Um mosquito entra no meu olho e pego uma infecção. Acordo com as pálpebras grudadas e tenho de passar um pano quente com um negócio verde para conseguir abri-los. Meus olhos no espelho me encaram, inchados e vermelhos, desejando voltar para dentro e ficar sozinhos em sua solidão.

Penso nas dez pragas que Moisés levou aos egípcios. Na escola, aprendemos que, ainda que o faraó estivesse disposto a deixar os judeus partirem após a primeira praga, a praga de sangue, Deus fechou os olhos de propósito a cada ocasião. Assim, Moisés traria dez pragas, uma mais milagrosa e brutal do que a outra, para mostrar a verdadeira extensão do poder de HaShem.

Não consigo decidir se isso está mais para a terceira ou a oitava praga: piolhos ou gafanhotos. Os mosquitos estão por toda parte, como no Egito. As garotas circulam sem enxergar pelo gramado, os olhos quase fechados e os lábios retesados para evitar a invasão. Os mosquitos entram em nosso nariz, de qualquer maneira, como aquele mosquito no cérebro de Tito, e fico morrendo de medo de abrirem furos no meu crânio e descerem pelo cérebro como vermes, até toda a matéria ser devorada e só me restar um corpo oco, destituído de significado.

Minha alma fica no cérebro? Se ele sumir, significa que a alma desaparece junto? O que sou eu se não puder pensar ou falar? Mas e quanto aos gentios, que não têm alma? Como eles são diferentes? Minha professora diz que os judeus têm uma centelha, um tzelem Elokim, que nos torna irremediavelmente especiais. Carregamos um minúsculo pedaço da luz divina. Por isso Satã vive tentando nos seduzir; ele almeja alcançar essa luz.

Penso se não pode ter sido ele quem trouxe esses mosquitos, esse estranho enxame sobrenatural. Ou seria uma punição de Deus? Observo meu rosto pálido no espelho, o rosto de uma garota judia, de uma escolhida, e me pergunto exatamente onde errei tanto para merecer tamanha punição.

O acampamento já era. Somos liberadas uma semana antes do previsto. O ônibus deixa silenciosamente a via expressa para entrar em Williamsburg e vejo que as ruas estão cheias de hassídicos voltando mais cedo das montanhas. Há ônibus estacionados por toda a Lee Avenue, descarregando passageiros cansados e bagagens surradas. Os meninos alisam o terno preto amarrotado e escovam o chapéu com a ponta dos dedos umedecida antes de seguir o caminho de casa. As meninas são recebidas por seus pais, que as ajudam a enfiar caixas de papelão embrulhadas em fita adesiva marrom no porta-malas de suas minivans.

As Catskills nos expulsaram, nos mandaram antes da hora de volta às entranhas túrgidas e úmidas do estado. Aqui o ar é espesso de pó e fuligem, soprando quente à nossa volta como o hálito de uma fera. Espero no viaduto sobre a rodovia com minha bagagem entre as pernas e ergo os olhos para o céu cinzento, só para constatar se é o mesmo que me encarava de volta no acampamento, indiferente e despretensioso. Talvez não existam pragas, apenas os caprichos da natureza. Talvez não existam consequências, apenas a feiura. Talvez punição seja algo que venha apenas das pessoas, não de Deus.

Na semana anterior ao início das aulas, tenho tempo de me ocupar de meus próprios interesses. Entre uma e outra saída com a Bobe para comprar novos sapatos e meias-calças para o próximo ano letivo, subo no ônibus para Borough Park determinada a voltar com alguns livros escondidos para casa. Não li nada o verão todo; teria sido arriscado demais tentar levar os livros para o acampamento. É bom ter tempo para mim mesma de novo e privacidade suficiente para não recear que meus pensamentos possam ser ouvidos por alguém.

A biblioteca ainda exibe as listas de leitura da escola, e os carrinhos rangem com o peso das novas brochuras, as lombadas parecendo acenar para mim das prateleiras. Pego o livro mais recente de Harry Potter, além do primeiro volume da popular trilogia de Philip Pullman, e, só para garantir, um livro recomendado pela biblioteca: *A Tree Grows in Brooklyn*. Ainda me lembro daquela sensação gostosa quando li *The Chosen* — foi como tomar a canja da Bobe em um dia gelado de inverno. Afinal, não sou uma garota que vive no Brooklyn, assim como a heroína desse livro? Como podemos ser tão diferentes, ela e eu, se vivemos nas mesmas ruas poeirentas?

A literatura era tão incongruente na Williamsburg de Francie quanto é na minha. Palavras elegantes saltam com relutância da página para se juntar à pobre heroína em seu ambiente superpovoado, fervilhante. Seu mundo era quase cheio demais de sofrimento para ter espaço para a beleza inocente e romântica da poesia e literatura clássicas. Acompanho em devaneios Francie conquistar uma situação financeira melhor ao longo do livro, à medida que dá passos minúsculos — mas firmes — para se afastar da pobreza extrema em que começou, mas sempre com a sensação desconfortável em meu estômago de que o final feliz que estou esperando pode talvez nunca vir. E à medida que me envolvo mais profundamente com o futuro de Francie, levo para o lado pessoal quando ela fracassa ou sofre alguma decepção, pois sinto por algum motivo que, se ela conseguir sair dessa, eu também consigo, de algum modo — deixar esse mundo encardido onde estou aprisionada, aparentemente para sempre.

No fim, Francie vai para a faculdade, e fico na dúvida se devo considerar isso uma vitória. Isso quer dizer então que todos os seus sonhos se tornaram realidade? Sei que nunca poderei frequentar uma faculdade. Eles censuram essa palavra em nossos livros didáticos. Educação, dizem, não leva a nada de bom. Isso porque a educação — e a faculdade — é o primeiro passo para sair de Williamsburg, o primeiro no caminho da promiscuidade que o Zeide sempre jurou ser um ciclo infinito de tropeços que leva o judeu para tão longe de Deus que sua alma entra em um coma espiritual. Sim, a educação podia matar minha alma, sei disso, mas, questiono, para onde Francie foi após a faculdade? E ela voltou algum dia? Será possível conseguir deixar para sempre o lugar de onde você veio? Não é melhor ficar no lugar a que você pertence, em vez de correr o risco na tentativa de se inserir em algum outro lugar e fracassar?

O ensino médio começa na segunda. Tenho mais três anos de escola, de infância. Resolvo que um dia irei embora do Brooklyn. Não posso ser uma dessas garotas que desperdiçam a vida toda nesse quadrilátero pequeno e sufocante de prédios superlotados, quando há todo um mundo lá fora esperando para ser explorado. Não sei como, mas quem sabe minha fuga se dê em passos pequenos e firmes, como os de Francie. Talvez leve anos. Mas não duvido nem por um segundo que virá.

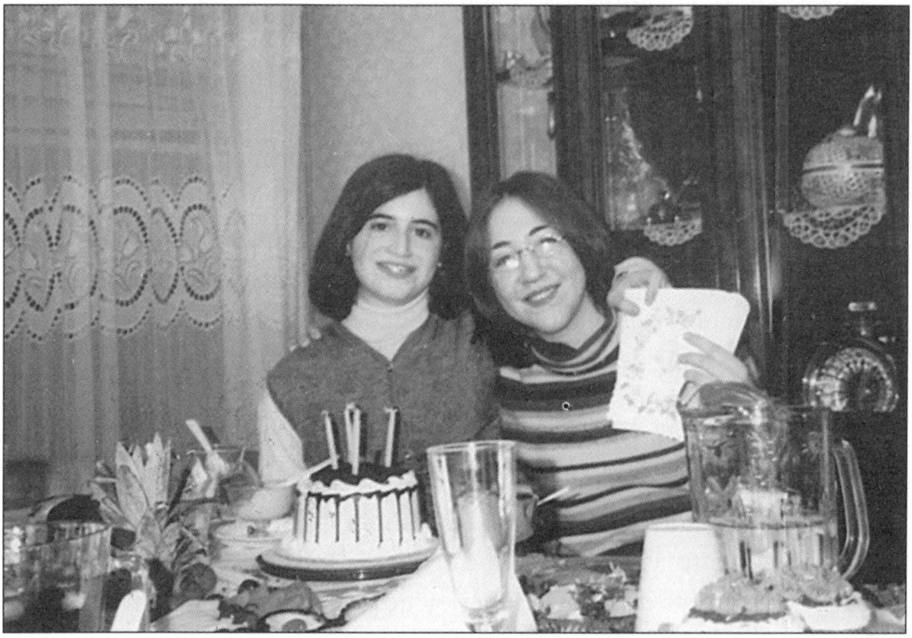

4

A inferioridade social dos meus parentes

"Pode exigir de mim que me felicite pela inferioridade social dos seus parentes? Ou que me alegre com a esperança de me relacionar com pessoas de condição inferior à minha?"

Orgulho e preconceito, Jane Austen

Com a mão direita me apoio em uma viga exposta do teto e com a esquerda seguro no ombro de uma mulher precariamente equilibrada ao meu lado; é difícil me firmar de salto alto no encosto estreito do banco. Consegui um lugar na primeira fileira da sinagoga Satmar na noite de Simchat Torá e, assim como todos na shul, aguardo a entrada do Rebe Satmar, quinze metros abaixo de mim. Na seção das mulheres, uma galeria apertada que circunda a sinagoga, espio por minúsculos buracos no anteparo de ripas de madeira para tentar enxergar os homens dançando ali embaixo. Imagino o que aconteceria se o frágil painel cedesse e todas as mulheres apoiadas nele despencassem no abismo. Que escândalo, homens e mulheres juntos em um lugar tão sagrado, em uma noite tão sagrada. Não consigo reprimir uma risadinha diante da ideia, e a senhora de meia-idade e expressão severa recurvada diante de mim vira para me olhar feio.

É a primeira vez que compareço às festividades, e não tenho certeza se faz muito o meu gênero. Estamos completamente espremidas na galeria estreita. Milhares de mulheres vieram de toda a cidade, em suas melhores roupas, as casadas em lenços de seda brancos e as mais jovens em trajes recém-engomados, o penteado na altura dos ombros perfeitamente elaborado. Há um empurra-empurra generalizado para tentar ter um vislumbre da dança do rabino. Tendo apenas catorze anos, é difícil para mim e minhas amigas podermos competir com as mulheres mais velhas pelo melhor lugar para ver, mas damos menos valor à dignidade, portanto não é problema para nós adotar as posições mais desajeitadas para conseguir um bom lugar.

Faltam apenas dois minutos para a meia-noite.

Vejo minhas amigas contorcerem o corpo e esticarem o pescoço para conseguir enxergar, e tudo aquilo parece absurdo; que coisa mais ridícula todo esse esforço para alcançar um buraco minúsculo e ver um velho balançando para a frente e para trás com um rolo da Torá. Estou entediada, meu pescoço dói, e o rabino ainda nem chegou. Lá embaixo, vejo o mar de homens em xales de oração; eles se movem lentamente, balançando o corpo de um lado para outro. A sinagoga já ultrapassou em muito sua capacidade máxima, mas os policiais lá fora, seu silêncio possivelmente comprado, sentam com tranquilidade ao volante em uma falsa demonstração de segurança. De dez em dez minutos alguém desmaia com o calor e escutamos a Hatzolah ser chamada. Vejo um dos homens arrancar seu xale de oração e pedir pela maca, e a vítima é removida para uma das salas laterais. À minha volta, as mulheres se agitam com impaciência, ainda esperando o rabino. Tudo isso é só aquecimento para elas, um prelúdio ao momento extraordinário em que nosso rabino dançará com sua noiva divina, a Torá.

Embora eu não compartilhe o fervor da multidão, sei que preciso parecer interessada no que está acontecendo; de que outro modo poderia justificar minhas tentativas de passar no meio desse empurra-empurra senão para fazer parte desse êxtase divino? Preciso ser vista aqui. Nenhuma mulher em Williamsburg perderia a chance de assistir à dança anual do Rebe Satmar.

Os homens entoam cânticos. Existem sete melodias de Simchat Torá, melodias primitivas unidas entre si por sílabas sem sentido. Mas elas representam sons judeus clássicos, expressão de uma emoção pura, animal, que transcende a linguagem. Nessa noite, palavras não são necessárias. Milhares de homens erguem as mãos para o céu e batem os pés ritmadamente no chão de pedra, cantando "*Oy yoy yoy yoy, yei ti ri rei ti ri rei ti ri rei oy yoy!*" e "*Ay yay yay yay, ay di ri ra ra ay di ri ra ra...*". Até eu quase sou levada pelo poder de todas essas vozes se fundindo; por um momento, é como se esses homens pudessem eliminar as fronteiras entre o céu e a terra com seu canto arrebatador. Não vejo mais pessoas — estou rodeada por santos, todo pecado deixa de existir por um tempo. Apenas eu continuo mortal, falível. Acho que começo a entender o que esse evento tem de tão glorioso, afinal; talvez o único motivo para ter zombado dele seja por ser uma perfeita ignorante, preterida pela luz divina que parece brilhar sobre todos os demais. Quem sabe hoje será a noite em que finalmente compreenderei meu papel, meu destino, e abrirei mão das dúvidas inoportunas que me separam de meu povo.

Vim acompanhada de cinco amigas, a panelinha mais descolada em nossa turma do primeiro ano. A abelha-rainha também está presente, com seu perfeito nome composto que sempre vem acompanhado de ligeiras vibrações de inveja quando o pronuncio: Miriam-Malka, do cabelo ruivo brilhante e das covinhas acentuadas. Tenho certeza de que o nível de seu status é resultado simplesmente desse nome incrível, dessa combinação inimitável que goza do raro privilégio de não ser compartilhado por centenas de outras meninas em Williamsburg. (Sou uma das cinco Devoiri em minha turma e uma em meio a talvez uma centena na minha escola; meu nome comum dificilmente poderia ser considerado nobre.) Observando-a se pendurar de maneira graciosa nas vigas do teto — um pé apoiado no braço da poltrona e o outro no anteparo

— e espiar pelo buraquinho mais alto no biombo, desejo sentir a mesma certeza que ela. Miriam-Malka pertence aqui; esse é seu hábitat.

Miriam-Malka, a menina mais popular, que nunca perde a pose, a garota que todas querem como aliada, é seletiva na escolha de suas amigas, e tenho a sorte de pertencer a seu deslumbrante séquito, mas para continuar a fazer parte preciso provar constantemente ser merecedora. Não vim aqui para ver o rabino, mas para mostrar a Miriam-Malka que sou como qualquer outra do grupo, que nada me parece mais empolgante do que uma visita à sinagoga superlotada na noite de Simchat Torá.

— Shhh, o Rebe chegou — sussurra uma mulher entusiasmada, cutucando minha costela, embora eu não tenha falado nada.

Um silêncio súbito baixa sobre a seção feminina. Tento espiar pelo anteparo outra vez, mas dez outras mulheres me empurram para chegar ao mesmo buraco, então tenho de usar o corpo para abrir espaço novamente até o pelotão da frente. Lá embaixo, o mar de homens se dividiu, abrindo caminho para o rabino, e uma pequena clareira foi criada, com a multidão se acotovelando às costas da primeira fileira de gabbaim, os jovens e fortes alunos da yeshivá que são a escolta permanente do rabino. Os gabbaim dão os braços, criando uma proteção humana em torno do rabino para impedir que as pessoas avancem sobre ele. Todos querem tocar Rebe Moshe, apertar sua mão, beijar a franja do xale de oração cor de mármore que recobre sua cabeça e seu tronco, ou simplesmente fitar seus santos olhos, vítreos devido à idade avançada. Consigo vê-lo, frágil e curvado, segurando o rolo da Torá junto ao peito, oscilando de leve no meio da pequena clareira. De onde estou, parece minúsculo como uma formiga, em meio à massa tremulante de homens, a estatura vergada, com uma aura tão tênue a ponto de parecer quase insignificante. É a reverência tangível reverberando por toda a sinagoga que projeta um halo de graça etérea sobre esse velho delicado, frágil. Com a fé incondicional de tantos concentrada diretamente sobre sua pessoa, é inevitável que assuma uma qualidade divina, e, contudo, o fascínio que sinto é menos pelo rabino em si e mais pela multidão exultante sob seu domínio e pela magnitude de sua devoção a ele. Ela quase me faz ter vontade de participar de sua adoração, de modo a ser um deles e sentir o que sentem, mas o homem ali embaixo tem um aspecto comum demais para despertar esse fervor absoluto, inquestionável, em mim.

Vou embora após a terceira dança, embora ainda houvesse mais quatro até o final da celebração, ao amanhecer. São três e meia da manhã, e nunca gostei de ficar acordada até tão tarde. Estou cansada de brigar com outras mulheres por um lugar que nem quero de verdade. Ainda preciso voltar para casa no escuro. Me despeço das minhas amigas, murmurando uma desculpa sobre ter combinado de encontrar minha avó do lado de fora, mas ninguém consegue escutar nada com todo o barulho. Desço a escada em que, segundo a lenda, a filha única do primeiro rabino foi empurrada para a morte e, em seu útero, a criança que deveria herdar a cobiçada dinastia Satmar, na qual outros já estavam de olho, era assassinada poucas semanas antes de vir ao mundo. Detesto descer esses degraus sozinha. Posso sentir a presença dela, de Roize, a preciosa filha única do rabino, com sua enorme barriga de grávida, observando-me com aqueles olhos característicos dos Teitelbaum. Sua dor vive em mim. Ao contrário dos outros, não consigo esquecer. Foi um acontecimento de quando a comunidade Satmar ainda era recente, e não valia tanto a ponto de brigarem por ela. Hoje em dia os filhos do rabino atual se digladiam como crianças por um trono de brinquedo. Onde, me pergunto, está o amor fraternal que Deus ordenou aos judeus que sentissem uns pelos outros, nessa comunidade que se autodenomina sagrada? Na Europa, afirma Zeide, ninguém sonharia em brigar para ser chamado de rabino. Na verdade, muitos recusavam a posição. O homem verdadeiramente digno de ser rabino é humilde. Não está em busca de poder ou reconhecimento. Mas, nos tempos atuais, rabinos andam de Cadillac preto com chofer e constroem em suas residências opulentas aposentos para os seus banhos de rituais. São as celebridades da cultura hassídica. As crianças trocam figurinhas de rabinos e se vangloriam de ter conexões com os rabinos. Em Purim, o feriado em que os judeus se fantasiam, as crianças colam longas barbas feitas de algodão branco no queixo, vestem-se com imitações de casacos de pele e andam com bengalas reluzentes de madeira. O que mais uma criança pode sonhar em ser quando crescer que não um rabino, ou pelo menos a esposa de um?

Caminho apressada pelas ruas escuras de Williamsburg, e, exceto por um ou outro hassídico Lubavitch desgarrado voltando de Crown Heights, estou sozinha, e, quando chego à esquina de casa, a mágica evapora, e a noite toda parece apenas um hiato temporário no que se tornou um padrão de desencanto. Meu momento de ambivalência não passa de um detalhe perto do forte cinismo que já então penetrava a minha consciência.

Jamais quero ser a esposa de um rabino. Não se isso significa ser como minha Bobe e precisar ficar me sujeitando à vontade de meu marido. Tenho fome de poder, mas não para mandar nos outros — apenas na minha vida.

Segunda-feira, na escola, todas parecem ter esquecido de Simchat Torá. Vai demorar mais um ano até tornarmos a ver o Rebe; tampouco visitaremos a sinagoga. Meninas não frequentam a shul. Oramos em casa ou na escola; não faz diferença onde ou como. Só as orações dos homens são sistematizadas; só as deles contam. O dia se inicia como de costume — passamos a primeira hora no colégio recitando as orações matinais do Sidur, o livro de rezas. Por algum motivo, nunca aprendi a ler ou falar hebraico com rapidez suficiente para acompanhar a entonação acelerada da turma, então mexo os lábios e faço sons de vez em quando para fingir que rezo. Quando éramos pequenas, tínhamos melodias especiais para cada oração, e isso ajudava a lembrar os versos. Depois que completamos doze anos, somos completamente proibidas de cantar. A ausência de melodia tira todo o prazer da oração para mim, e, embora eu finja acompanhar por causa do olhar atento da supervisora, não sinto mais nada ao rezar.

O ano letivo agora começou para valer. O início oficial das aulas foi em setembro, mas o mês passado foi tão cheio de feriados, incluindo Rosh Hashaná, Yom Kipur e Sucot, que o calendário acadêmico consistiu apenas de dois dias aleatórios entre as festividades. Estamos em meados de outubro, e o próximo grande feriado é Pessach, mais ou menos no início do segundo trimestre do ano que vem. Embora uma temporada longa e ininterrupta de dias letivos se estenda pela frente, minhas amigas e eu agradecemos por finalmente termos chegado ao ensino médio, status que traz consigo uma porção significativa de poder e privilégio.

A nova sala é espaçosa, com paredes cobertas de azulejos brancos; as outras meninas dizem que o lugar era um banheiro antes de ser convertido em sala de aula. O encanamento continua ali, as tubulações cortadas surgindo de vários pontos nas paredes. O edifício pertenceu à PS 16, a escola pública do Distrito Leste, antes que o bairro fosse completamente tomado por famílias Satmar e o antigo zoneamento fosse por água abaixo. A Academia Talmúdica Unida de Satmar tomou posse do prédio vago e o transformou em uma escola particular para meninas.

A estrutura gótica gigantesca — cujas gárgulas foram declaradas ídolos pelo rabino e em seguida sumariamente removidas — ocupa um quarteirão inteiro e ostenta oitenta salas de aula. Quase meio século se passou desde a compra original do prédio, e ele está cada vez mais lotado, com muitas salas subdivididas por divisórias de gesso e entre trinta e quarenta alunas por classe. Como uma das maiores turmas em nossa série (37 alunas), ficamos com uma das salas mais amplas, que tem espaço no fundo para jogar kugelech, um jogo parecido com cinco-marias, com cinco dados dourados de metal lançados em várias combinações. Não sou muito boa nessas coisas; em geral não passo das três primeiras rodadas.

Enquanto minhas colegas pegam os livros e materiais necessários para a próxima aula, aprecio a vista; nunca estive nesse lado do prédio antes. Da janela da sala, vejo o elevado da via expressa Brooklyn-Queens e o minúsculo bloco triangular situado no meio do elevado, onde fica a biblioteca pública. O imponente edifício de tijolos vermelhos desponta solitário, drapejado, circundado por grossos feixes de hera e cercado por uma grade elevada de ferro fundido. A entrada fica na Division Avenue, de frente para a rodovia, com três amplos degraus de pedra que conduzem à entrada gótica grandiosa. Sei que as alunas Satmar que precisam passar pela biblioteca a caminho da escola tomam o cuidado de dar a volta por trás, e a quadra onde fica a entrada raramente é adentrada. Somos proibidas de entrar na biblioteca.

O Zeide diz que a língua inglesa age como um veneno lento para a alma. Se eu falar e ler demais nesse idioma, minha alma ficará maculada a tal ponto que não serei mais suscetível ao estímulo divino. Zeide sempre insiste que eu fale iídiche, a língua de meus ancestrais, reconhecida por Deus. Só que o iídiche nada mais é que uma mixórdia de alemão, polonês, russo, hebraico e outros dialetos aleatórios. Muitos desses idiomas foram um dia considerados tão mundanos quanto o inglês. Como é possível que o iídiche de repente tenha se tornado a língua da pureza e da virtude?

O Zeide não sabe, mas eu nem penso mais em iídiche. Os livros que ele afirma serem serpentes traiçoeiras se tornaram meus amigos íntimos. Já estou corrompida; sou perita em esconder, só isso. Hoje, observando a biblioteca pela janela da sala, reflito se talvez o que o Zeide previra não tivesse acontecido, que os livros lentamente entorpeceram minha alma até eu não ser mais suscetível à religiosidade diante de mim. Isso explicaria não ter conseguido me emocionar com a dança do rabino em Simchat Torá; todos à minha volta continuam puros e imaculados, mas eu fui contaminada pelas palavras e fiquei cega e insensível para tudo que é sagrado.

Eu tinha dez anos quando entrei de fininho pela última vez naquele edifício proibido, embora mesmo então eu já percebesse a importância de não ser vista. A biblioteca estava quase deserta. O silêncio fazia os imensos aposentos parecerem cavernosos. Explorei o lugar com hesitação, sem conseguir deixar de ficar com uma paralisante sensação de constrangimento advinda da certeza absoluta de ser observada por Deus. Tenho medo demais de voltar lá, porque tenho muito a perder. Meu status social cuidadosamente cultivado poderia vir abaixo. Se Miriam-Malka descobrisse, eu ficaria marcada para sempre. Não quero passar os próximos três anos sofrendo na escola por causa de um descuido. Não há motivo para que eu não possa ter as duas coisas.

Agora, pego o ônibus municipal para a filial da biblioteca em Mapleton, um trajeto de meia hora. É improvável que alguém me reconheça lá e dessa forma me sinto mais segura, examinando sem pressa as prateleiras antes de me dirigir ao balcão da recepção. Tenho um novo cartão de plástico branco, brilhante, com o logo da biblioteca, e em casa ele fica escondido em segurança sob o colchão de minha cama-box. Também consigo guardar livros em brochura pequenos ali; as edições em capa dura ficam atrás da cômoda.

Meu devaneio é interrompido pelo silêncio súbito que toma conta da sala. A sra. Friedman, professora do segundo tempo, está junto à porta, à espera da apresentação respeitosa de costume; todas as alunas devem ficar bem empertigadas ao lado de suas carteiras antes que ela entre. Estou na janela, não na minha mesa, que é onde deveria estar, e a professora pigarreia, olhando para mim, esperando. Corro para o meu lugar, o rosto vermelho. Já me destaquei negativamente.

A sra. Friedman é da nobreza Satmar; seu nome de solteira é Teitelbaum, e ela é prima em segundo grau do próprio rabino. Rebbish, é como chamam os sortudos que conseguem alegar uma ligação com a ancestralidade rabínica. De lenço apertado na cabeça, ombros curvados e rosto sem maquiagem, a sra. Friedman transpira virtude. O restante da classe aguarda em suas carteiras, caneta e papel à mão, todas prontas para a aula, a total obediência inspirada pela presença majestosa da professora.

"Derech eretz", escreve a sra. Friedman na lousa em grandes caracteres hebraicos. As aulas do segundo tempo serão sobre princípios de ética. Quando nos formarmos, afirma a sra. Friedman, estaremos cientes do comportamento apropriado que se espera de nós em qualquer tipo de interação na sociedade hassídica.

— A primeira e mais básica regra do derech eretz é sempre se dirigir aos mais velhos na terceira pessoa. Por exemplo, nunca usar a palavra "você", dizer apenas "a professora" ou "a diretora".

Zeide é o patriarca da minha família. *Preciso começar a falar com ele usando a terceira pessoa? Como isso vai funcionar?*, penso. *"Zeide vai querer seu chá com limão?"* E quanto à Bobe? Não posso tratá-la na terceira pessoa — é impessoal demais. Acho que princípios de ética servem para nos distanciar daqueles que amamos; referindo-me a eles na terceira pessoa, coloco a idade na frente dos laços íntimos e de sangue. Não gosto nem um pouco da ideia. É insuportável para mim afastar as poucas pessoas de quem me sinto próxima.

Como sempre acontece, paro de prestar atenção após cinco minutos, o rosto da professora nada mais do que um borrão, seus lábios se movendo, mas sem emitir som algum. Quando o sinal toca, parece que se passaram apenas segundos, ao longo dos quais decorei meu futuro castelo com veludos luxuosos e bibliotecas com painéis de carvalho, com guarda-roupas que são a entrada para reinos semelhantes a Nárnia. Perco-me no labirinto opulento da minha mente.

Embora tenha desistido da ideia de um dia atravessar o fundo falso de um guarda-roupa para entrar em um mundo encantado, ainda tenho a esperança de que um grande futuro me aguarda, se não em um universo mágico, ao menos em um mundo longe daqui.

Subo os quatro lances de escada para a sala de aula após um almoço insosso na cafeteria deprimente e sem janelas. É hora da minha aula preferida: inglês. A palavra não passa de um eufemismo para o breve período diário em que recebemos nossa dose obrigatória de ensino laico, assim determinada pelo governo. É a única aula em que me destaco.

Minhas novas professoras de inglês são "garotas modernas" vindas de Borough Park. Não têm diploma universitário, aí já seria esperar muito, mas são formadas no ensino médio de verdade. Mais instruídas do que qualquer aluna Satmar jamais poderia sonhar em ser, essas jovens modernas cresceram em ambientes hassídicos menos restritivos, lugares que nós, da comunidade Satmar, não reconhecemos como inteiramente autênticos. Por sermos garotas Satmar, não devemos a essas professoras um respeito genuíno, uma vez que foram envenenadas por uma educação excessivamente mundana e uma atitude negligente em relação à religião. A indisciplina na aula de inglês nunca é punida tão severamente quanto nas aulas de iídiche.

A srta. Mandelbaum é alta e usa o cabelo loiro brilhante em um rabo de cavalo alto. Surpreendentemente, usa brilho labial (dá para ver que é rosa demais para ser apenas protetor). Seu sorriso deixa à mostra todos os dentes e uma porção indecente de sua gengiva superior. Sua voz é rouca, como se estivesse há dias sem dormir, e percebo em seus gestos abruptos uma ansiedade nervosa em agradar. A aula é de literatura e compreensão de texto. Hoje a srta. Mandelbaum distribui um conto de cinco páginas, a maior parte do texto riscada pelo censor da escola com uma caneta preta.

A história leva uma eternidade para chegar ao fim, já que todas as meninas leem mal. Elas não praticam nenhuma outra leitura além desses textos semanais, muitos deles no nível da quarta série. Embora adore ler, não suporto as aulas de literatura, porque leio o conto em dois minutos e então tenho de ficar sentada em silêncio durante o resto do tempo, esperando a turma sofrer para terminar. Após dez minutos divagando, a srta. Mandelbaum percebe que estou olhando pela janela, com o queixo apoiado no braço e as pernas balançando ociosamente. Enquanto Frimet vacila nas palavras, quebrando-as em sílabas desajeitadas que, uma vez reunidas, não se parecem em nada com a palavra original, a professora faz um gesto na minha direção com o dedo apontado para o texto em sua mão, lembrando--me para "acompanhar". Em uma linguagem de sinais improvisada, respondo que já li a história toda. Posso deduzir pela expressão desdenhosa em seu rosto que acha que estou mentindo, que não passo de uma garota burra que não sabe ler e finge que terminou. Ela pede que Frimet pare.

— Devoiri, sua vez.

— Ok — digo. — Em que parte parou?

Ruchy, que está sentada à minha frente, vira para me mostrar o ponto, e começo a ler uma passagem do conto terrivelmente mutilado de um garotinho e seu cachorro de estimação. Após duas frases, ergo a cabeça para dar uma olhada rápida na expressão de choque no rosto da srta. Mandelbaum. Vinda de Borough Park, não espera encontrar aqui uma aluna capaz de ler decentemente, muito menos com rapidez, facilidade e excelente inflexão. É visível que está se perguntando como posso ter adquirido um inglês tão perfeito.

O restante da classe já conhece a minha habilidade e se diverte com a rasteira que a professora tomou. Elas adoram quando leio, porque minha pronúncia clara, vívida, e minha interpretação expressiva da história tornam a aula divertida, para variar. A srta. Mandelbaum, porém, está irritada.

— Bom, é óbvio que você não precisa praticar leitura, mas as outras, sim. Todas terão sua vez.

Um lamento coletivo se ouve na sala quando Esty começa sua habitual leitura quase inaudível. Ela murmura, para que seus erros não possam ser ouvidos. A srta. Mandelbaum ordena que fale mais alto, mas todas sorrimos, sabendo que não vai funcionar. Esty finge ser muito tímida, curvando os ombros e ficando vermelha a ponto de a professora acabar desistindo. Dou um sorriso disfarçado, conspiratório. A brincadeira começou.

A srta. Mandelbaum vai de aluna em aluna, pedindo-lhes que leiam em voz alta e clara, mas todas repetem a manobra de Esty. No fim, não lhe resta escolha a não ser pedir que eu leia, o que faço com a maior boa vontade, com visível satisfação. As demais apoiam o rosto entre as mãos, escondendo o riso.

Foi assim que conquistei meu nicho bastante específico de popularidade. Não tenho a menor intenção de ser uma aluna dócil nas aulas de inglês desse ano. Enquanto a indisciplina nas aulas em iídiche só servirá para fazer de mim uma pária, a ousadia na aula de inglês me transforma numa espécie de heroína, ainda que infame. Não há nada que eu pudesse estar aprendendo que não valha a pena perder por um pouco de diversão e a admiração das outras.

Quando bate o sinal da saída, pego minha mochila e desço voando a escada, pulando os degraus de três em três, até finalmente deixar a prisão daquele prédio enorme. Na Marcy Avenue, ondas de grupinhos de alunas voltam da escola, conversando aos sussurros, descendo da calçada para os homens passarem. Mas a maioria deles sabe que não deveria estar na rua a essa hora, quando todas as meninas de Williamsburg são dispensadas e voltam para casa para ajudar suas mães a preparar o jantar e cuidar dos irmãos menores.

Como sempre, a casa está vazia quando eu chego. Bobe foi ao asilo alimentar os pacientes, então me tranco no meu quarto para uma hora ininterrupta de leitura. Nessa semana, estou com *Mulherzinhas* debaixo do colchão — a edição fina em brochura, ótima para esconder. Ainda não consigo decidir se Jo é menino e Laurie menina, ou se é o contrário, ou se ambos são meninos. Gosto de Jo.

Parecem ter se passado apenas alguns minutos quando escuto os passos pesados de meu avô nos degraus e rapidamente escondo o livro sob o colchão, prendendo o lençol para a cama não parecer ter sido mexida.

Sou uma boa menina, sou uma boa menina, sou uma boa menina.

Assumo uma expressão que acredito ser de uma boa menina — mansa, vazia, modesta. Às vezes, receio que o Zeide, com seus olhos azuis penetrantes e sua barba branca luminosa, consiga enxergar através da minha atuação, a dádiva divina de sua intuição penetrando em minha máscara cuidadosamente construída. Partiria meu coração se ele soubesse a verdade sobre mim. Não sou a aidel maidel, a menina recatada, que se empenhou com tanto afinco em criar.

Minha meia-calça nova tem uma costura grossa, marrom, atrás das pernas. Agora, quando ando na rua, fica evidente que estou no ensino médio, já que apenas as garotas dessa idade precisam usar costuras. Antes, a gente costumava usar apenas a partir do segundo ano, mas então o rabino decidiu que as alunas do primeiro ano eram maduras demais para usar meia-calça simples, de cores escuras. Minha professora diz que o motivo da costura é impedir que alguém confunda o tecido cor de pele com minha perna, um lembrete de que é só pano, não o absurdo da pele exposta. Não entendo como alguém seria capaz de confundir a meia-calça com uma perna, considerando a palidez da minha perna e a cor escura de café da meia-calça.

No entanto, acho meus tornozelos esbeltos e bonitos nessa meia--calça, com meus novos sapatos de couro marrom, sem cadarço, iguais aos que as outras meninas estão usando. Não acredito que já estou no ensino médio. Apenas mais três anos de escola. Quem sabe daqui a quatro anos eu esteja casada.

Todas as professoras parecem me conhecer ou saber a meu respeito, ainda que eu nunca as tenha visto antes. Elas ficam mais de olho em mim porque não vivo com meus pais.

Sou a única na minha turma que não mora com os pais. A única na série, exceto Raiza Ruchy Halpern, que mora com a tia porque seus pais morreram quando era pequena. Todo mundo a chama de "nebach" ou "rachmanus" pelas costas e, às vezes, fico apavorada de que façam o mesmo comigo. Uma coitada, digna de pena, insignificante.

"Por favor, não quero ser a história triste da escola", respondo para a professora quando ela se aproxima de mim após a aula, perguntando se preciso de alguém para conversar. Minha condição de diferente me cerca como um halo. É asqueroso.

Minhas amigas agora são mais velhas. Suas irmãs maiores estão ficando noivas. As garotas sabem que, sem pais, terei mais dificuldade para conseguir alguém, e isso significa que sou diferente delas. Essa diferença é como um elefante branco na sala, e deixa todas incomodadas.

Esty Oberlander tem uma irmã de 22 anos ainda em casa, cochicham minhas amigas. Ela ficou empacada, esperando o irmão se casar, e, quando chegou seu momento de ser considerada, já estava com 21 anos, três além da idade. Mesmo se você vier de uma família boa como os Oberlander e tiver mais dinheiro do que consegue gastar, não é fácil obter um bom partido com essa idade.

Para mim não será fácil, com meus pais renegados travando o caminho. Encontro meu pai na rua e finjo que não o conheço, mesmo quando acena em gestos frenéticos da calçada oposta, a camisa suja de café grotescamente esticada sobre a barriga, as pernas finas movendo-se com rapidez em minha direção. Minha mãe vive abertamente como gói, e quem pode garantir que essa mesma insanidade não vai entrar em minha cabeça, como aconteceu com ela? Apenas o completo desvario poderia explicar o motivo de alguém rejeitar Deus e os costumes de seu povo, como ela fez.

Pelo menos não tenho irmãs na frente, me obrigando a esperar. Sei que o Zeide começará a procurar alguém para mim quando eu fizer dezesseis anos, e não vai demorar muito.

• • •

Se você não tem raízes, não tem legado. Nosso valor é definido inteiramente pelo valor de nossos ancestrais. Criamos nosso nome para os filhos. Quem ia me querer, sem um nome para passar adiante?

Nem me lembro mais há quanto tempo minha mãe foi embora. Seu misterioso desaparecimento, esse surpreendente desvio, é fonte de muita fofoca. Carrego o fardo dessa desgraça.

— Por que coisas ruins acontecem? — pergunto à Bobe. — Elas vêm de HaShem?

— Não, de HaShem, não. Apenas de Satã — responde Bobe, secando a louça com um pano xadrez vermelho enquanto eu a guardo nos armários. — Todas as coisas ruins acontecem por causa dele.

Por acaso foi Satã que fez meu pai ser lerdo, com a cabeça de uma criança teimosa, incapaz de cuidar de si ou de mim? Foi Satã que me largou, uma criança desprezada, abandonada pelo destino, nas mãos dos meus avós, já exaustos de criar os próprios filhos?

Não entendo. Não é HaShem quem está no controle? Como Satã consegue agir com tamanha liberdade sob sua jurisdição? Se foi HaShem quem criou tudo, então sem dúvida criou Satã. Por que faria algo tão horrível? Por que não o detém?

— Hitler tinha pés de galinha, sabe — comenta Bobe. — Por isso nunca ficava descalço. Para não verem que era um sheid, um fantasma.

Ela raspa restos de fricassé de frango do fundo de uma frigideira de ferro, dedos calejados dos anos de trabalho doméstico. Não acho que o mundo seja um lugar tão simples assim, em que as pessoas más têm deformidades que marcam sua maldade. Não é assim que funciona. Gente ruim tem a mesma aparência que nós. Não dá para descobrir a verdade tirando seus sapatos.

Aprendemos na escola que Deus enviou Hitler para punir os judeus por se esclarecerem. Ele veio nos purificar, eliminar todos os judeus instruídos, todos os frei Yidden que acreditavam poder se libertar do jugo dos escolhidos. Hoje redimimos seus pecados.

O primeiro Rebe Satmar, o maior de todos, disse que, se virássemos judeus exemplares como outrora, nada similar ao Holocausto voltaria a acontecer, pois Deus estaria satisfeito conosco. Mas que satisfação lhe proporcionamos com nossos esforços insignificantes, como meias-calças mais grossas e saias mais longas? Será que isso é realmente o suficiente para contentar Deus?

A Bobe diz que pode acontecer outra vez de qualquer maneira. Ela afirma que as pessoas não se dão conta, mas coisas como o Holocausto acontecem com os judeus há séculos, mais ou menos a cada cinquenta anos. Está quase na hora de outro acontecimento desses, diz ela. Os pogroms, as Cruzadas, a Inquisição, é tudo a mesma coisa. É ridículo achar que temos algum controle, diz. Mas não fala isso na frente do Zeide, que acredita que o Rebe Satmar pode nos salvar de tudo. Afinal, o próprio Rebe foi milagrosamente resgatado dos campos de concentração, e hoje esse dia é celebrado todos os anos como um feriado.

A Bobe fala que todo mundo odeia os judeus, até quem diz o contrário. Deus fez o mundo dessa forma, diz, as pessoas não conseguem evitar. Ela me avisa para nunca confiar em um gói, por mais gentil que pareça.

É estranho imaginar um mundo inteiro de pessoas que nunca conheci me odiando, quando sou tão nova e ainda nem fiz nada. Minha mãe é uma gói agora. Isso significa que ela é um deles? Ela também me odeia?

A Bobe faz pouco caso da minha pergunta. Um judeu jamais pode ser um gói, diz, por mais que tente. Pode se vestir como um, falar como um, viver como um, mas sua condição de judeu é algo que nunca pode ser apagado. Até Hitler sabia disso.

À noite, fico acordada depois que o movimento na rua diminuiu. Dobro o travesseiro no meio e pressiono a parte dobrada contra o abdômen, curvando o corpo em torno dele. Pergunto a Deus se ele me ama. Será que pretende mandar outro sheid, outro Hitler, para me matar também? A dor dilacerante em minha barriga é obra sua ou de Satã?

Não me sinto amada. Não só por meus pais, mas também pelas pessoas que me rejeitam por ser sua prole, e por minhas tias e meus primos, que me menosprezam porque sou prova de um escândalo na família, porém, mais do que tudo, sinto que não sou amada por Deus, que foi quem me pôs nesse mundo e depois se esqueceu de mim. Sem o amor de Deus, que chance tenho de ser feliz?

Adormeço abraçada ao travesseiro úmido de lágrimas, com o barulho do trem perto da minha janela pontuando meus sonhos inquietos. Sonho com agentes encapuzados da SS correndo por Williamsburg em corcéis negros; sou arrastada pela multidão que tenta escapar, mas de repente escuto o zumbido característico de um helicóptero e, ao erguer o rosto, vejo uma mulher que sei que é minha mãe, vindo em meu resgate. Ao partirmos, pouco antes do amanhecer, vejo a massa em pânico abaixo de nós e finalmente me sinto em segurança.

Acordo com o som de gritos na rua. Meu despertador mostra que são três da manhã. Assustada, saio da cama e vou rapidamente até a janela. Bobe e Zeide também estão acordados no quarto ao lado, e viro a cabeça junto à grade para ver ambos olhando de sua janela. Lá fora, homens vestindo pijamas brancos e pantufas correm desesperadamente pela rua berrando "*Chaptz'em! Chaptz'em!*".

"Peguem!", exclamam eles, detenham o intruso que invadiu nossa casa no meio da noite. À medida que gritam pela vizinhança, mais e mais homens de pijama surgem correndo os degraus de seus prédios para se juntar à perseguição.

— O que aconteceu? — pergunto, virando para Bobe na janela ao lado.

— Entraram no apartamento da sra. Deutsch, nossa vizinha, levaram toda a prataria — diz ela, balançando a cabeça em um lamento. — Um bando de shvartzes, todos meninos; vieram da Broadway.

A ofensa é uma referência ao bairro negro do outro lado dos trilhos, aonde nunca temos permissão de ir. O trem sempre funcionou como uma espécie de barreira entre nós e a variedade de povos étnicos que habita essa parte do Brooklyn, como ervas daninhas nativas brotando entre as fábricas e os depósitos abandonados. Williamsburg é tão feia, quem mais ia querer viver aqui, diz Bobe, a não ser as classes mais baixas?

Mas, na verdade, os judeus se dão bem entre a classe baixa. A Bobe diz que é conveniente as pessoas presumirem que somos pobres e pouco inteligentes, assim não despertamos a inveja e o ressentimento dos gentios. Na Europa, diz ela, os góis tinham raiva dos judeus que esqueciam seu lugar e ficavam mais ricos e instruídos que seus pares gentios.

Vejo os shomrim, a patrulha do bairro, pararem diante da casa vizinha, em suas jaquetas blindadas com o logo néon nas costas, descendo de bicicletas motorizadas. Três homens barbados arrastam um adolescente negro pelas mãos e consigo vê-lo todo curvado no meio deles.

— Aquele menino não pode ter mais que catorze anos! — diz Bobe, vendo o jovem detido. — Para que ele precisa roubar, apenas para conseguir entrar em uma gangue? Ach, é tão triste, tão novos e já se metem em problemas.

Os shomrim cercam o menino trêmulo. Vejo-os chutá-lo sem piedade, até ele soluçar e gemer:

— Não fiz nada, juro! Não fiz nada! — implora ele, repetindo sua litania de defesa inúmeras vezes.

A surra continua pelo que parece uma eternidade.

— Acha que pode vir aqui e fazer o que bem entender? Quer impressionar seus amigos? Onde estão eles agora, hein? — perguntam em tom de zombaria. — Acha que pode trazer a sua gente imunda para este bairro? Ah, não, aqui não. Nós não vamos chamar a polícia, cuidaremos de você do nosso jeito, está entendendo?

— Estou, estou, entendi... — choraminga o menino. — Deixe eu ir, por favor, não fiz nada!

— Se a gente pegar um de vocês por aqui outra vez, já era, escutou? Vamos matar vocês! Pode dizer isso para os seus amigos, fala para eles nunca mais aparecerem por estes lados ou acabamos com a raça de vocês.

Eles recuam, e o rapaz se levanta e foge. Os shomrim voltam para suas bicicletas, limpando as jaquetas reluzentes. Quinze minutos depois, a rua está em silêncio absoluto outra vez. Eu me sinto péssima.

Bobe volta a enfiar a cabeça para dentro.

— Ah mazel, ainda bem que temos a nossa polícia, já que a polícia de verdade não consegue pegar nem noz caindo da árvore — diz, olhando para mim. — Não podemos confiar em ninguém, Devoraleh, a não ser nos nossos. Não se esqueça disso.

Fico novamente mal por sentir compaixão quando não devia. Pelo adolescente de quem não deveria ter pena, porque é o inimigo. Deveria me sentir mal pela pobre sra. Deutsch, que passou por um tremendo susto e perdeu todas as relíquias de família. Sei disso, e, ainda assim, algumas lágrimas envergonhadas escaparam. Por sorte, ninguém pode vê-las no escuro.

Meu pai sobe ruidosamente a escada e bate com força na porta de casa.

— Mamãe! — chama, ofegando de empolgação. — Você viu? Viu o que aconteceu?

Quando a Bobe abre a porta, vejo meu pai em seu pijama amarrotado e sujo, o corpo estranhamente trêmulo, saltitando na ponta dos pés descalços.

— Eu corri atrás deles! — anuncia, triunfante. — Eu estava lá quando pegaram ele.

Bobe suspira.

— O que você está pensando, Shia, correndo por aí sem sapato?

Escorre sangue de seus dedões sobre o capacho, e meu pai não percebe, seu rosto tomado por uma animação palerma.

— Vá para casa, Shia — diz Zeide com tristeza. — Vá para casa, vá dormir.

Ele fecha a porta com delicadeza na cara do meu pai, quase reverentemente, a palma das mãos permanecendo na maçaneta mesmo após escutarmos o som dos passos do meu pai desaparecendo no corredor.

Tento evitar meu pai. De algum modo, percebo que, quanto mais me distancio dele, mais evito a vergonha associada a sua condição mental e seu comportamento bizarro. É difícil para mim quando ando pela rua com minhas amigas no Shabes e passamos pela mulher que vende cupcakes na Hooper Street, que tem pelos crescendo nas verrugas em seu queixo, ou por Golly, o meshuggener, que fica na esquina da Keap Street com a Lee Avenue fumando cigarros fedidos com expressão vítrea nos olhos e movimentos bruscos. As meninas ficam nervosas e querem atravessar a rua para evitá-los, e me pergunto o que fariam se encontrassem meu pai vagando pela Lee Avenue em sua direção. Talvez já o tenham encontrado, sem saber quem era.

Sinto principalmente raiva de como tudo parece agir contra mim nessa vida. Já não basta ter de lidar com pais divorciados e uma mãe que é gói — mas um pai louco, ainda por cima? Sinto que não tem nada que eu possa fazer, pois, por mais que tente ser perfeita, por mais que tente me ajustar, é impossível me livrar da minha ligação com ele.

Não consigo entender como posso ter parentesco com esse homem, com quem não me pareço em nada, mas, acima de tudo, não entendo por que ninguém em minha família tenta ajudá-lo, arrumar-lhe um tratamento que seja. Simplesmente deixam que perambule por aí e se vire sozinho, me envergonhando no processo.

Bobe afirma que um filho problemático é uma punição; Zeide diz que é uma provação divina. Tratar o problema seria desviar do sofrimento que Deus considerou merecido. Além disso, afirma Bobe, quando você começa a entender por que um problema é um problema e começa a lhe aplicar rótulos terríveis, de repente todo mundo sabe da existência do problema. E me diz, continua Bobe, me diz, quem vai querer casar com seus outros filhos quando você tem um que possui um problema diagnosticado por médicos? É melhor não saber, diz ela. Melhor apenas aceitar o plano de Deus.

Tentaram a seu próprio modo tirar o melhor proveito da situação. Quando meu pai completou 24 anos e ninguém ainda conseguira uma esposa para ele, Bobe e Zeide começaram a procurar no exterior, esperando encontrar uma jovem em circunstâncias desafortunadas disposta a viajar para a América com a promessa de uma vida confortável. Montaram um apartamento de sete cômodos no terceiro andar de sua casa, com assoalho de tacos novo e papéis de parede elegantes, equipado com mobília aconchegante e tapetes luxuosos. Dinheiro não era problema; pagariam o casamento, as despesas de viagem, qualquer coisa que a garota desejasse. E encontraram minha mãe, a filha de uma divorciada sem dinheiro, sobrevivendo da caridade de sua benfeitora londrina e frequentando o seminário de meninas judias. Ela agarrou sem pensar duas vezes a oportunidade de ir embora, de partir para um novo país onde possibilidades de todo tipo a aguardavam.

Antes de cuidarem de mim, Bobe e Zeide acharam que seu tempo de criar os filhos já se encerrara, mas quando o casamento dos meus pais começou a ir para o brejo, logo depois que nasci, e minha mãe desapareceu para seguir seu sonho de um ensino superior na América, fiquei entregue a seus cuidados. Outro tipo de castigo, talvez? Fico pensando se não sou apenas mais um componente do sofrimento do qual o Zeide extrai tamanho contentamento espiritual, se para meus avós não passo de uma provação divina, a ser suportada com abnegação, sem reclamar.

Vejo pais perfeitos nos livros que leio e imagino como seria ser filha deles, ter meu quarto com paredes cor-de-rosa e cama de dossel, com uma janela dando vista para o verdejante gramado suburbano.

Meus pais imaginários me levariam ao dentista para colocar aparelho e endireitar meus dentes e me comprariam roupas bonitas. Eu iria a escolas de verdade e talvez até à faculdade. Jogaria tênis e andaria de bicicleta. Eles não me diriam para manter a cabeça baixa e falar aos murmúrios.

No Shabes, minha ausência de família se evidencia de maneira mais gritante do que durante a semana. Afinal, não tenho irmãos menores de quem tomar conta, tampouco mais velhos para visitar. O Shabes é um momento para ser passado com a família, e não tenho ninguém com quem compartilhá-lo a não ser meus avós. Assim, fico particularmente ansiosa por visitas; às vezes uma de minhas primas casadas aparece para prestar seus respeitos à Bobe e ao Zeide, e isso ajuda um pouco a quebrar o tédio.

Contudo, assim que minhas primas começam a ter filhos, não podem mais fazer visitas, porque é proibido carregar coisas no Shabes. Impossibilitadas de usar o carrinho, ficam em casa até que termine o dia.

Esse tem sido um intenso tema de debate à mesa do Shabes nas últimas semanas, porque recentemente um rabino em Williamsburg decidiu que está dentro da lei carregar coisas no Shabes graças ao novo eruv.

A halachá, ou lei judaica, proíbe carregar coisas em ambientes públicos, mas, com um eruv, a cerca simbólica envolvendo uma propriedade pública, a área é considerada particular, e carregar filhos, chaves de casa e outros itens necessários passa a ser permitido.

Todos os outros rabinos dizem que o novo eruv não é kosher. É impossível, alegam, criar um "domínio privado" em um lugar como o Brooklyn. O principal problema, afirmam, é a Bedford Avenue, que passa por Williamsburg e segue por quilômetros através de diferentes bairros do Brooklyn. Não compreendo as implicações legais da discussão, mas sei que as pessoas não falam de outra coisa.

No começo, ninguém usou o eruv para valer, porque as pessoas duvidavam que pudesse permanecer intacto em uma vizinhança onde as pichações aparecem nos muros antes que a tinta fresca tenha chance de secar. Mas, pouco a pouco, à medida que mais rabinos passam a aprovar publicamente o eruv, as mulheres começaram a surgir nas ruas com seus carrinhos de bebê nas tardes do Shabes, e toda vez que avista uma delas, o Zeide volta para casa após a shul com relatos de pessoas usando o eruv. Grupos de jovens hassídicos inflamados costumam ficar de tocaia nas principais avenidas para gritar com essas mulheres quando passam — mulheres que, na opinião deles, estão claramente burlando a lei do Shabes. Alguns até jogam pedras, diz Zeide, indignado. Mais uma vez, lamenta-se, esses rapazes não dão a mínima para a halachá; a única coisa que lhes interessa é ter algo contra o que protestar.

O Zeide acredita de verdade que o eruv é kosher, tendo estudado extensamente a questão, e não existe opinião religiosa que eu respeite mais do que a de meu avô. Admiro sua combinação única de inteligência talmúdica e cabeça aberta. O Zeide nunca diz não porque não, como fazem alguns rabinos. Um bom rabino, afirma Zeide, é capaz de encontrar o heter, a brecha na lei que permite a flexibilidade. Um rabino que não possui conhecimento suficiente do Talmude sempre penderá pela restrição, pois não está seguro de sua capacidade para encontrar as brechas.

No entanto, o Zeide me adverte a não usar o eruv, mesmo julgando-o perfeitamente kosher. Se os outros o consideram uma aveirá, uma transgressão, eu poderia estar violando a lei do ma'aras eyin, em que você parece pecar, e desse modo os outros caem no erro e acreditam que houve pecado. Ele se aflige com as turbas gritando raivosamente contra as supostas infratoras, exclamando "Shabes, Shabes, santo Shabes!" de forma incessante, furiosa. Não quer atrair esse tipo de ódio moralista para a própria família.

Eu não me incomodo muito, já que não tenho bebê para carregar por aí, de qualquer maneira.

Na terça, 11 de setembro de 2001, estou atrasada para a aula. Às 10h15, atravesso as três quadras para o prédio da escola caminhando apressadamente, mas, ao dobrar a esquina da Harrison Avenue, noto que algo está diferente. O céu tem uma tonalidade sombria de cinza, pairando pesada e baixa acima dos telhados. Não parecem ser nuvens de chuva, mas o ar está mais escuro do que o normal, como se houvesse excesso de poeira flutuando no ar. Na escola, as janelas estão abertas, porque o prédio não tem ar condicionado e o outono ainda não chegou. Normalmente, o barulho na rua encobre a voz da professora e temos de fechar as janelas durante a aula, mas hoje tudo está estranhamente quieto. Nada de britadeiras, nem buzinas, nem caminhões passando com estardalhaço sobre as chapas de metal na rua larga de mão dupla. Escuto apenas os pios fracos dos pardais.

À uma da tarde, o sistema de alto-falantes estala com um ruído baixo quando a secretária tenta fazer o velho aparelho funcionar. Quase nunca é usado.

— Todas as alunas estão dispensadas. — A voz chega até nós abafada, mas alta. Um pequeno guincho do retorno nos faz tapar os ouvidos, mas em seguida a voz da secretária ressurge, dessa vez mais nítida: — Por favor, guardem o material e se dirijam à saída em uma fila calma e organizada. Temos alguns ônibus esperando para transportar quem mora longe. Vocês serão avisadas do retorno às aulas.

Olho confusa para minhas colegas ao redor. O único motivo para o cancelamento das aulas seria um incêndio ou alguma outra emergência. Ninguém quer ver um bando de garotas sem nada para fazer vagando à toa pelas ruas do bairro. Mas nenhum alarme foi disparado. Por que estamos sendo mandadas para casa? A maioria fica grata demais para fazer perguntas. Fecham o zíper de suas pastas e fazem fila pelos corredores, rindo animadas. Pelo jeito sou a única curiosa.

Percorro pensativa o caminho até em casa. O Zeide provavelmente não vai acreditar quando me vir. Pode achar que só estou matando aula. O que vou falar, que fomos dispensadas, sem mais nem menos? Parece absurdo.

O Zeide não está em seu escritório quando passo pelo vestíbulo na ponta dos pés. A porta permanece escancarada, mas a mesa está desocupada. Ao subir, encontro a Bobe sovando a massa da chalá na cozinha, o avental coberto de resíduos grudentos. Ela segura com o ombro o telefone junto da orelha e não fala nada quando chego fazendo barulho, largando a bolsa de livros na cadeira. Escuto sua conversa, mas a Bobe não diz muito, apenas balança a cabeça de vez em quando e faz perguntas vagas, "Por quê?" e "Como?".

Finalmente, escuto os passos pesados do Zeide na escada. Ele segura um jornal dobrado na mão. O Zeide nunca traz jornais seculares para casa, mas às vezes atravessa a Broadway para ir ao mercadinho mexicano e ler a seção de negócios do *Wall Street Journal*, quando precisa saber alguma coisa sobre o mercado de ações. Pergunto-me por que voltou para casa com o jornal.

Ele faz um gesto para a Bobe desligar o telefone.

— Dá uma olhada nisso — diz, abrindo o jornal sobre a mesa suja de farinha.

Na primeira página há uma foto do que parece ser as Torres Gêmeas pegando fogo. Não entendo por que o Zeide está mostrando isso para nós.

— O que é isso? — pergunto.

— Um ataque terrorista. Aconteceu hoje de manhã, dá para acreditar? Um avião voou direto contra as Torres Gêmeas.

— Hoje de manhã? — pergunto, atônita. — Que horas, hoje de manhã? São 14h15. Se um avião bateu em um prédio de manhã, não teríamos ficado sabendo antes?

— Oito e pouco. Vou sair e comprar um rádio para escutarmos as notícias.

Fico em choque. O Zeide nunca deixa que escutemos o rádio. Isso deve ser sério; deve ser o motivo de termos sido dispensadas mais cedo. Passamos o resto da tarde em torno do minúsculo radinho na cozinha, escutando a mesma notícia um monte de vezes.

Às 8h46 da manhã, um avião colidiu contra a primeira torre...

— Vão colocar a culpa nos judeus — afirma Zeide, balançando a cabeça. — Como sempre.

— Nos judeus, não — diz Bobe. — Em Israel, sim, mas não nos judeus.

— Não, Fraida, você não entende? — diz Zeide, lentamente. — Para eles, dá no mesmo.

Bobe acha que haverá outro Holocausto. Acredita que ocorrerão revoltas e que os americanos vão querer expulsar todos os judeus. Diz que sempre soube que isso aconteceria outra vez.

— Faça a teshuvá — insiste comigo. — Arrependa-se a tempo do Yom Kipur. O mundo pode virar de cabeça para baixo a qualquer momento.

Dizem que um peixe falou na vila de New Square, uma comunidade hassídica no norte do estado de Nova York. A carpa, ainda se debatendo, abriu a boca e emitiu uma advertência aos judeus, de que se redimissem por seus pecados, do contrário, pagariam o preço da condenação. As pessoas estão em pânico. Aparentemente, Moshe, o peixeiro, matava e limpava carpas para atender à demanda do feriado, e quando estava prestes a cortar a cabeça do peixe com o cutelo, a criatura abriu a boca e de dentro dela saiu uma voz. Houve testemunhas; tanto os trabalhadores judeus como os gentios presentes no mercado alegam ter ouvido o peixe falar. Ele se anunciou pelo nome e declarou que fora enviado para lembrar o povo judeu que Deus continuava observando, que os puniria por seus delitos. "Busquem pelo perdão", anunciou o peixe, "ou a destruição se abaterá sobre vocês".

Como isso aconteceu logo depois do ataque às Torres Gêmeas e pouco antes do Yom Kipur, o Dia da Expiação, a história ficava ainda mais interessante. O que mais poderia ser senão um lembrete para todos nós? Era preciso se arrepender genuinamente. Havia provas da reencarnação bem ali em nosso meio.

Os detalhes da história se espalharam com rapidez e mudavam o tempo todo. Todo dia alguém passava em casa para trazer um relato recente da suposta versão autêntica. Mas a verdade não importava; o resultado era o mesmo. Se o peixe falou, era tudo real. Era uma perspectiva assustadora. Ninguém mais podia cogitar fazer expiações superficiais no Yom Kipur, recitando orações por um senso de obrigação. Todos ao meu redor ficaram alarmados para valer; estavam levando o assunto a sério.

Eu também queria acreditar que o peixe falou, mas por outra razão. Não quero pensar sobre meus pecados e a pilha de castigos reservados por Deus a mim. Prefiro me concentrar na magia da coisa, no miraculoso testemunho de um peixe antes de dar seu último suspiro. Dizem que foi servido na refeição pré-jejum do peixeiro, recoberto na gelatina que se formara em torno de sua pele.

O Zeide não acredita no peixe falante. Diz que Deus não opera mais milagres, não nos tempos atuais. Ele prefere trabalhar segundo a ordem natural das coisas, de modo que sua interferência não chame a atenção. Entendo por que alguém ficaria cético em relação a uma história dessas, mas não concordo com o raciocínio do Zeide. Por que Deus pararia de repente de fazer milagres? Faria sentido que o mesmo Deus que dividiu o mar Vermelho e fez chover maná no deserto não tenha perdido de uma hora para outra o seu pendor para o drama. Prefiro acreditar na reencarnação do que no inferno. A ideia de vida após a morte é bem mais tolerável quando existe a opção de voltar.

O Zeide passará o Yom Kipur em New Square, como faz todos os anos, mesmo com tanto auê sobre o peixe falante. Ele e o Rebe Skverer são amigos de longa data — ele até pensou em se mudar para lá em certa ocasião, mas a Bobe foi contra. Disse que tinha um mau pressentimento em relação ao lugar, na época em que eram apenas duas fileiras de casas suburbanas no limite noroeste de Rockland County. Estava certa. Hoje em dia existem calçadas separadas para homens e mulheres, demarcadas claramente com cartazes codificados por cores. Eu ficaria horrorizada se tivesse de viver em um lugar onde sou proibida de andar em certas calçadas.

Bobe e eu ficamos em Williamsburg e vamos juntas à shul, no único dia do ano em que a seção das mulheres é usada de fato. Todo mundo vai passar o dia inteiro do jejum rezando por clemência. Não sou boa em jejuar, e passar o dia todo de pé na shul dificilmente me distrai da minha fome torturante. As mulheres a minha volta se mostram verdadeiramente penitentes, temendo a perspectiva de seu futuro estar sendo decidido hoje no céu.

Na escola eles ensinam que, se não expiarmos os pecados antes do último chamado do chifre de carneiro, no Yom Kipur, HaShem exigirá justiça a seu modo. Nada nesse mundo acontece a quem não merece, afirmam enfaticamente minhas professoras; os menores sofrimentos são computados e pesados por Deus. Começo a compreender a lógica envolvida em pensar a nosso próprio respeito como inerentemente maus; o raciocínio é que, quanto mais sofremos, piores devemos ser. Mas a Bobe e o Zeide são duas das pessoas mais devotas que conheço, e suas vidas foram repletas de sofrimento. O que poderiam ter feito para merecer isso?

O sofrimento agora é diferente do que costumava ser, explica Bobe para mim. Hoje em dia, se a pessoa não tem roupas bonitas ou um bom carro, ela se queixa.

— Quando eu era criança, se houvesse qualquer comida em casa, ficávamos felizes — recorda ela. — Tínhamos uns aos outros, e isso era tudo que importava.

Embora a Bobe não goste de falar sobre o passado, às vezes pode ser convencida a contar a história de sua mãe. Seu nome era Chana Rachel, e várias primas minhas receberam esse nome em sua homenagem. Chana Rachel foi a quinta filha de uma família de sete, mas, na época em que se casou, restavam-lhe apenas dois irmãos. Uma epidemia de difteria assolara a pequena cidade húngara onde moravam quando era pequena, e a avó da Bobe assistira aos filhos morrerem um após outro, com suas gargantas se fechando e o oxigênio não chegando aos pulmões. Após minha trisavó perder quatro filhos, quando a pequena Chana Rachel manifestou a mesma febre alta e pele manchada, ela deu um gemido alto de desespero e, com uma raiva insana, enfiou a mão na garganta da filha, arrancando o crescimento membranoso que a impedia de respirar direito. A febre cedeu, e Chana Rachel se recuperou. Ela contaria essa história para os filhos muitas vezes, mas apenas a Bobe sobreviveu para contá-la a mim.

A história me comove de um jeito que não sei expressar bem. Imagino essa mãe de sete crianças como uma tzadeikas, uma santa, desesperada a ponto de fazer qualquer coisa para salvar os filhos. Bobe afirma que foi a oração a Deus que ajudou sua filha a se recuperar, não a membrana arrancada da garganta. Mas discordo completamente. Vejo uma mulher que tomou o controle de sua vida, que decidiu agir! A ideia de que fosse destemida, e não passiva, me emociona.

Também quero ser uma mulher assim, que opera os próprios milagres, em vez de esperar que Deus os realize. Embora murmure as preces do Yom Kipur como todas as demais, não penso no que significam, e definitivamente não estou pedindo por clemência.

Se Deus me acha tão perversa assim, ele que me castigue, penso com rancor, imaginando que tipo de reação minha afronta provocaria no céu. Pode mandar, eu penso, dessa vez cheia de raiva. Me mostre do que você é capaz.

Em um mundo com sofrimentos descomunais, é impossível que Deus seja um ser racional. De que adianta apelar a um louco? Melhor fazer o jogo dele, desafiá-lo a se meter comigo.

Uma sensação súbita de determinação tranquila me domina, essa revelação tradicional de Yom Kipur que em teoria vem quando a penitência da pessoa foi aceita. Sei instintivamente que não sou tão desamparada quanto alguns gostariam de me fazer crer. No diálogo que tenho com Deus, não necessariamente estou impotente. Com meu charme e persuasão, quem sabe possa até levá-lo a cooperar comigo.

Na escola, escuto rumores abafados sobre uma biblioteca judaica em Williamsburg, montada uma vez por semana no apartamento de alguém, onde se pode levar dois livros kosher censurados, todos de autores judaicos. Convenço Zeide a me deixar ir. Se conseguir livros em uma biblioteca kosher, não precisarei escondê-los sob o colchão. Meu coração não vai quase parar toda vez que escuto um ruído do lado de fora do quarto.

Quando chego ao endereço indicado, o saguão dilapidado está vazio, e pego o elevador decrépito para o quinto andar. Ao sair, vejo que a porta do 5N está ligeiramente aberta, a luz do apartamento invadindo o corredor gelado e úmido.

Dentro, duas meninas da escola examinam as estantes. Reconheço uma delas, a de cabelo preto e liso, queixo largo e sobrancelhas escuras que se arqueiam sobre os olhos verde-claros. Mindy estuda na mesma turma que a irmã mais velha da Raizy, um ano à minha frente, e dizem que é a menina mais inteligente da escola. Considera a si mesma uma escritora. Já vi o diário que carrega o tempo todo. No refeitório, escreve enquanto come o sanduíche com a mão esquerda.

Provavelmente não vai me reconhecer se eu a cumprimentar. E é um ano mais velha. Que interesse teria em conversar comigo?

Ela escolhe dois livros volumosos e sai com a amiga. Como eu queria que houvesse alguém assim na minha turma, alguém que adorasse ler, nem que fossem apenas livros kosher.

Zeide chega em casa segurando um dos pashkevilin que entopem as ruas, folhetos raivosos contra os novos "artistas" que passaram a circular por Williamsburg. Quem imaginaria que Williamsburg pudesse atrair esse tipo de gente, drogados apáticos, tocando música alta e perambulando pelas ruas em busca de inspiração. Ninguém nunca imaginou que alguém pudesse querer viver em um lugar tão feio e abarrotado, com cheiros rançosos emanando das sarjetas.

Estão vindo para tomar nossa terra, clamam os rabinos. Eles decretaram um embargo imobiliário. Todos estão proibidos de alugar ou vender para os artisten, ou hipsters, como se referem a si mesmos. Mas, de repente, há gente disposta a pagar o triplo do valor para morar nesses pardieiros que nunca passaram por uma reforma desde sua construção. Quem recusaria uma oferta dessas?

Os hassídicos tomam as ruas em protesto. Reúnem-se diante das grandes residências dos magnatas imobiliários na Bedford Avenue, brandindo os punhos e atirando pedras nas janelas. "Traidores!", gritam. "*Nisht besser fun a goy!*" Vocês não são melhores que um gentio.

Curiosa sobre nossos novos vizinhos, esses supostos artistas, aventuro-me pelo lado norte de Williamsburg, em direção à margem do rio, para onde todos eles parecem gravitar.

No Estaleiro Naval do Brooklyn, é possível ver o horizonte inteiro de Manhattan, de um brilho intenso no dia claro, tremeluzindo como joias contra a margem do rio. Prendo a respiração quando a vejo, essa cidade mágica que fica tão perto da minha casa e tão distante ao mesmo tempo. *Por que alguém iria querer sair desse lugar magnífico para vir morar aqui?*, reflito. *O que esse bairro imundo tem a oferecer além da liberdade de desaparecer em um gueto criado por nós mesmos?*

Resolvo me aventurar sozinha pela cidade. Dou uma olhada em alguns mapas na biblioteca — mapas do metrô, mapas de ônibus e mapas normais — e tento memorizá-los. Tenho medo de me perder; não, tenho medo de afundar na cidade como em uma areia movediça, medo de ser levada por algo do qual nunca conseguirei escapar.

Quando o trem J se põe em marcha lenta e oscilante nos trilhos elevados e precários levando à ponte de Williamsburg, vejo os telhados encardidos do meu bairro abaixo de mim, cor de lodo, e finalmente sinto que estou alta o bastante para poder superar sua atmosfera sem vida, indiferente. Não imaginava que fosse me sentir tão bem saindo daqui. Tão bem que fico com vontade de sair dançando pelo vagão, saltitando alegremente de barra em barra.

Já na linha F, não me sinto mais tão calma. Talvez seja por estar agora no subterrâneo, mas, muito provavelmente, é por causa das duas senhoras hassídicas sentadas à minha frente. Embora o rosto redondo e murcho delas não mostre qualquer expressão, simplesmente sei que estão me julgando, imaginando o motivo de estar indo sozinha à cidade. De repente entro em pânico: e se me reconhecerem? Pior, e se conhecerem alguém que sabe quem eu sou? Não aguentaria ser descoberta.

Desço na estação seguinte e saio na Fourteenth Street, perto da Union Square, agitada de trânsito e pedestres, dominada pelo som de táxis buzinando e ônibus freando, o cheiro de comida de rua exalando dos carrinhos dos ambulantes. O barulho, as cenas, os aromas são tão avassaladores que por um momento não sei aonde ir. Então vejo um letreiro da livraria Barnes & Noble e caminho desesperadamente em sua direção, sabendo que, de alguma forma, uma vez lá dentro, entre livros, estarei segura.

Na livraria, há displays chamativos por toda parte, informando sobre o que ler, assim não tenho de tomar a decisão por mim mesma, o que é tranquilizador. Os livros mais novos não me atraem. Acho suas capas coloridas e berrantes demais. Gosto de ler histórias ambientadas no passado, com imagens de mulheres de nariz delicado na capa, vestindo seda e rendas. Sinto ter mais em comum com as personagens de romances antigos do que com as heroínas modernas.

Decido comprar uma edição barata em brochura de *Orgulho e preconceito*. Sou fisgada pela frase de abertura. "É uma verdade universalmente conhecida que um homem solteiro, possuidor de uma boa fortuna, deve estar necessitado de esposa." Fica óbvio na hora para mim do que trata o livro, e nada atiça mais minha curiosidade do que o casamento e, ainda mais, as maquinações envolvidas nesse tipo de arranjo. Ninguém que conheço fala sobre casamento nem qualquer coisa relacionada ao assunto na frente de uma jovem solteira. Não vejo a hora de chegar minha vez de descobrir todos os fatos pertinentes; talvez esse livro ajude a me esclarecer.

Orgulho e preconceito se revela uma experiência de leitura particularmente encantadora. Para começar, nunca li um livro com uma linguagem tão formal e um estilo tão elegante. Mesmo assim, eu o acho muito empolgante; as frases deliberadas, precisas, acrescentam tensão e suspense à narrativa. É meu primeiro contato com a Inglaterra pré-vitoriana; embora minha mãe tenha nascido no Reino Unido, o livro retrata o país em uma era muito diferente, e, ainda que no início tenha me causado bastante estranhamento, em pouco tempo estabeleço comparações bem sólidas entre o mundo das irmãs Bennet e o meu. Para começar, a fofoca incessante e o comportamento conivente das personagens femininas me são extremamente familiares. Não é assim que as mulheres se divertem também em meu mundo, tagarelando sem parar sobre os outros, que em um piscar de olhos se transforma em tranquila polidez quando confrontadas com o assunto da fofoca? É incrível poder me identificar com Elizabeth tão facilmente e sentir na pele as exasperantes injustiças presentes em sua sociedade. Rio junto com ela da hipocrisia e da cabeça fechada tão claras em personagens que se supõem superiores.

Para ser honesta, não estou tão longe assim de ser uma personagem de *Orgulho e preconceito*. Todo o meu futuro também dependerá de quão vantajoso for meu casamento. Status e reputação são importantes na mesma medida em minha comunidade, e baseados em termos tão triviais quanto; embora a condição financeira pareça ser a principal preocupação desses britânicos incrivelmente refinados, meu mundo leva mais em conta um valor espiritual. O que fica mais óbvio para mim quanto aos pensamentos e às expressões de Elizabeth é sua frustração nata; provavelmente ela também fica furiosa em se ver lançada na humilhante condição a que as mulheres sempre são sujeitadas, esse papel inevitável de objeto a ser escolhido pelo homem, em quem reside todo o poder. Para uma mulher de tamanha inteligência e espírito, sem dúvida está abaixo de sua dignidade desfilar perante os cavalheiros mais distintos esperando obter algumas migalhas de atenção. Fica evidente que Elizabeth não faz muita questão de agarrar um ricaço; ao contrário das outras personagens femininas do livro, ela exibe uma independência de espírito que desperta minha adoração. Estou muito ansiosa para descobrir o que vai acontecer com ela, porque, de forma peculiar, seu destino parece fortemente entrelaçado ao meu.

Volto às páginas de *Orgulho e preconceito* sempre que posso, lendo alguns capítulos em segredo toda vez que surge uma chance. Na escola, finjo fazer anotações obedientemente, mas meus pensamentos voam longe. A cidade rural de Netherfield salta vibrante das páginas, e vejo o rosto corado de seus moradores na minha imaginação.

Que história poderia ser mais relevante para mim do que a de uma jovem em idade de casamento rejeitando as escolhas que outros fizeram para ela e exercendo sua independência? Só de pensar que um dia o mundo todo foi dessa forma, e que eu não teria sido a única insatisfeita com as circunstâncias. Se ao menos Elizabeth estivesse aqui para me aconselhar, para me explicar como a rebelião que terminou de forma tão maravilhosa no livro poderia dar certo na vida real.

É meu terceiro e último ano no ensino médio. Nos formamos mais cedo do que os outros americanos porque é inútil desperdiçar mais um ano em um ensino de que não precisamos. Não recebemos diplomas do estado de Nova York, apenas um pomposo pedaço de pergaminho assinado pela diretora e pelo rabino. Para ser sincera, um diploma não terá a menor utilidade, pois nunca terei permissão de procurar um trabalho além das raras posições disponíveis para mulheres em nossa sociedade. A mensagem é clara: qualquer esforço direcionado à minha educação a partir desse ponto será uma total perda de tempo.

Mesmo assim, em nosso último ano teremos aula de inglês com a sra. Berger, a professora mais instruída da escola, que vem todos os dias do Queens, o cabelo enfiado sob um chapéu molinho gigante. A sra. Berger tem dois mestrados, além de um ar de superioridade que ninguém suporta. É mais reconhecida entre as alunas por sua fama de rabugenta. Vejo-a abrir caminho se acotovelando pelos corredores apinhados da escola, os saltos pesados retinindo no ladrilho. Seu rosto reflete desgosto e irritação. Se acredita que esse trabalho está tão aquém dela, penso, por que continua voltando ano após ano?

Quando entra na nossa sala, no início do ano, a sra. Berger nos contempla com uma expressão de tédio e desdém.

— Bom, vamos lá — diz —, ninguém aqui vai entrar em nenhuma lista de mais vendidos, sem dúvida.

Sua voz destila desprezo, mas sob a superfície também percebo exaustão e frustração.

Quero protestar na mesma hora sobre seu comentário. Quem é ela para dizer que nenhuma de nós escreverá algo que seja relevante? Então não somos boas o suficiente só porque não escrevemos livros? Em que a leitura é inferior à escrita? Livros em hebraico têm menor valor do que em inglês? Quem é ela para nos julgar? Fico surpresa com a minha reação indignada, quando em geral sou a primeira a criticar a falta de ambição acadêmica ao meu redor. Se ao menos ela prestasse atenção em mim e visse que eu era a exceção, em vez de me pôr no bolo, como todo mundo faz.

Ela distribui uma apostila xerocada com trechos dos livros de gramática que não podemos ter, as palavras proibidas censuradas.

— Minha primeira regra — diz, virando-se para a lousa com um pedaço de giz. — Nada de coloquialismos, nada de expressões idiomáticas, nada de eufemismos — completa, e sublinha os termos com um risco branco, grosso.

Nunca ouvi falar nessas palavras antes, mas de repente caio de amores por essa mulher severa, zangada, que manifesta um desdém tão profundo no olhar. Eu a reverencio por continuar a vir aqui ano após ano, oferecendo às alunas uma matéria que mal estão preparadas para aprender e a qual são pouco propensas a usar, porque esperei minha vida acadêmica inteira por alguém que me contasse algo que não sei.

Adoro essa mulher, que entra em nossa turma todos os dias lançando novos insultos a nossa classe indiferente, por me deixar motivada, determinada a provar para ela que sou digna de suas tentativas. Das trezentas alunas para quem dá aula todo ano, das milhares para quem lecionou na última década, se houver apenas uma que a leve a sério, talvez ela perceba que é mais importante aqui, mais valorizada do que jamais sonhou.

— Ninguém nunca tirou nota máxima na minha matéria, nem vai tirar — anuncia a sra. Berger, como uma declaração definitiva. — O mais perto que alguém chegou foi um A menos, e isso aconteceu no ano passado, a primeira vez desde que vim para cá, quinze anos atrás.

Todas nós sabemos que foi Mindy. Foi ela a primeira a tirar essa nota com a sra. Berger.

Agora estou decidida a obter a cobiçada nota máxima. Vejo as meninas em volta se agitarem, interessadas. Um desafio, seja qual for, é uma coisa excitante, algo para quebrar a rotina. Ficamos todas encantadas com a ideia.

E, tiro e queda, minha nota é A, após meses de trabalho duro. Quando finalmente vejo a letra escarlate estampada no papel que a sra. Berger me devolve, ergo o olhar para ela, triunfante.

— Viu? Consegui! A senhora falou que ninguém conseguia, e eu consegui!

Há um traço de condescendência no meu tom, porque parte de mim está feliz em fazê-la provar do próprio veneno.

A sra. Berger me olha com expressão vazia, impassível. Após um momento, suspira de repente, encolhendo os ombros, derrotada, e confundo isso como rendição.

— E daí? — retruca ela, me encarando. — O que vai fazer com esse A, agora que conseguiu?

Não compreendo a tristeza em seu rosto quando continua a me dar notas máximas, um A atrás do outro, pois achei que estaria orgulhosa, que meu bom trabalho é um reflexo de seus talentos pedagógicos.

Esse tem sido um ano acadêmico excelente para mim, de modo geral, tanto em inglês como em iídiche. Sabendo que era minha última chance, finalmente arregacei as mangas e consegui o boletim perfeito tão sonhado pelo Zeide. Como era de esperar, estou nervosa com o ano que vem; só boas notas e referências podem me ajudar a conseguir o trabalho que quero, lecionar aulas de inglês no ensino fundamental. Fico pensando que, se pudesse ter tido uma versão de mim mesma como professora quando era pequena, poderia ter feito toda a diferença, e que talvez em algum lugar no bairro exista uma menina como eu, querendo aprender mais do que lhe é permitido.

Mindy, a garota que também adorava ler e escrever, dá aula de estudos seculares na sétima série. Todas estão falando sobre isso. Foi um choque, na verdade; se era para virar professora, qualquer um teria imaginado que daria aula de estudos religiosos, considerando sua família. Queria saber como conseguiu esse feito, como fez com que a família lhe desse permissão para perseguir essa vocação. A mãe dela usa um shpitzel enrolado na cabeça com uma mísera faixa de cabelos sintéticos aparecendo na frente. Nem o Zeide teria pedido à Bobe que usasse uma coisa dessas. Uma peruca já é boa o bastante para ele.

Para ser considerada apta a um cargo de ensino, preciso dar uma aula experimental no fim da primavera para uma turma de oitavo ano. A sra. Newman, orientadora pedagógica da escola, faz a avaliação, assim como

Chaya, minha tia, a coordenadora de inglês. Todo mundo acha que o emprego está garantido porque minha tia é a diretora do ensino fundamental, mas acho que as pessoas superestimam seu poder. Ela é um fantoche nas mãos das autoridades masculinas que controlam a escola, com uma posição de falso poder que vem acompanhada de certa vergonha. A especialização em estudos seculares não é exatamente algo de que se orgulhar. Ela começou como supervisora do primeiro ao oitavo ano e depois, aos poucos, foram tirando suas atribuições, e hoje está limitada às turmas do sexto ao oitavo. De todas as coordenadoras de inglês da escola, é a melhor, e, portanto, a pior. É a única que usa uma peruca e mais nada, nem chapéu, nem lenço. Não que passe por cabelo de verdade, mas eles têm medo da mensagem que isso oferece. Não querem garotas Satmar usando perucas desse jeito, sem nenhuma indicação de que o cabelo é falso.

No fim de agosto recebo a notícia. Consegui o emprego, vou dar aulas para o sexto ano. Ganharei 128 dólares por semana. Compro uma saia reta e um blazer de lã azul-marinho, com camisa oxford azul-clara para combinar. Escolho um par de sapatos de couro azul-marinho com saltos quadrados, grossos, que ecoam com força no piso de ladrilhos recém-encerado dos corredores da escola. Lembro desse prédio, do tempo em que eu temia as pessoas poderosas que patrulhavam os corredores, que tinham a chave para o elevador barulhento, que podiam nos deixar encrencadas só porque dava na telha. Agora *eu* tenho a chave do elevador e não preciso mais subir a escada cheia de pessoas.

As alunas olham para mim admiradas. Acabei de completar dezessete anos, mas para elas desponto no limiar da idade adulta, desfrutando esse momento crepuscular entre a inocência da infância e os grilhões da vida de mulher.

Mindy e eu ficamos amigas na mesma hora, como sempre sonhei. Finalmente estamos em pé de igualdade. Ao final da aula, caminhamos até a pizzaria da Lee Avenue e sentamos diante da pequena mesa atrás do balcão, bebericando café quente com o copo de isopor entre a palma das mãos e conversando sobre o trabalho e as politicagens da administração. Pouco a pouco descubro que Mindy também lia escondido sempre que conseguia encontrar um livro, e nós duas tivemos muitas leituras parecidas. Para meu espanto, ela até escuta rádio FM com os fones de ouvido e me mostra como sintonizar meu estéreo.

Na Rádio Disney, frequência 1560 AM, Lizzie McGuire canta "What Dreams Are Made Of", e fico fissurada. "Last Christmas", do Wham!, parece tocar sem parar em todas as estações, além de coisas melosas como Britney Spears, Backstreet Boys e Shania Twain. Fico acordada até tarde com meus fones de ouvido, escutando canções promíscuas do mundo exterior que não fazia ideia que existiam. Gosto de eletrônica e de trance music. Mindy gosta de pop adolescente.

Acho que estou apaixonada por Mindy. Escrevo poemas para ela. Sonho em lhe dar presentes maravilhosos. Compramos pipoca e raspadinha e sentamos em um daqueles bancos atrás do conjunto habitacional em que ninguém se aventura a ir porque é onde os delinquentes vão para comprar drogas. Acomodamo-nos em bancos sob andaimes e tememos de frio até as quatro da tarde, relutantes em voltar para casa.

Em um Shabes em janeiro, a neve cai forte do lado de fora e Mindy não aparece para me visitar, como costuma fazer, então passo uma tarde solitária. Domingo de manhã, ligo para ela e digo:

— Vamos passar o dia na cidade. Vamos pegar o trem J escondido e sumir pela Broadway. Vamos ver um IMAX. E se alguém vir a gente, não estou nem aí. A gente enrola um lenço no rosto. Ninguém vai nos reconhecer.

Adoro o fato de Mindy ser tão impulsiva quanto eu. Talvez até um pouco imprudente. Tomamos o metrô para Manhattan e ficamos de cabeça baixa no vagão, com medo de sermos reconhecidas.

Para chegar ao Lincoln Center temos de transpor montes de neve suja e de neve fresca, mas é como uma jornada revolucionária. A mulher atrás do balcão no cine Sony deve achar nossa aparência estranha: saia comprida e meia-calça bege, grossa, penteados idênticos na altura dos ombros enfiados sob faixas na cabeça. Procuro a sala 2. Acho que a encontro, no último andar do edifício envidraçado, e entramos no cinema pequeno com sua galeria, cortinas vermelhas e assentos de veludo vermelho. Quando o filme começa, percebo que não tem nada de IMAX, e os personagens não são de animação, como pareciam no pôster. Mindy fica assustada de repente, porque parece um pecado mais grave, ver pessoas de verdade em um filme. Também estou assustada, acho que com minha própria ousadia, mas seria tolice sair agora.

O filme se chama *Sobre Meninos e Lobos*. Uma criança é sequestrada na frente dos amigos, e acho que algo ruim acontece com ele. Então uma garota é morta. Matam um montão de gente, e todo mundo parece com raiva e cheio de segredos. É meu primeiro filme e ainda não compreendo muito bem sua utilidade: se são representações das coisas, se são narrativas reais ou se são mera diversão. Sinto-me tão violada quanto culpada; isso não prova que estava errada o tempo todo, que minha independência e rebeldia só me trarão tristeza?

Saímos sob o sol ofuscante, seu clarão refletido na neve do chão. Pisco diversas vezes contra a luz enquanto ficamos ali paradas na esquina da Sixty-eighth Street com a Broadway, a mão enluvada de Mindy repousando na minha. Ficamos as duas em silêncio.

Não voltamos ao cinema depois disso. Mais tarde, quando tento lembrar do filme, não consigo recordar o rosto dos atores adultos, só seus corpos, plenos de insinuações sinistras. Mesmo já mais velha, depois de ter assistido a muitos filmes e ser capaz de reconhecer o rosto de celebridades, nunca vou conseguir evocar a aparência de Sean Penn nesse filme ou o rosto dos outros atores famosos que também participaram. As pessoas no filme pareceram assustadoramente reais para mim. Como não tinha nenhum referencial para suas vozes ou suas expressões, acreditei que seus personagens eram tão vivos quanto Mindy e eu, aprisionados em um cenário assustador.

Talvez tenham razão sobre o mundo exterior, pensei na época. Que existência tenebrosa deve ser, viver à sombra de tal violência. Quando fosse mais velha, eu descobriria que os perigos que o filme mostrava existiam também na minha comunidade, exceto que varridos em segredo para debaixo do tapete e deixados ali, supurando. Eu chegaria à conclusão de que uma sociedade honesta no que diz respeito a seus perigos era melhor do que uma que negava a seus cidadãos o conhecimento e o preparo necessários para combater a proximidade deles.

Se somos forçados a confrontar nossos medos no dia a dia, eles se desintegram, como ilusões analisadas de perto. O fato de ter sido sempre protegida talvez tenha feito com que eu ficasse mais medrosa, e, posteriormente, mergulharia cautelosamente no mundo exterior, experimentando a água e nunca me deixando submergir por completo, sempre recuando de volta à familiaridade de minha rotina quando sentia que as sensações ameaçavam se tornar demais. Por anos eu permaneceria com um pé em cada dimensão, atraída para o universo exótico do outro lado do portal e arrastada de volta pelas advertências que soavam como alarmes em minha mente.

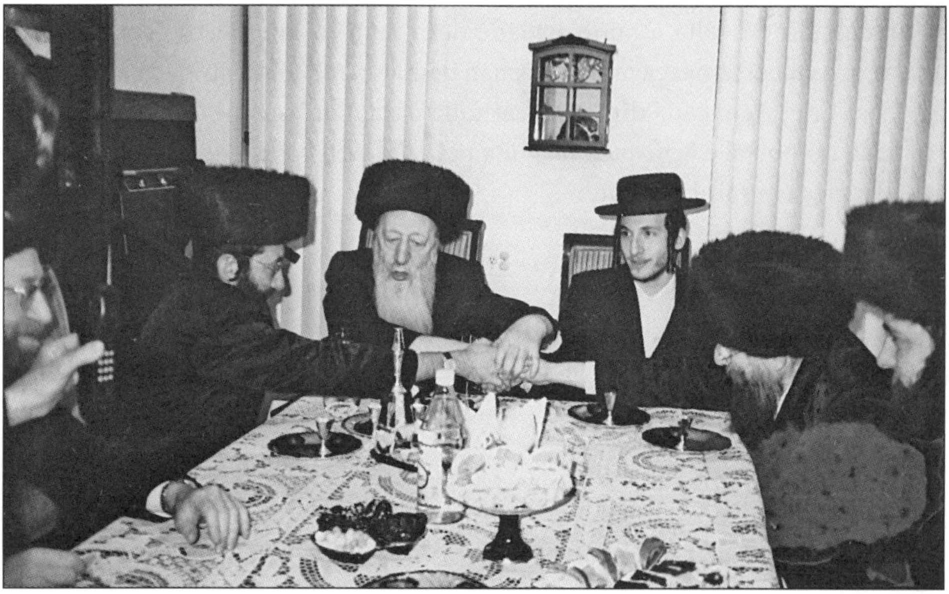

5

Dominada por um propósito

"O propósito que então a mobilizava era natural para uma garota pobre e ambiciosa, mas os meios que adotara para atingir seus objetivos não eram os melhores."
Mulherzinhas, Louisa May Alcott

A casamenteira liga quase toda noite. Sei disso porque quando o Zeide atende ao telefone, ele desce para seu escritório em busca de privacidade, e sempre que eu pego a extensão em cima, para de falar e diz *alô, alô,* com sua voz trêmula, abatida, e sou forçada a colocar o fone suavemente no gancho, para que não escute o som do clique. Bobe estica o fio do aparelho até o banheiro, fecha a porta e deixa a torneira aberta enquanto fala, fingindo que é uma de suas filhas ligando para conversar.

Eles acham que não sei o que está acontecendo? Tenho dezessete anos. Sei como funciona. À noite, Bobe e Zeide cochicham na cozinha, e sei que estão falando de possíveis candidatos.

O Zeide vai querer alguém devoto, com ligações Satmar fortes, alguém de cujos laços possa se orgulhar. Afinal, casamentos têm a ver com reputação. Quanto melhor o partido, melhor o nome da família. A

Bobe deseja um rapaz que fale com ela sem olhar para o chão, como o farfrumteh com quem minha prima Kaila se casou, um rapaz tão religioso que não fala sequer com a própria avó, por ser mulher. Quero alguém que me deixe ler livros, escrever histórias e pegar o metrô para a Union Square, onde posso ver as apresentações dos músicos de rua. Mindy tem um irmão de 24 anos na sua frente e sabe que ainda tem um tempo, pelo menos dois anos, mas eu não tenho nenhum impedimento. Ela acha que vou me casar com alguém mais moderno, talvez alguém que também escute música secular em segredo, que goste de filmes e boliche, como os judeus ortodoxos modernos em Borough Park.

Desfruto mais liberdade hoje que nos tempos de escola. Tenho um trabalho, o que significa que conquistei o direito de passar algum tempo sem ser supervisionada, sem dar satisfação a ninguém. Posso me encontrar com outras professoras para preparar o planejamento das aulas; posso sair para comprar material escolar. Mas, a meu ver, minha maior conquista foi uma espécie de confiança precária. Tive um bom desempenho escolar no último ano, consegui um emprego de prestígio e, teoricamente, sou tudo que Zeide e Chaya sempre sonharam. Graças a eles, pensam, acabei me saindo muito bem. Ao que tudo indica, minhas chances de um casamento vantajoso aumentaram bastante como resultado de meus resultados positivos, e, embora não me deixem a par de nada do que acontece, a súbita agitação à minha volta é palpável. As conversas sussurradas, os olhares — tudo deixa claro que estou de algum modo pronta para uma união bem-sucedida. Nunca estive tão consciente de mim. Olhando no espelho para meu novo jeito de adulta — o rosto emoldurado por um corte de cabelo maduro, em camadas —, fico satisfeita com meu senso de importância. Não é esse o melhor momento na vida de uma jovem, quando o universo inteiro está repleto de possibilidades misteriosas? Os acontecimentos mais incríveis são possíveis quando ainda estamos lidando com o desconhecido. É só quando tudo já foi decidido que a empolgação desaparece.

Não me preocupo com os detalhes do meu casamento, debatidos em acaloradas conversas entre meus avós e minha família estendida. Já entendi que saber das coisas não importa muito, de qualquer modo; só vai servir para me enlouquecer de suspense e ansiedade. O que tiver de ser, será; aconteça o que acontecer, será feita a vontade da minha família. O melhor que posso fazer é aproveitar esse período ao máximo.

Zeide não inspeciona mais meu quarto, não como costumava fazer. Posso ler mais livremente, sem medo de ser descoberta. Hoje em dia vou à Barnes & Noble e compro edições de capa dura com meu dinheirinho suado. Os primeiros livros que comprei eram os que já havia lido na biblioteca, mas que traziam boas recordações. Guardo a edição recente de *Mulherzinhas* entre duas fronhas na última gaveta da minha cômoda, bem diferente do exemplar surrado que tinha há alguns anos. Quando era mais nova, eu adorava ler sobre as confusões aprontadas pelas irmãs, mas, agora, relendo o livro, sinto um aperto no coração ao ver os problemas de Jo pelo que realmente são. Ela é uma mulher que não se sente confortável em seu tempo — sua vida e seu destino lhe são antinaturais. Como sofrem essas personagens dos livros da minha infância. O absurdo das coisas é um fardo que carregam constantemente; a pressão do desejo da sociedade pela reforma de seu caráter é como a sensação sufocante de um vestido apertado demais do qual tentam se livrar. Decerto também serei suavizada e amansada pela sociedade, como parece acontecer com Jo. Se a leitura do livro guarda alguma esperança, é a de que todas elas de algum modo encontraram uma maneira de se ajustar confortavelmente, ainda que todas tenham de ceder um pouco em suas disputas. Talvez eu também consiga encontrar um lugar para mim nesse mundo do qual nunca senti fazer parte. Agora que virei adulta e mudei, como Jo, posso ser eu mesma e continuar sendo uma jovem respeitável. No fim, os ventos do amor e do casamento fizeram Jo se transformar na mulher que por tanto tempo resistiu se tornar. Talvez meu temperamento também venha a ser magicamente sossegado.

Na terça chego do trabalho às 16h15, e já está escurecendo, o céu rajado de nuvens cinza-arroxeadas, um halo rosa delineando o topo dos galhos desfolhados. Bobe me espera à porta e sinaliza para que eu entre em casa, seus movimentos transmitindo urgência, a voz agitada e trêmula.

— Onde estava esse tempo todo, mamaleh? É tarde, precisamos correr, schnell tome um banho, mamaleh, e arrume o cabelo bem bonito. Coloque seu conjunto azul-marinho.

Estou confusa. Esqueci que tínhamos uma ocasião especial nesta noite? O casamento de uma prima ou um bar mitzvá?

— *Nu, nu*, mamaleh, faz rápido, faz um chuveiro, vamos,

Quando a Bobe fica agitada, traduz de seu húngaro nativo, e as frases saem esquisitas.

Espero por uma explicação, mas ela não diz mais nada. Faço o que mandou. Quando saio do chuveiro em meu roupão azul de zíper, a toalha enrolada no cabelo úmido, o telefone toca, e Bobe aproxima os lábios do bocal e o cobre com a mão para que eu não escute. Após conversar aos murmúrios por alguns momentos, desliga e faz um ar de que não era nada, e eu finjo que acredito.

Quando estou me vestindo no quarto, ela bate e fala pela porta fechada:

— Devoireh, vamos sair para encontrar alguém às seis horas. Seque o cabelo com o secador e coloque o conjunto azul-marinho, com os brincos de pérola. Você tem maquiagem? Põe um pouquinho. Não demais, só um pouco de base, e um tiquinho de blush.

Ela sabe que tenho maquiagem, já me viu usando, embora eu tente torná-la quase imperceptível.

— Quem a gente vai encontrar? — pergunto, de dentro do quarto, abotoando apressada a camisa.

— Há um noivo em potencial, e você vai conhecer a mãe e a irmã do rapaz. Sua tia Chaya e o tio Tovyeh vão com você; em uma hora vão estar aqui.

Ela diz isso bem enquanto estou enfiando a camisa para dentro da saia, e então fico imóvel, a mão paralisada ao meu lado. Minha primeira "apresentação". Sei que esse é o primeiro passo do shiduch. Você é apresentada a sua potencial sogra, talvez a uma irmã também, depois o mesmo acontece com o rapaz. Então, se ambas as partes gostarem do que virem, os dois jovens são apresentados.

Querem se certificar de que sou bonita, de que não sou gorda nem horrivelmente baixa ou deformada. A apresentação é basicamente para isso. A essa altura do campeonato já obtiveram toda informação possível sobre mim. Agora querem ver como me visto, se sou respeitável. Sei como funciona; sei representar o papel. Quando termino de secar o cabelo, eu o reparto ao meio e enfio os dois lados atrás da orelha, um penteado aidel usado por toda boa menina. Passo um pouco de base no rosto, e minha pele adquire um tom alaranjado. É maquiagem barata de farmácia; não sei onde obter produtos de qualidade. Passo o blush nas bochechas com o pequeno pincel achatado que vem no estojo, produzindo uma faixa cor-de-rosa ao longo de minhas maçãs do rosto, que tenho de misturar furiosamente com os dedos para deixar mais natural. Mas, no fim, mal dá para dizer que estou usando maquiagem; meu rosto parece devidamente insípido, iluminado apenas pelo leve fulgor das pérolas em minhas orelhas.

A apresentação será feita no supermercado Landau's, cujas lâmpadas fluorescentes fazem meu rosto assumir uma palidez espectral, e ao entrar contorço as mãos em minhas luvas pretas de couro.

— Vamos conversar só alguns minutos. — Chaya tenta me tranquilizar. — Não precisa falar muita coisa, só querem ver qual é a sua aparência e ter uma ideia geral dos seus bons modos, depois vamos embora. Não queremos ficar tanto tempo no mercado ou que as pessoas percebam o que está acontecendo.

De todo modo, aposto que vão perceber. Estou uma pilha de nervos. Ainda bem que é terça-feira, e não o dia anterior ao Shabes, quando as lojas ficam lotadas de pessoas fazendo compras. Menos gente com que me preocupar. Patrulhamos os corredores por um tempo, mas não vejo ninguém, muito menos uma dupla de mãe e filha que possam ser as pessoas em questão. Um clarão brilha no corredor de congelados; as portas de vidro dos freezers guarnecidos de metal estão embaçadas de condensação, e não reconheço o meu próprio reflexo nelas, a garota de boca pálida, contraída, e olhar inexpressivo. O piso de vinil recém-encerado parece perigosamente escorregadio sob meus sapatos. Tiro um fiapo da frente do casaco, ajeito fios de cabelo fora do lugar, massageio as bochechas para ficarem mais coradas.

Minha futura sogra está à espera no corredor do papel higiênico. É uma mulher baixa e magra, de rosto enrugado e lábios tão finos que parecem ter sido riscados com um lápis em sua pele. Sinto um aperto no coração quando vejo que usa um shpitzel enrolado na cabeça, bem justo. O lenço é de um cetim cinza brilhante coberto de flores cor-de-rosa bordadas, entrelaçado cuidadosamente várias vezes na base de seu pescoço, e as pontas descem por suas costas. O adorno chega a ser duas vezes maior que sua cabeça e parece se equilibrar precariamente no topo de sua compleição diminuta. Sua filha — de pele escura e cabelo sem vida — é ainda mais baixa, com rosto quadrado e olhos miúdos, apertados. Seus dentes caninos se sobrepõem ao lábio, de modo que a ponta deles é visível até quando está de boca fechada. Ela me encara sem piscar. O que estará pensando?, me pergunto. Sou bonita o bastante para o irmão? *E quanto a você?*, penso. *Quem vai se casar com você, com uma aparência dessas?* Experimento uma ligeira sensação de triunfo com esse pensamento e lhe retribuo calmamente o olhar.

Chaya e a mulher do shpitzel trocam algumas palavras, mas não consigo escutar. Ocorre-me que, com uma irmã tão feia e uma mãe tão absolutamente sem graça, o que esperar de um jovem aparentado a essas pessoas? Posso não ser nenhuma beldade, mas para mim elas parecem umas caipiras. Não nasci para isso. Será que Chaya não me compreende nem um pouco?

Há um velho sedã a nossa espera diante do supermercado. Entro e deslizo até o fim do banco, virando o rosto para a fileira de armazéns à beira do East River e para as luzes da ponte de Williamsburg cintilando acima deles. Meu hálito embaça o vidro, e eu o limpo com a luva de couro. Chaya dá o endereço ao motorista e posso escutá-la alisando a saia, ajustando a frente da peruca. Ela sempre precisa estar perfeita, mesmo quando não há ninguém observando. Mesmo sem olhar para ela, sei que está sentada com as costas perfeitamente eretas, o queixo projetado, os músculos do pescoço trêmulos de tensão.

Ela se recusa a me contar o que estou tão curiosa para saber, e sou orgulhosa demais para perguntar. Chaya me ensinou a sentir vergonha de mostrar fraquezas. Emoções, para ela, são uma fraqueza. Não devo sentir nada; não devo me importar com o que acontece comigo. Só quando o táxi dobra a esquina da Penn Street é que ela murmura:

— Eu aviso se tiver novidades.

Não me dou o trabalho de responder. Quando chego, a Bobe já foi se deitar e o Zeide ainda está na sinagoga, estudando. Tiro a roupa devagar, colocando minhas coisas em cima do baú ao pé da cama. Fico ajoelhada ali por algum tempo, sentindo a aspereza do tapete cor-de-rosa nos joelhos, remexendo o lenço xadrez no topo da pilha de roupas, o lenço que Chaya comprou para combinar com meu casaco novo. Uma kallah maidel precisa ter roupas elegantes, explicou ela. É sinal de que você é um bom partido. Nunca fui paparicada com tanta coisa nova e bonita em toda minha vida. Tenho uma bolsa preta chique e sapatos de couro italiano, brincos de pérola e um colar de prata com um pingente que traz meu nome em hebraico. Durante toda minha infância e adolescência, sempre sonhei com as bijuterias que minhas amigas usavam, mas jamais ousei pedir nada e ninguém nunca se deu o trabalho de me perguntar nada. Nos últimos seis meses, no entanto, fui presenteada de repente com tudo que uma garota pode sonhar, e para quê? Para me tornar apresentável de uma hora para outra, suponho. Ou talvez para me aplacar. Se o motivo for esse, mal consigo me forçar a reconhecê-lo, pois no fundo sei que estou sendo induzida, como uma criança, a agarrar o doce que balançam na minha frente. Só sei que estou feliz por finalmente me ver rodeada por mimos e atenção. Acho que isso vai me distrair de tal forma que serei incapaz de pensar em qualquer outra coisa.

No dia seguinte, quando chego do trabalho, não tem ninguém em casa. As luzes estão apagadas, e a geladeira, uma miséria. Como pão com picles no jantar e me sinto inquieta demais para ler. Fico deitada na cama e me admiro com a rapidez com que essa hora chegou, como sempre pareceu tão distante e agora está aqui, e cada vez que respiro me aproximo mais e mais de um limiar, de um penhasco de onde sem dúvida despencarei. Adormeço cedo, sonhando com cavalos galopando por ravinas, as sombras fugazes do trânsito lá fora e o estrépito do trem acordando-me de tempos em tempos, como cascos ecoando na minha cabeça, indo e vindo.

Desperto sobressaltada com o rangido da porta de casa sendo aberta no andar de baixo. A porta bate depois que escuto os passos do Zeide e da Bobe, e ouço todas as fechaduras sendo trancadas, primeiro o ferrolho, depois a fechadura da maçaneta, em seguida a correntinha. Já passa da meia-noite. Escuto a Bobe falar, mas não dá para entender. Volto a pegar no sono antes que subam.

Na quinta de manhã, ninguém me diz nada, e sou orgulhosa demais para perguntar abertamente. Mas Chaya liga enquanto estou no trabalho para contar que terei uma b'show essa noite.

— Use seu melhor vestido — diz — e fique tranquila. Vai dar tudo certo. Conheci o rapaz ontem à noite, com a Bobe e o Zeide. Fomos até Monroe para encontrar com a família. Ele é um doce. Acha que a gente apresentaria você a qualquer um?

Quero perguntar sobre sua aparência, mas é claro que não falo nada. Saio cedo do trabalho e, voltando para casa, caminho com passadas elegantes, como uma kallah maidel, e me pergunto se alguém percebe. Se as pessoas soubessem que terei minha primeira b'show essa noite, pensariam diferente a meu respeito; elas me olhariam duas vezes, talvez me dessem algum conselho, cuspiriam para afastar o mau-olhado.

Lembro da mulher de shpitzel no mercado, e meu coração volta a ficar apertado. Tento imaginar qual deve ser a aparência do filho dessa mulher e, na minha cabeça, vejo uma pessoa corpulenta, de barba comprida, castanha, com contrastes avermelhados, talvez. Vejo narinas largas, olhos pequenos e próximos, o andar de pernas arqueadas. Uma pessoa paternal, mas como um jovem pode ser paternal? Mesmo assim, não consigo tirar a imagem da cabeça. Ela me acompanha no chuveiro, e me ensaboo com constrangimento, como se o homem barbado estivesse assistindo.

Tento fazer com que meu cabelo castanho e liso, na altura do ombro, fique com cachos. Percebo como meu rosto parece comum no espelho. Ter esse rosto é um verdadeiro castigo para mim, tão diferente por dentro, esse rosto branquelo e sem graça, de boca pequena e pálpebras pesadas, dominado por uma grande extensão de bochecha em cada lado. Será que ele vai conseguir perceber, quando me vir, a pessoa verdadeiramente maravilhosa que sou? Será que vai me querer? Estou determinada a fazer com que goste de mim.

Bobe chega do Aishel, vê que estou pronta e balança a cabeça em aprovação.

— Está tão *elegante* — diz, pronunciando a palavra em húngaro. — Que chinush laba.

A Bobe sempre fala húngaro quando fica emotiva. Chinush laba, ou panturrilhas esbeltas, são uma preciosidade na mulher, diz sempre. Ela pega uma gargantilha de ouro em sua cômoda e me dá.

— Usei no meu casamento. Sua Tante deu para mim, a de quem você herdou o nome. Devia usar hoje à noite.

Nunca tive uma joia de ouro de verdade. Fecho delicadamente a gargantilha em torno do pescoço e a ajeito de modo que o ponto onde faz um ângulo, no centro, fique posicionado onde seria o vão de minha clavícula, oculto com modéstia sob minha gola rulê de lã azul-clara.

O Zeide sobe para trocar de roupa, e a Bobe já separou para ele o seu melhor terno de gabardine, deixando sobre o sofá. Ele calça seus sapatos de Shabes recém-engraxados e põe seu shtreimel novo. Fico feliz por estar usando o chapéu novo essa noite. Só o vi usá-lo em casamentos. Deve achar que essa é uma ocasião importante, para estar tão atipicamente preocupado com a aparência.

Chaya e Tovyeh chegam às seis e meia, Chaya com sua melhor capa de Shabes, de pele, pontos vermelhos nas bochechas e sua peruca mais loira. Ela a ajeitou com spray em um penteado alto e rígido. Aliso meu cabelo, preocupada. Talvez devesse ter usado fixador.

— Está pronta? — pergunta ela, animada.

— Aonde a gente vai? Achei que a b'show ia ser aqui, na sala de jantar.

— Não, mamaleh, vamos para a casa da Chavie. Ela tem mais espaço. — Bobe se ajeita em seu casaco de pele de carneiro. — Estamos todos prontos.

A casa de tia Chavie fica só a cinco quadras da nossa, então não vamos no carro de Tovyeh. Que cena deve ser: nós cinco, lado a lado; ocupamos toda a largura da calçada. Puxo as mangas do meu casaco ao máximo e faço uma proteção para esquentar as mãos, os ombros encolhidos no frio de janeiro. Os outros caminham com muita disposição, e preciso acompanhar, tentando fazer meus passos soarem determinados, *tap, tap, tap*, mas em algum lugar da Marcy Avenue minha bravura me abandona e começo a tremer de frio, e posso ouvir os cliques baixos conforme meus saltos saem do ritmo.

Só falta uma quadra. E se já estiverem lá? E se meus joelhos falharem quando entrar na sala? Já estou vendo a casa de Chavie, as luzes acesas nas janelas da frente. Tenho certeza que minhas pernas estão tremendo, mas quando olho para baixo parecem perfeitamente sólidas. Admiro meus tornozelos esbeltos por um instante antes que o nervosismo reapareça mais uma vez.

Decido não olhar diretamente para ele, meu futuro chassan, mas já que não tenho como saber onde vai estar quando eu chegar, é melhor não erguer os olhos nem encarar ninguém, só ficar com o rosto voltado para o chão, aparentando recato.

A casa de Chavie é aconchegante, iluminada por um amarelo brilhante das luminárias nas paredes.

— Ainda não chegaram — diz ela da janela, usando a cortina de renda para ocultar o rosto dos transeuntes.

Mesmo assim, não há como ignorar a sombra que faz, sua silhueta visível através do tecido transparente. Fico com vontade de dizer que saia dali, porque não gostaria que passássemos essa impressão, de que estamos tão empolgadas que mal conseguimos parar quietos.

Sento na ponta do sofá de couro, ao lado de Chaya, aguardando. Não abri a boca desde que saímos de casa e sei que minhas palavras são desnecessárias, mas mesmo assim viro para minha tia e pergunto, baixinho, se ficará comigo por alguns minutos depois que chegarem, e não me deixará sozinha com ele logo de cara, porque ainda estou um pouco perdida e não ia aguentar ser afastada imediatamente. Minha voz falha um pouco e revela meu nervosismo.

Escutamos uma batida seca na porta, e Chavie, trêmula de empolgação, corre para abrir, alisando a parte de trás da peruca. Seus olhos castanhos brilham, seu sorriso é genuíno; o meu é nervoso e inseguro e desaparece quase por completo quando esqueço que devo sorrir.

Não consigo enxergar o corredor lá fora, mas escuto a movimentação ruidosa de um grupo, sussurros, e o som de sapatos raspando no capacho, antes que vozes encham a casa.

Reconheço primeiro a mulher do shpitzel, a que chamarei de shviger, sogra, e o homem que deve ser seu marido, igualmente baixo, com uma longa barba grisalha e olhos pequenos e severos sombreados por uma testa enrugada. Nenhum sinal da filha, percebo brevemente, com certa calma. Vejo um chapéu de feltro preto achatado que surge de relance entre o homem e sua esposa, a aba larga do plotchik ocultando o rosto que desejo ver sem ser óbvia demais.

Um plotchik, penso de repente, chocada. Não um chapéu alto de pelo de castor como o do meu tio, nem um krach-hit como o do Zeide, mas um plotchik! Como ninguém está olhando para isso? A questão dispara em pânico para o primeiro plano da minha mente, dominando-a por completo. O chapéu plotchik, um chapéu de veludo achatado e de aba muito discreta, é sinal de um aroiny, seguidor do filho mais velho do rabino, Aaron. Zeide jamais me casaria com um aroiny! Na nossa família, somos 100% zollies. Acreditamos que o terceiro filho do rabino, Zalman Leib, é o verdadeiro sucessor da dinastia Satmar. Eu devia ter desconfiado, considerando que essa família é da aldeia de Kiryas Joel, e quase todas as pessoas que vivem ali apoiam Aaron. Mas essa possibilidade nem passou pela minha cabeça. Ainda que o Zeide não deixe que política entre em casa e conversas sobre a disputa entre os dois filhos nunca tenham sido permitidas à mesa, sempre foi subentendido que Zeide não aprovava Aaron e seu extremismos. Agora vai me casar com um aroiny?

Fico totalmente perplexa, mas não posso dizer nada, não quando estão todos aqui, me observando. O menino está com os braços cruzados em seu rekel preto de cetim, cada mão agarrando o braço oposto, os ombros curvados, o rosto voltado para baixo, como um recatado rapaz de yeshivá deve fazer. Noto seus cachinhos loiros, cortados com esmero na altura do queixo e enrolados em anéis grossos, reluzentes. Eles balançam suavemente para a frente e para trás com seus movimentos.

Vejo a ponta de sua língua surgir hesitante e passar discretamente sobre um par de lábios rosados, para então recuar em um piscar de olhos, como se nunca tivesse estado ali. Consigo ver a penugem dourada cobrindo um maxilar ossudo, uma barba adolescente no rosto de um homem que sei ter 22 anos. É pouco provável que se barbeie, então deve ser naturalmente escassa. Sei que se chama Eli, o mesmo nome de todos os outros meninos da sua idade, o nome do primeiro e mais glorioso Rebe Satmar, hoje falecido, seu trono disputado por uma família dividida pela ambição e pela ganância.

A batalha chegou agora aos tribunais seculares, e Zeide diz que é uma shanda, um chilul HaShem, uma vergonha para Deus. (Sua voz se levanta quando fica nervoso, e ele bate os punhos na mesa, fazendo os pratos de porcelana estremecerem e os cálices vibrarem com a agitação.) Ele detesta ver roupa suja sendo lavada em público. Quando o caso estiver encerrado e houver um vencedor, diz, não restará mais nada sobre o que deliberar. A Satmar será um constrangimento geral. Pode ser que tenha razão, mas não me importa. Não me sinto Satmar. A comunidade não está no meu sangue, não é um marcador em meu DNA. Sem dúvida posso remover esse rótulo da minha identidade se assim decidir fazê-lo.

Gostaria de saber se Eli se sente um Satmar, como se isso corresse por suas veias e nunca pudesse ser apagado. Decido que vou perguntar quando estivermos a sós. Uma pergunta ousada, mas posso disfarçá-la com palavras inocentes. Preciso sondá-lo, ver se tem as próprias ideias sobre esse mundo em que vivemos ou se ele se limita a espelhar sem questionar as opiniões dos que o cercam. Posso não ter o menor controle na questão do meu próprio casamento, mas no mínimo gostaria de embarcar no arranjo munida do máximo possível de conhecimento e poder.

Todo mundo se espreme na pequena sala de jantar de Chavie, nos organizando de modo que fico diretamente diante de Eli, Chaya à minha direita e Bobe à esquerda, com Zeide sentado à cabeceira da mesa, meu futuro sogro, Shlomeh, à sua direita, junto da esposa, e Chavie pairando ao pé da mesa, tentando servir água gaseificada e Linzer torte para todos. A dura almofada forrada de veludo do assento me incomoda.

Zeide e meu futuro sogro discutem a dvar Torah, como é o costume, conversando calmamente sobre a seção semanal da Torá. Presenciando a troca entre os dois, sinto um inconfundível arrepio de orgulho ao ver como Zeide claramente tem o domínio espiritual nessa situação. Afinal, terá havido algum dia homem mais inteligente que meu avô? Até o Rebe Satmar afirmou que ele era um gênio talmúdico. Meu futuro sogro é um homem pequeno, tanto em estatura como em inteligência, percebo bem, observando seu rosto insípido, seus olhos pequeninos movendo-se de um lado para outro. Deveria se sentir honrado por conversar com meu avô. Não tenho dúvidas de que o Zeide teria preferido um arranjo com alguém de mais prestígio, mas, infelizmente, a despeito de minhas conquistas recentes, ainda não estou à altura de um partido melhor, devido às circunstâncias em que me encontro.

Após o fim do debate perfunctório, os adultos se levantam e seguem mansamente para a cozinha, deixando-me à mesa com Eli. Permaneço de cabeça baixa, mexendo nas franjas da toalha, passando os dedos obsessivamente pelo padrão do tecido. Quem deve começar a conversa é o rapaz, até aí eu sei. Se ele não tomar a iniciativa, devo apenas aguardar calada. Olho por um momento para a porta às suas costas, mantida entreaberta, para seguir as regras, e me pergunto se estão todos escutando. Sei que estão na sala ao lado.

Ele enfim quebra o silêncio, ajeitando-se na cadeira e arrumando o casaco.

— Então, minha irmã contou que você é professora.

Balanço a cabeça, confirmando.

— Que ótimo, que ótimo.

— E você? — pergunto, após receber esse mínimo incentivo. — Continua na yeshivá? Como é, com 22 anos? Tem outros da sua idade?

Tenho consciência de que entro em um terreno delicado ao mencionar sua idade. A maioria dos rapazes se casa com vinte anos, no máximo. Como Eli é mais velho e continua solteiro, seus irmãos mais novos são obrigados a esperar que fique noivo antes de também poderem arrumar alguém para casar, e qualquer um em sua posição se sentiria culpado por isso.

— Pelo jeito, tinha que esperar você crescer — responde, e me oferece um sorriso simpático.

Touché. Vou perguntar sobre o chapéu.

— Quer dizer que você e sua família são aroinies? Vejo que você usa um plotchik.

— Minha família é neutra — diz ele, após um momento de cautela, e torna a passar a língua nos lábios, como se limpar a boca cada vez que fala fosse uma realização espiritual, uma espécie de ritual de purificação.

Fico com a nítida impressão de que ensaiou cuidadosamente um roteiro, que dirá o que for preciso para me fazer acreditar no que quero acreditar. Sempre que faço uma pergunta, recebo respostas prudentes, insípidas. Ele gira as peyot brilhantes, douradas, com os dedos conforme fala, como se ainda estivesse na yeshivá, estudando.

— Quer um copo d'água? — pergunto, sem saber em que direção levar a conversa.

— Não, obrigado, não estou com sede.

Continuamos a conversar; eu faço a maior parte das perguntas, e ele responde. Ele me conta de suas viagens: seu pai o levou a vários lugares na Europa, para visitarem os túmulos de rabinos famosos. Eli e seus nove irmãos cruzaram a Europa acomodados no chão de uma van comercial, parando apenas para rezar junto a lápides.

— Você foi à Europa e só viu túmulos? — questiono, tentando manter o desdém longe do meu tom de voz. — Não viu mais nada?

— Eu tentei — diz ele. — Meu pai nunca deixava. Mas um dia quero voltar sozinho e ver de verdade como é.

Sinto uma afinidade imediata. Claro que foi problema de seu pai, um homem de cabeça fechada, obcecado com o espiritual, mas ignorante da verdadeira importância de todas as coisas. Se levasse os filhos à Europa, o Zeide jamais os impediria de ver as atrações. Sempre afirma que o mundo foi criado para que o admiremos em toda a sua glória. Talvez Eli e eu possamos voltar juntos à Europa; sempre quis conhecer o mundo. A ideia de que o casamento pode ser minha passagem para a liberdade é subitamente tentadora.

Seremos interrompidos a qualquer momento, mas antes quero fazer mais uma tentativa de ter uma conversa genuína com Eli. Inclino-me para a frente, com intimidade, minhas mãos ocultas sob a mesa, pousadas sobre os joelhos.

— Sabe, não sou uma menina como as outras. Quer dizer, sou normal, mas diferente.

— Já deu para perceber — diz ele, sorrindo ligeiramente.

— Bom, só achei que devia mencionar para você, entende. Como um aviso, talvez. Não sou fácil de lidar.

Eli relaxa de repente em sua cadeira, apoiando as mãos na mesa a sua frente. Percebo as veias ressaltadas dos dedos grossos e calejados, as linhas na palma das mãos abertas, grossas e vermelhas. São as mãos de um trabalhador, masculinas, porém graciosas.

— É nisso que sou bom, sabe — diz, olhando com seriedade para mim. — Sou o tipo de pessoa que consegue lidar com qualquer um. Isso não me preocupa. Você também não devia ficar preocupada.

— Como assim, consegue lidar com qualquer um?

— Bem, tenho amizade com algumas pessoas difíceis. Acho elas interessantes. Tornam as coisas divertidas. Já tem gente chata demais no mundo. Prefiro alguém que tenha personalidade.

Parece que ele está fazendo um teste para ser meu noivo, quando ambos sabemos que já está decidido, de um jeito ou de outro. Mas seu comportamento é quase uma tentativa de persuasão; é como se quisesse uma grande história de amor onde não há a menor chance de ela existir. Mesmo assim, fico aliviada com o que diz, pois sinto como se tivesse cumprido uma espécie de obrigação. Aconteça o que acontecer no futuro, não posso ser responsabilizada. Eu avisei. Falei que não sou fácil de lidar.

Quando Chaya abre a porta de correr da sala de jantar e olha para mim, querendo saber se já terminei, faço que sim com a cabeça. Percebo que sei apenas um pouco mais sobre ele do que há meia hora, mas pelo menos vi que é loiro e de olhos azuis, com um sorriso largo e sincero que revela todos os seus dentes. Nossos filhos certamente serão bonitos.

No corredor, Chaya olha para mim em busca de confirmação, aguardando que eu assinta, como de praxe, antes de nos juntarmos ao restante da família. Seus olhos brilham com expectativa, mas essa é a única parte de seu rosto que está diferente. O resto continua digno como sempre. No corredor estreito e escuro não tenho outra direção a seguir senão em frente, rumo à luz da cozinha e à celebração a minha espera. Não existe uma sala para ir se quiser negar; não há portas a escolher. Espera-se de mim um aceno e um sorriso, e é o que faço. Não é uma sensação tão impactante quanto achei que seria.

Na cozinha, a bebida já foi servida nos cálices de prata, dispostos diante dos homens para poderem brindar l'Chaim e anunciar o noivado. Chaya começa a telefonar para todos em nossa família, e eu ligo para algumas colegas de classe para lhes contar, e em pouco tempo a casa está lotada de pessoas me beijando e parabenizando, e a meu futuro marido.

Sou presenteada por minha shviger com um medonho bracelete de prata com padrão floral de que finjo gostar, e minhas amigas chegam segurando balões, as bochechas muito coradas do ar noturno gelado. Chaya tira fotos com sua câmera descartável.

Marcamos a data para agosto, dentro de sete meses. Não o verei mais do que uma ou duas vezes até o casamento, e o Zeide não aprova conversas ao telefone entre um chassan e uma kallah. Eu me despeço dele depois que todo mundo foi embora e tento gravar seu rosto na minha mente, pois é a única certeza que tenho a seu respeito. Mas a imagem desvanece rapidamente e, duas semanas depois, é como se nunca o tivesse conhecido.

A irmã mais nova do meu chassan, Shprintza, fica noiva uma semana depois de nós. Ela tem 21 anos, e o único motivo para não ter feito isso antes era o irmão mais velho que continuava solteiro. Não entendo como alguém pode desejar a garota que vi no mercado, com seu sorriso dentuço e olhar severo, voz rouca e jeito masculino. Acontece que vai se casar com o melhor amigo de seu irmão, e me parece que só pode estar fazendo isso para ficar o mais perto possível dele, já que não pode casar ela mesma com o irmão.

Os dois são muito próximos, a irmã me confidenciou na noite do noivado, após me puxar de lado para tirarmos algumas fotos juntas. Mais próximos do que qualquer irmão e irmã jamais foram. Afirmou isso com uma expressão dura no olhar que me fez pensar que era uma ameaça, como se dissesse: "Meu irmão nunca vai amar você tanto quanto me ama."

Mas é claro que vai. Sempre vai me colocar em primeiro lugar. Sou mais bonita que ela, mais animada e divertida, e quem nesse mundo preferiria ela a mim?

Eli e eu teremos um t'noyim na semana que vem, uma festa em que assinamos o contrato de noivado. Uma vez assinado o t'noyim, não há mais volta. O rabino diz que é melhor se divorciar do que romper um contrato de noivado. Na festa, receberei meu anel de diamante (espero que seja delicado, do jeito que gosto) e darei a Eli seu relógio de chassan. Vou à joalheria com tia Chaya para escolher e me decido por um Baume & Mercier de dois mil dólares com mostrador achatado de ouro e uma linda pulseira de ouro. Chaya preenche sem a menor hesitação o cheque em branco que o Zeide lhe entregou. Nunca vi alguém gastar uma quantia dessas e mal consigo acreditar. De uma hora para outra, dinheiro não é problema. Há fundos ilimitados à disposição para qualquer coisa relacionada a meu noivado. Na loja de roupas, Chaya escolhe para mim um opulento vestido de veludo bronze com acabamentos em cetim cobre, e pede à costureira que ajuste de modo a ficar perfeito em mim. (Chaya diz que um bom caimento é o melhor amigo da mulher.) Tia Rachel vem cortar meu cabelo e deixa minha nuca visível acima da gola alta do vestido. Diz que voltará a crescer a tempo para o casamento.

Na manhã da festa, acordo com conjuntivite. Não tem jeito; por mais base que eu ponha em torno do olho, a inflamação deixa meu rosto deformado. Corro desesperada até a clínica na Heyward Street para conseguir um colírio, mas a conjuntivite continua visível à noite. Tenho de respirar fundo e fingir que não é nada. Embora sorria a caminho da festa, estou atordoada. Mal posso enxergar e sinto a testa latejar de leve. Só me resta rezar para que ninguém perceba. Nada poderia ser pior do que Chaya me censurar por parecer infeliz em minha própria festa de noivado.

O fotógrafo profissional que contratamos chega cedo para tirar fotos minhas com Eli em que posamos a um metro de distância um do outro, com um vaso de flores tropicais escuras e sem graça colocado entre nós. Minha futura sogra encomendou o buquê para a ocasião. Já dá para saber que detesto o seu estilo. Queria um desses arranjos etéreos, em estilo japonês, como os que as floristas locais têm feito ultimamente, cheios de orquídeas e hidrângeas. Em vez disso, sou obrigada a respirar esse cheiro penetrante de eucalipto. Não me parece muito propício para um casamento.

O fotógrafo nos faz tentar várias poses, e tomo o cuidado de sempre virar o olho bom para a câmera. Ele nos leva à mesa das sobremesas, instruindo-me a pegar um *petit four* da bandeja e fingir que o dou de comer para Eli. Às suas costas posso ver a expressão chocada da mãe dele. Sua boca franze de desaprovação com nosso comportamento inapropriado. Aposto que está feliz por nenhum convidado ter chegado ainda para poder ver o que está acontecendo.

Através da bruma criada pelo colírio, acho que gosto dele; ao menos, gosto de seu sorriso, seus olhos azuis brilhantes, a leveza em seus ombros, suas mãos másculas, seus movimentos cuidadosos. Gosto do que vejo. Pergunto-me se também gosta do que vê.

Quando as pessoas começam a encher o salão, que é basicamente o refeitório de uma escola para meninos decorado com alguns enfeites de parede estratégicos e toalhas de mesa de renda, meu chassan e seu pai se afastam para a seção dos homens, desaparecendo atrás da divisória metálica que separa os dois sexos. Espero que o fotógrafo tire muitas fotos dos homens naquele lado, assim mais tarde posso ver o que acontece por lá, enquanto todas as garotas da minha escola aparecem para me desejar mazel tov, o tradicional voto de felicitações para os noivos.

Nos reunimos no final da divisória para assinar o contrato de noivado — com todas as suas condições esmiuçadas em hebraico antigo, de modo que mal as compreendo —, e de lá posso ver a seção dos homens. Zeide quebra o prato t'noyim, comprado especialmente para a ocasião, um elegante prato de porcelana com padrão de rosas na borda. O prato se estilhaça no chão, um símbolo de compromisso, e Bobe recolhe os cacos para jogar fora. Algumas garotas os usam para fazer um anel; você pode pedir a um joalheiro que lapide o pedaço florido e o incruste em um anel de ouro comum. Ou transformar em um pingente. Acho que não farei nada disso.

Minha sogra então me dá o anel de diamante, e todos se aproximam para ver. Fico feliz por ser algo simples, embora o anel seja grosso demais e o diamante, pequeno e comum. Sei que meu chassan vai gostar do relógio, porque ao menos fui eu que escolhi, e meu gosto é excelente, Bobe sempre diz.

O ouro combina com seu pulso bronzeado, coberto de pelos loiros. Percebo que minhas amigas acham que consegui um batampte, um bom partido. Estou muito orgulhosa de ao menos meu futuro marido ser bonito. Olho para ele e penso: *Que coisa mais linda de se ter, algo belo de se adquirir, para exibir pelo resto da vida como um troféu.* Adoro como a gola de sua camisa branca parece engomada contra seu pescoço dourado.

Mindy e eu passamos os momentos de folga após a escola vendo fotos da festa de noivado em nosso cantinho de costume, na Lee Avenue Pizza, tomando café com sorvete, que se dissolve em um creme denso conforme nos apressamos a bebericá-lo no instante perfeito antes que derreta por completo. Mindy me conta que sugeriram uma candidata para seu irmão, finalmente, e está confiante de que em breve virá o noivado. Ela vai estar livre para ser apresentada a alguém assim que ele tiver uma noiva.

Parte dela fica triste, com medo de me perder para essa lua de mel do primeiro ano de casamento, que afirma ter ocorrido com todas as suas amigas. Outra parte, confessa com sinceridade, está um pouco enciumada do que considera minha independência iminente. Em breve, digo, você também vai se casar. É uma questão de tempo.

— Quem acha que seus pais vão arranjar para você? — pergunto, mas o que quero mesmo dizer é: "Você terá de usar um shpitzel, como sua mãe, ou vai se rebelar um pouco e lutar para ficar com alguém que a deixe usar peruca e ir à biblioteca?"

Para Mindy, o casamento pode não necessariamente trazer a tão sonhada independência.

Ela nunca mencionou nada, mas me pergunto se tem inveja por eu estar prestes a ganhar minha liberdade e independência aos dezessete anos. Mindy é mais velha, e, mesmo que realmente se case logo, nada garante que sua vida mudará em algum aspecto. Estou contente por não ter de me casar com alguém extremamente religioso ou controlador. Deixar o controle rígido da minha família para terminar em uma situação ainda mais restritiva é algo que não consigo nem conceber.

— Acha que terá escolha? — indago, imaginando se Mindy pode pedir ao pai para arranjar um rapaz que seja mais disposto a compreender sua natureza. — Talvez alguém em sua família possa intervir e ajudar?

— Não sei — responde ela, pensativa, passando os dedos pelo cabelo preto, reluzente, e deixando-o cair novamente sobre a testa alta e quadrada. — Ainda não quero pensar sobre isso, não enquanto não for preciso.

Balanço a cabeça de forma compreensiva, mexendo, distraída, a mistura morna do café com a colherinha de plástico, observando os funcionários mexicanos na cozinha socarem a massa de pizza no balcão. A maioria das meninas que conheço que se casaram continua a levar a mesma vida de antes. Passam o dia entre idas e vindas da casa dos pais para seu novo apartamento, ocupadas com os deveres de filha e esposa. Mas talvez não queiram outra vida; talvez fosse isso que sempre desejaram. Só que, para garotas como Mindy e eu, essa vida nunca vai ser o suficiente. Principalmente para Mindy. Ela nunca vai sossegar e virar uma simples dona de casa.

Mindy meneia a cabeça com força, como que para expulsar pensamentos desagradáveis, e um sorriso familiar, travesso, se abre em seu rosto, produzindo vincos em seus olhos.

— Promete que vai me contar tudo que aprender nas aulas de kallah?

— Claro. — Solto uma risadinha. — A primeira é no domingo. Eu ligo para você depois.

O que eu previa aconteceu. O casamento de Mindy foi arranjado apenas um ano depois, e, como todas as irmãs, ela se casou com um sujeito profundamente religioso. Ele desaprovava livros seculares, e era mais difícil escondê-los dele do que fora esconder de sua família. Ela deixou os livros de lado e se ocupou de ter filhos. Da última vez que a vi, antes de nos afastarmos, já tinha três e estava grávida do quarto. Ela sorriu para mim da porta de sua casa, equilibrando uma criança no quadril. "É a vontade de Deus", disse, assentindo, encabulada. Virei e desci os degraus do prédio em que ela morava com uma sensação de náusea. Aquela mulher à porta não era a Mindy que eu conheci. A mulher que conheci teria feito prevalecer sua independência. Não teria desistido e acatado seu destino.

Essa expressão, "a vontade de Deus", me tirou do sério. Não existem vontades além das nossas. Não foi Deus quem quis que Mindy tivesse filhos. Ela não percebia isso? Seu destino estava sendo decidido pelas pessoas a seu redor, não por uma intervenção divina. Não havia nada a ser dito. Seu marido já decidira que eu era má influência. Eu não tornaria sua vida mais fácil ao ficar insistindo em vê-la. Mas sempre me lembraria dela.

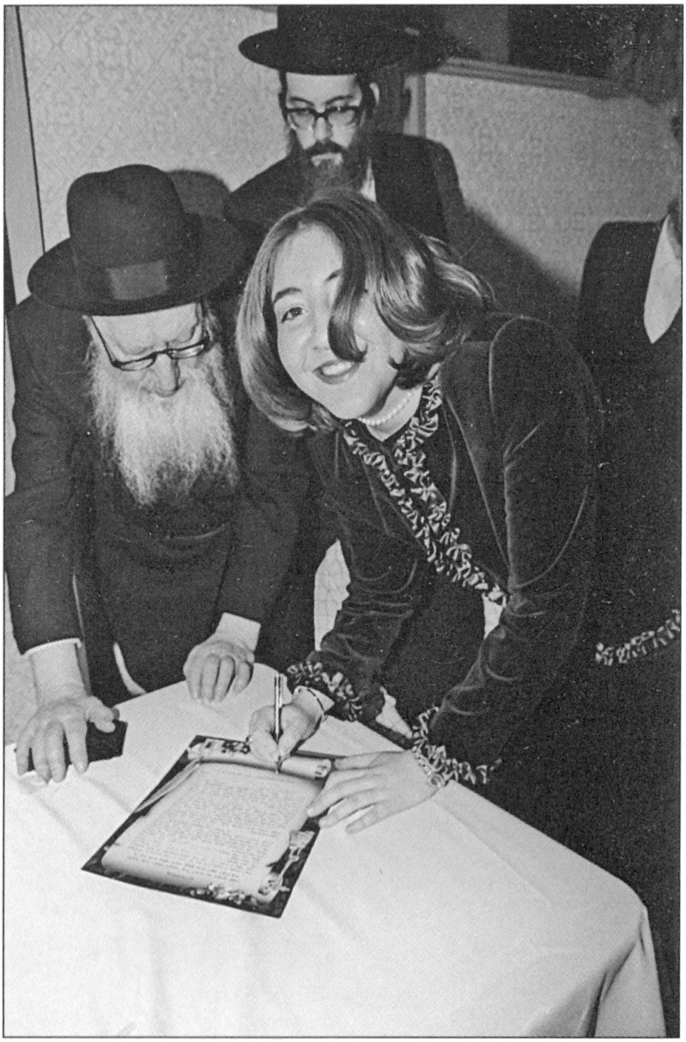

6

Pelo que não vale a pena lutar

"Não quero lutar por coisa alguma. Quero apenas ser e fazer, sem ninguém precisando me dar permissão."
The Romance Reader, Pearl Abraham

Nidá, diz a professora, se traduz literalmente como "relegada", mas não significa isso de fato, apressa-se a me assegurar. É apenas a palavra usada para se referir ao "tempo" da mulher, as duas semanas do mês em que, segundo a lei judaica, ela é considerada impura. É o que estudo agora no meu curso de noiva, as leis de nidá.

Pedi que traduzisse o termo para mim. Primeiro, ela relutou em responder, mas depois insisti e, conforme me explicava rapidamente os benefícios proporcionados pelas leis de nidá para o casamento, senti o sangue subir à cabeça. Ser *relegada*, mesmo que por conta de impurezas, é humilhante. Não sou suja.

Ela diz que na época do Templo as mulheres não tinham permissão de entrar devido ao perigo de menstruarem e, desse modo, conspurcar o lugar inteiro. Nunca se sabe quando a menstruação vai chegar. As mulheres, diz minha professora de kallah, têm ciclos muito imprevisíveis. Por isso é tão importante, afirma, a pessoa se examinar na hora que sentir que sua menstruação desceu.

A mulher se torna nidá, ou "relegada", assim que a primeira gota de sangue deixa seu útero. Quando está nidá, seu marido não pode tocá-la, nem mesmo para lhe oferecer um prato de comida. Ele não pode ver parte alguma de seu corpo. Não pode ouvi-la cantar. A mulher fica proibida para ele.

Essas foram algumas das coisas que aprendi no curso de noiva. Sempre que deixo o prédio do conjunto habitacional cor de barro onde vive minha professora de kallah, sou levada a dividir as mulheres que vejo na rua em duas categorias — as que sabem e as que não sabem disso tudo. Estou no meio-termo, começando a aprender como realmente funciona o mundo onde vivo, mas ainda no escuro sobre muitas coisas. Não consigo evitar um olhar acusador à esposa devota que empurra um carrinho de bebê duplo pela Lee Avenue. "Você não se importa?", tenho vontade de perguntar. "Simplesmente aceita que é suja por ser mulher?" Sinto-me traída por todas as mulheres em minha vida.

Não imaginava que as coisas fossem tão complicadas. Casamento deveria ser algo simples, a chance de eu finalmente construir um lar próprio. Eu ia ser a melhor dona de casa, a melhor cozinheira, a melhor esposa.

Quando cessa a menstruação, diz minha professora de kallah, a mulher deve contar sete dias limpos, realizando inspeções duas vezes ao dia com panos de algodão para ter certeza de que não há sinal de sangue. Após sete dias "brancos" consecutivos, ela imerge na mikvá, o banho ritual, e volta a ser pura. Pelo menos segundo a professora de kallah. Não consigo imaginar minhas primas casadas fazendo isso.

Uma vez purificada, em geral por duas semanas no mês tudo está como deve ser. Há muito poucas regras quando a mulher está "limpa". É por isso, afirma a professora de kallah, que o casamento judaico dura mais que todos os outros. Dessa forma, sempre ocorre uma renovação dos laços entre marido e mulher, assegura ela. Nunca fica entediante. (Ela quer dizer que nunca fica entediante para o homem? Eu não deveria perguntar uma coisa dessas.)

Os homens só querem o que não podem ter, explica ela. Eles precisam do padrão recorrente de negação e liberação. Não sei se gosto de pensar em mim desse jeito, como um objeto periodicamente disponível para o prazer masculino.

— Quer casar ou não quer? — pergunta ela, irritada, quando expresso minha preocupação.

Isso me deixa desconfortável, pois o que posso responder? Se disser outra coisa além de sim, será um escarcéu. Todo mundo vai saber.

— Claro. Claro que quero casar. Só não sei se consigo me lembrar de todas essas regras.

Ela me mostra os panos brancos usados para a inspeção. Quadrados de algodão com arremate em padrão de zigue-zague denteado, com uma pequena tira de tecido em um dos cantos.

— Para que serve isso? — pergunto.

— É só para puxar se ficar preso — diz ela.

Os paninhos repousam sobre a toalha de mesa encardida, de plástico, tremulando ligeiramente toda vez que um pouco da brisa de verão adentra pela janela da cozinha.

Você tem de se checar duas vezes ao dia, uma de manhã, ao acordar, e outra antes do shkiyah, o pôr do sol. Se esquecer uma delas, deve ligar para um rabino e perguntar se tem problema ou se é preciso começar do início. Caso se inspecione e não encontre sangue, mas o pano sair manchado, é preciso levá-lo ao rabino para ele dizer se a mancha é kosher ou não. Se sua roupa de baixo estiver suja, é preciso mostrá-la também. Ou pode pedir a seu marido que leve.

No fim, quando a mulher tiver catorze panos limpos para provar a sua dedicação, pode ir à mikvá e ficar inteiramente limpa, pura e fresca para o marido. Toda vez que chegar em casa da mikvá, é como se fosse uma noiva outra vez. O rosto de minha professora de kallah se ilumina em um sorriso largo quando diz isso, os olhos arregalados em uma animação exagerada.

Passei inúmeras vezes diante da mikvá sem ter ideia do que era. O lugar fica em um discreto prédio de tijolos ocupando a maior parte da Williamsburg Street, com vista para a via expressa Brooklyn-Queens. À noite os homens sabem que devem evitar essa rua, mas, como não fica no caminho para nada, ela é tranquila também durante o dia. As mulheres frequentam a mikvá apenas quando está escuro, protegidas pelas sombras, para não chamar a atenção, como vim a saber. Na mikvá há algumas atendentes, todas mulheres mais velhas, já tendo passado pela menopausa. Segundo a lei é necessário ter alguém para atestar que você está ritualmente pura.

Como noiva, irei à mikvá pela primeira vez cinco dias antes do casamento. Já estou com uma receita de pílulas anticoncepcionais para controlar meu ciclo, a fim de não correr o risco de menstruar antes do casamento. Se isso acontece, diz a professora de kallah, você se torna impura, e o casamento não é consumado. Seria um desastre, afirma; uma garota que não está limpa no dia do casamento não pode dar as mãos ao chassan após a cerimônia, e assim todo mundo no bairro vai saber que ela não está limpa. É uma vergonha para toda a vida. E você também não pode dormir no mesmo apartamento, precisa ter uma shomer, uma guardiã, durante todo o tempo em que estiver impura, até passar pelo ritual de purificação.

Não me sinto à vontade com a ideia de tirar a roupa na frente de outra mulher, a atendente da mikvá, uma estranha. Falo isso para minha professora. Ela me assegura que durante o processo de inspeção posso ficar de roupão e que, quando se mergulha no banho, a mulher só olha quando já se está dentro da água, e segura seu roupão na frente como uma cortina quando você sobe os degraus.

Mesmo assim, passei a vida com a ideia de que nem os móveis da casa deveriam ver meu corpo nu. Nunca me dei o trabalho de limpar o espelho embaçado no banheiro. Nunca nem sequer me examinei ali embaixo. Isso não está certo.

A pílula, prescrita por uma parteira local, me faz acordar no meio da noite agarrando minha barriga, o enjoo vindo em ondas. Tento comer uma torrada e bolachas de água e sal, e vomito um pequeno bolo empapado de migalhas integrais. A parteira diz que melhora com o tempo, e que posso parar assim que estiver casada.

Passo todas as manhãs nas semanas que antecedem meu casamento lutando contra o enjoo incessante para que consiga reunir forças e possa fazer as compras do enxoval.

Bobe e Zeide estão velhos e cansados demais para planejar o casamento, então Chaya toma as rédeas disso. Artigos de cama, mesa e banho são comprados na Brach's, na Division Avenue, e as louças e os utensílios de cozinha na Wilhelm's, ali perto. Escolho uma linda toalha de mesa Villeroy & Boch para colocar na minimesa de fórmica que compramos, feita sob medida para caber na cozinha minúscula do apartamento que alugamos. Vou morar no quinto andar de um prédio gigante na Wallabout Street, onde costumava ser a área comercial de Williamsburg. O bairro está repleto de armazéns dilapidados e lofts abandonados; trailers enormes ainda passam grunhindo pelas ruas a qualquer hora do dia ou da noite.

O apartamento tem 55 metros quadrados, com uma cozinha embutida, sala de estar/jantar e um quarto de casal minúsculo. Compramos duas camas de solteiro porque duas de viúva não caberiam, e mesmo assim Shaindy quer que eu tenha camas mais largas. Ela diz que é mais fácil para cuidar dos bebês. A Regal Furniture, em Borough Park, faz os colchões sob medida. Na sala há uma pequena varanda voltada para a Lee Avenue, e dela vejo a longa fileira de varandas de ambos os lados projetando-se de apartamentos idênticos, todos ocupados por jovens recém-casados. Um rapaz fuma à minha esquerda, as franjas de seu tsitsit pendendo da calça preta, a camisa branca para fora, manchada de amarelo. Cinzas chuviscam em sua barba. Ele percebe que estou encarando, apaga rapidamente o cigarro e volta para dentro.

Tem dias que vou ao apartamento sob o pretexto de organizar os armários e deixar a casa pronta, mas sento na sala e coloco Hilary Duff para tocar no aparelho de som, com o volume baixo para os vizinhos não escutarem a música gentia. Passo os dedos pelo assoalho de madeira e penso em como será viver aqui o tempo todo e não precisar voltar para a casa da Penn Street.

Agora trago meus livros para cá e os escondo no armário do banheiro. A Bobe quer saber o que tanto faço no apartamento novo quando a maior parte da mobília ainda não chegou. Fico lendo sentada no assoalho vazio, e dessa vez é um livro perverso, um livro que não gostaria de ser pega em casa lendo. Mindy me falou dele; ela me emprestou depois que terminou. Chama-se *The Romance Reader*. É sobre uma jovem judia religiosa assim como nós, que deseja ler livros e usar maiô. Mas, melhor ainda, a autora também era uma garota ortodoxa, e perdeu seu derech, como dizem, se desencaminhou. Virou secular. Mindy conta que conhece a mãe da autora, que ela tem uma lojinha de bordados no centro da cidade. Usa lenço na cabeça e tudo o mais. Dizem que não fala mais com a filha.

Embora o livro esteja na categoria ficção, eu o leio como se fosse uma incrível obra de jornalismo, pois as histórias ali contadas são tão atuais e reais que poderiam estar acontecendo comigo, e sei que a autora deve no mínimo ter baseado o livro em suas experiências pessoais. Como eu, a heroína entra em um casamento arranjado. Ela fica horrorizada ao descobrir que seu novo marido é fraco da cabeça e sem força de vontade. No fim, divorcia-se dele, mas precisa voltar para a casa dos pais. Em meu mundo, esse é o fracasso supremo. Por que ela voltaria ao lugar do qual tentava escapar, antes de mais nada? Ela pensou que o casamento lhe traria independência; depois achou que na verdade seria o divórcio que a libertaria. Mas talvez nunca tenha havido um caminho para a liberdade, não para ela, não para alguém com a nossa vida.

Afasto meu descontentamento. Meu futuro marido não se mostrará fraco da cabeça ou sem força de vontade. Será corajoso e forte, e faremos juntos tudo que sempre nos disseram para não fazer. Vamos deixar toda a loucura para trás.

Além das aulas de kallah, Chaya me inscreveu também nas de hashkafá. Estas também são um preparativo para o casamento, mas não lidam exatamente com os aspectos burocráticos. Na verdade, é uma forma de preparação emocional para estar em um relacionamento bem-sucedido. São sessões em grupo, frequentadas por mais de uma dúzia de futuras noivas, e, antes de começar, as garotas se amontoam em bandos risonhos nos sofás, comparando joias e contando detalhes de idas às compras.

As aulas são ministradas por uma rebetsin, a esposa de um rabino. Ela nos instrui a sentar ao redor da grande mesa de carvalho em sua sala de jantar, conforme se posiciona diante do quadro-branco montado às pressas na frente. O encontro consiste em esboçar diferentes cenários para que pensemos em como resolver vários desafios apresentados à felicidade conjugal. Palpites corretos são recompensados com um olhar de aprovação. À medida que reitera diferentes versões do que parece ser o mesmo problema, porém, fica claro para mim que a resposta é sempre a mesma. Ela chama isso de chegar a um acordo, mas parece o mesmo que submissão.

Os personagens de seus cenários são sempre muito formais, e acho difícil acreditar que existam casais por aí que realmente interajam entre si dessa forma, agindo como estranhos. Certamente, mesmo entre pessoas com dificuldade de superar a timidez, a sensação de novidade não pode durar para sempre, pode? Acho difícil acreditar que a rebetsin e seu marido, após todos esses anos, ainda tratam um ao outro como aparelhos que precisam de um manual de instruções. As garotas ao redor da mesa parecem aceitar suas orientações sem questionar. Fico com vontade de sacudir uma por uma para ver se saem desse estado automatizado. Será que não percebem, quero gritar, como estão cegas, com essas joias e esse enxoval novo? Não estão enxergando a parte importante! No fim, só lhes restarão armários entulhados de coisas novas e um marido que vem com controle remoto!

Sinto que me encontro numa posição superior a tudo aquilo. Sem dúvida não conversarei com meu marido desse modo frio e respeitoso aconselhado pela professora. Eli e eu nos trataremos como seres humanos. Não pisaremos em ovos. Do modo como falam, parece que os sexos são espécies diferentes, fadados a nunca compreenderem um ao outro. Mas, na verdade, as únicas diferenças entre homens e mulheres em nossa comunidade são as que nos foram impostas. No fim das contas, somos iguais.

Chaya sempre me pergunta sobre meu progresso. De uma hora para outra se interessa até pelas menores questões da minha vida, ligando constantemente para a casa da Bobe e pedindo para falar comigo. Escolheu a dedo essas duas professoras para mim, comenta; sabia que cairiam como uma luva. Meus lábios se curvam sarcasticamente ao ouvir isso, mas procuro sempre responder apenas com um murmúrio afirmativo. Como uma luva? Por que uma mulher velha e decrépita cairia como uma luva, quando ela poderia ter escolhido uma pessoa mais jovem, animada e realista? Não canso de me surpreender com a maneira como Chaya sabe tão pouco a meu respeito, após todos esses anos controlando minha vida.

Em todas as ocasiões especiais e feriados, recebo um presente da família do meu futuro marido. Sempre em um lindo embrulho e acompanhado de bombons e flores. Primeiro foi um colar de pérolas grandes e brilhantes disposto em um pequeno arranjo de frutas de cera para Tu Bishvat, o ano-novo das árvores. Antes eu já enviara para meu futuro marido um estojo de prata ornamentado para o etrog, que ele levaria consigo para a sinagoga em futuros feriados de Sucot. Eu o coloquei em uma caixa de madeira que pintei de dourado com spray e enchi de folhas de samambaia e limões, além de algumas pequenas lembranças para suas irmãs e seus irmãos. A troca de presentes é uma tradição antiga, e todo noivado é marcado pela agitação desse costume, conforme noivas e sogras competem entre si para ver quem consegue dar os melhores presentes, com as apresentações mais elaboradas.

Em Purim, envio para minha sogra uma bandeja de prata com vinte tacinhas plásticas de chocolate dispostas em fileiras, além de uma garrafa de vinho fino e dois cálices de cristal com chocolate ao leite e mousse de chocolate branco em camadas. Uma de minhas primas vai levar o presente de carro até Kiryas Joel, firmemente preso entre o banco da frente e o de trás, para não virar. Também envio a meu futuro marido uma meguilá, a escritura lida em voz alta por duas vezes no feriado, com o antigo relato da história da rainha Ester. Zeide pagou 1.600 dólares ao escriba por ela, e o pergaminho foi enrolado e colocado em um luxuoso tubo de couro feito especialmente para documentos como esse. Coloquei o canudo em um balde de gelo com uma garrafa de champanhe e cristais de açúcar parecendo gelo. Fico feliz por conseguir enviar bons presentes para meu noivo; sei que os rapazes comparam as meguilás e os estojos de etrog que ganham, levando-os à sinagoga para mostrar, e fico contente em saber que Eli poderá se orgulhar do modo como tem sido coberto de presentes valiosos. O Zeide é muito generoso com seu futuro genro. Nunca o vi gastar com tanta alegria. É como se tivesse economizado cada centavo para essa ocasião.

O Zeide diz que posso ligar para meu chassan em Purim e lhe desejar um feliz feriado. Ele me deixa usar o telefone da cozinha, com o fio curto, e sei que tenho apenas alguns minutos para conversar amenidades, mas ainda assim fico empolgada em ouvir a voz de Eli. Sua irmã me mandou uma foto dele de algumas semanas atrás, em que está sentado ao lado de um presente que lhe enviei, com um belo sorriso, e não consegui parar de olhar para seu braço bronzeado e sua clavícula na foto. Às vezes tento imaginar como deve ser sob a camisa branca folgada, mas sou incapaz. Não consigo nem lembrar de como é a sua voz, então fico animada em ouvi-la outra vez. Tentarei memorizá-la, para que possa escutá-la sem parar em minha mente durante o feriado.

O Zeide fala primeiro com meus sogros para transmitir suas saudações, depois me passa o telefone para eu falar com minha sogra.

— Recebemos seu lindo presente — diz ela, muito formal. — Adoramos o arranjo.

O meu está a caminho, mas não vou perguntar a respeito. Será que vai ser um relógio de pulso ou um broche?

Ela me pede que espere enquanto chama Eli ao telefone.

— *A guten Purim* — diz ele, com animação na voz, e posso perceber seu sorriso travesso pelo aparelho.

Purim é seu feriado favorito, conta-me ele. As fantasias, a música, as bebidas — tem como não gostar? É o único dia em que todo mundo pode se soltar.

— Chegou o presente que eu enviei? — pergunto. — Gostou do vinho que eu mandei? Escolhi especialmente para você.

— Sim, chegou, obrigado, é lindo. Só que meu pai pegou o vinho; ele não me deixou beber. Diz que para ele não é kosher o suficiente. Você sabe como é meu pai, só compra vinho com o selo rabínico Satmar. Nada além disso é bom o bastante para ele.

Fico chocada. Meu avô estava comigo quando compramos o vinho. Zeide é um homem santo, muito mais do que o pai de Eli. Como meu futuro sogro se atreve a sugerir que o Zeide possa ser menos seguidor das regras que ele?! Fico irritada.

Eli quebra o silêncio desconfortável.

— Também mandei um presente para você — diz. — Daqui a pouco estará chegando aí. Ajudei a montar, mas foram minhas irmãs que fizeram praticamente tudo. Mesmo assim, espero que goste.

Finjo uma indiferença fria. Não é correto demonstrar empolgação demais com presentes. A um sinal impaciente do Zeide, começo a me despedir e percebo de repente que todos a minha volta estão escutando.

— Feliz Purim, Eli — digo, pronunciando descuidadamente as sílabas suaves de seu nome antes de perceber que é a primeira vez que falo seu nome para ele.

De repente, parece estranhamente íntimo, mas, antes que eu possa dizer mais alguma coisa, o som do clique na outra ponta da linha dissipa abruptamente a sensação.

Meu presente de Purim chega no fim da tarde, uma entrega especial vinda de Kiryas Joel. Deve ter demorado por causa do trânsito. Todo mundo sabe que é impossível entrar em Williamsburg em Purim. As ruas ficam tomadas por caminhões de som e foliões bêbados. O entregador mal consegue subir a escada com seu pacote imenso, embrulhado e amarrado com um exuberante barbante de ráfia roxo. É um bolo gigante em forma de violino, com cordas de fondant e até mesmo um arco apoiado, e com chocolates em forma de notas musicais por toda parte. "Que seu futuro seja tão doce quanto a melodia do violinista", diz o cartão. Quero ver o que tem na caixa de veludo preta inocentemente pousada no meio do instrumento. Eu a puxo com cuidado sob as cordas comestíveis e a abro para encontrar um pesado relógio de ouro, os elos grossos cintilando sob a luz, os diamantes aglomerados ao redor do mostrador como um halo. Todos se juntam a minha volta para ver. Eu o experimento, e ele desliza pesadamente até o fim do meu pulso magro.

— Vai ter que mandar regular — diz Bobe.

A pulseira é muito mais larga do que o necessário. Baixo os olhos para a joia exótica em meu braço. Nunca tive um relógio que custasse mais de dez dólares. Esse é pura ostentação; o mostrador tem mais de um centímetro de largura e reluz com pedras incrustadas em vários padrões, enquanto a pulseira é formada por um intrincado padrão de elos de ouro que saem desajeitadamente do lugar a cada movimento que faço. Na minha opinião, joias deveriam ser delicadas e femininas; deveriam chamar a atenção para a pessoa que as usa, não para si como um objeto. Esse relógio é como um ser separado, não um adorno.

Mesmo assim exibo com orgulho o pulso para todas as minhas primas e tias, que entre *oohs* e *aahs* tentam adivinhar quanto custou. Penso também em verificar se há alguma inscrição embaixo, mas não encontro nada ali. Quando comprei o relógio de Eli, mandei gravar seu nome. Assim ninguém mais poderá usá-lo. Mas faz sentido que esse relógio não tenha meu nome gravado. Não foi feito para mim, não como o relógio de Eli, escolhido a dedo para sua personalidade, do jeito que gosto. Esse relógio é para uma garota que não existe, a garota que minha sogra acha que irá acolher em sua família. A garota que todo mundo quer, insossa como mingau sob suas pesadas joias, que acumula pérolas e braceletes para ter algum encanto, pois sem eles é tão banal quanto uma pedra.

Não preciso desse relógio nem dessas pérolas. Por ora, gosto de tê-los, mas sei que não terei problema em abrir mão deles um dia. Se tivessem sido escolhidos para mim, teria sido diferente. Teria sido mais difícil me separar de algo que tivesse sido escolhido com cuidado para complementar meu estilo. Mas esses presentes foram comprados sem a menor preocupação quanto a quem eu era ou do que poderia gostar. E quando por fim me desfizesse deles, anos mais tarde, sentiria alívio. Minha vida ficaria mais leve à medida que removesse cada elo com meu passado.

No pior momento possível, estoura um novo escândalo. Os rabinos impõem uma proibição temporária ao comércio de perucas, pois se descobriu que a maioria dos cabelos usados pelos fabricantes para produzir sheitels para as hassídicas casadas vem da Índia, de templos onde as mulheres raspam a cabeça e oferecem o cabelo como sacrifício. Para as mulheres da comunidade hassídica, tirar qualquer proveito da adoração de ídolos é um horror inimaginável. É obra do demônio, alegam os rabinos, uma punição para a promiscuidade de nossas mulheres. Mulheres casadas desfilam por aí em deslumbrantes perucas feitas de cabelo humano, e por isso despertaram a ira de Deus, dizem, e assim, por causa da vaidade feminina, fomos todos enganados e seduzidos por Satã. Os jornais iídiches que chegam à nossa soleira toda manhã reproduzem as mesmas manchetes indignadas, com imagens de rabinos brandindo os punhos em sinagogas por todo o Brooklyn.

Nada mais de cabelo humano, anuncia o tribunal rabínico. Doravante, apenas perucas sintéticas podem ser comercializadas. Enquanto a comunidade não encontrar uma fonte de cabelo humano genuíno que não seja oriunda da adoração de ídolos, essa será a única opção disponível.

Fico irritada com a chegada de mais essa complicação bem na época do meu casamento. Por que isso não ficou para depois? Agora, em vez de comprar perucas luxuosas e sedosas como as que outras garotas ganham antes de casar, o Zeide vai comprar apenas perucas baratas, sintéticas, e sei que o aspecto delas é pavoroso, com uma aparência de plástico que jamais poderia ser confundida com cabelos de verdade e uma vida útil de no máximo seis meses. Mesmo quando as perucas naturais voltarem a ser kosher, nunca terei dinheiro para comprá-las. Uma peruca de cabelo humano pode chegar a custar mais de três mil dólares.

Quando Chaya me leva à peruqueira para tirar minhas medidas, sento irritada na cadeira giratória, lançando um olhar ressentido às opções oferecidas diante de mim.

— A única coisa de que sinto falta — diz a sheitelmacher, exibindo as perucas nas pequenas cabeças de espuma — é a sensação do vento em meus cabelos. De resto, é muito mais conveniente. Nunca preciso esperar meu cabelo secar nem passar horas arrumando o penteado. É um alívio imenso.

Meu cabelo nunca me deu muito trabalho, as mechas lisas secando naturalmente logo depois do banho. Mesmo assim estou nervosa para ver como ficarei com as novas perucas, que podem ser encomendadas em qualquer cor vibrante de minha escolha e cortadas segundo minha preferência.

Escolho três, uma para o Shabes, um pouco mais comprida, para caber sob meu tichel branco, o lenço tradicional usado nas noites de sexta-feira que é ajustado por cima da peruca e amarrado junto à nuca. As outras duas são curtas e elegantes, como as usadas pelas mulheres em minha família; o Zeide não permite perucas que passem da altura dos ombros.

Nessa noite é feita uma grande fogueira diante da shul Satmar e todos os homens levam as perucas das esposas para jogá-las no fogo, com a multidão aplaudindo enfaticamente ao redor. A polícia montou barreiras para impedir as pessoas de caminharem fora das calçadas e prevenir tumultos. A gritaria vai até o amanhecer mesmo com essas precauções, e a imprensa tira inúmeras fotos, para fúria geral.

Quando o Zeide chega em casa com o *Wall Street Journal* na manhã seguinte, a fogueira é manchete. "Queima de perucas é a nova queima de sutiãs", diz a chamada, e não entendo muito bem o que isso quer dizer, mas sei que é uma ironia. O Zeide balança a cabeça em desaprovação conforme lê a matéria.

— Precisava de uma fogueira? — murmura consigo mesmo, furioso. — Para todos os góis saberem o que estamos fazendo? Não dá para fazer isso sem alarde? Ai, jovens, sempre precisando gritar contra alguma coisa.

Chaya telefona e me convida para almoçar em sua casa nova, na Bedford Avenue. Com Chaya, um almoço nunca é só um almoço. É um pretexto para uma conversa desagradável, então o convite me deixa nervosa. Eu me visto bem para a ocasião, colocando uma de minhas novas blusas de seda por dentro de uma saia-lápis azul-marinho.

Seu apartamento novo fica no térreo de um desses edifícios recém-construídos que andam pipocando pela antiga área industrial de Williamsburg. Tem uma fachada elegante de tijolos e corredores de mármore, e parece mais apropriado ao estilo de vida de Chaya do que seu antigo apartamento no último andar do prédio onde cresci. A cozinha é forrada de armários de mogno escuro, mas os azulejos no chão e atrás do balcão são de um azul-ardósia frio. Seu novo lar consiste de aposentos grandes e vazios, com algumas poucas peças de mobília. Sento à comprida mesa de vidro onde Chaya serviu um almoço chique, sem dúvida com tudo preparado por ela mesma pela manhã.

Empurro a comida pelo prato enquanto escuto Chaya jogar conversa fora. Gostaria que fosse direto ao ponto, assim eu ficaria livre dessa expectativa nauseante em meu estômago. Por que precisa ser sempre assim? Qual é a necessidade de arrastar a conversa e fazer um drama, em vez de simplesmente me deixar em paz? É como se soubesse que está me torturando e gostasse.

— Então — diz Chaya finalmente, pousando o garfo e pegando o copo de água. — Sua mãe ligou.

Por essa eu não esperava. Pego minha água, bebericando delicadamente para preencher o silêncio desconfortável. Não vou lhe dar o prazer de perceber minha reação.

— Ela quer ir ao casamento.

Dou de ombros.

— Por que ela quer do nada aparecer no meu casamento? Não faz o menor sentido. Tem anos que a gente não se vê.

— Bom, ela insiste que é direito dela. Sabe, provavelmente acha que pode impedir você de se casar ou algo assim. Ela é imprevisível a esse ponto.

— Olha, se ela aparecer no casamento, vai ser um desastre. Todo mundo vai ficar olhando para ela, falando dela. Ela vai me envergonhar, vai envergonhar a família de Eli. Quer dizer, ela parece uma gói!

Chaya pousa o copo e contrai os lábios.

— O problema é que ela vai aparecer, a gente querendo ou não. Se concordarmos, pelo menos podemos estabelecer condições. Posso exigir que use peruca e uma saia longa e vou ficar do lado dela o tempo todo para ter certeza de que se comporte. Se fizer alguma coisa errada, vou pedir que se retire.

— Bom, acho que não tenho escolha, então.

Fico me perguntando por que Chaya me convidou para esse almoço, uma vez que já tinha decidido tudo. Não é como se quisesse a minha opinião.

Vou até a casa da professora do curso de noiva para minha última lição, uma semana antes do casamento. É a aula mais esperada, cercada de mistério, sobre a qual as noivas tanto sussurram, sem nunca entrar em detalhes. Estou tão ressabiada quanto curiosa. Fico pensando no que tem para ser dito que minha família não pode ela mesma me contar. Sei que deve ser algo importante, algo fascinante mas constrangedor, algo tão secreto que somente ela, a mulher designada pela comunidade para ser a professora de tudo relacionado ao casamento, tem permissão de falar a respeito.

Sento tensa na ponta da cadeira dura, observando sua cozinha encardida em busca de algum indício — do segredo, mas também de sua personalidade, um sinal que me mostre talvez por que ela, por que é a escolhida para transmitir esses obscuros conhecimentos. A mesa da cozinha está coberta de esboços incompreensíveis, como os projetos de um engenheiro, só que menos precisos e de algum modo meio sinistros, com seus padrões repetidos de argolas e pinos. Estamos em meados de agosto, e o apartamento não tem ar-condicionado; o pouco ar que há para nós duas está pesado, denso, parado. A toalha de mesa está engordurada e manchada, e tomo cuidado para não encostar nela.

Quando a professora finalmente senta na minha frente e inicia um sermão sobre a santidade do casamento, fico cada vez mais impaciente; não vejo a hora da parte boa chegar para eu poder ir embora logo, sair dessa cozinha apertada com cheiro de suor velho e picles na salmoura. E nessa hora, sentada à sua mesa, é que começo a ter uma ideia de quem é a professora, a vida que já chega ao fim, a sua cobiça pela minha juventude. Fico ciente de sua aversão a minha existência despreocupada, minha animação como noiva, tão claramente quanto percebo sua ansiedade em esmagá-la. Sinto minha pele formigar sob seu olhar quando começa a falar de um lugar sagrado dentro de cada mulher.

O corpo do homem e da mulher foram criados como duas peças interligadas de um brinquedo de encaixar, diz ela. Ouço-a descrever um corredor com paredes, levando a uma pequena porta, que se abre para um útero, o mekor, ela chama, "a fonte". Não consigo imaginar onde um sistema inteiro como esse ficaria localizado. Ela tenta me ensinar sobre a passagem que conduz à "fonte", como essa passagem é penetrada, demonstrando com o indicador inserido em um círculo formado pelo polegar e o indicador da outra mão e fazendo um movimento ridículo para a frente e para trás. Suponho que o movimento se refira à parte onde as peças se encaixam. Mesmo assim, não consigo entender onde esse ponto, essa entrada, pode existir em meu corpo. Até onde sei, o lugar de onde sai o xixi não é tão elástico. Eu a interrompo finalmente.

— Hum, eu não tenho isso — digo, rindo de nervoso.

Tenho certeza de que não tenho uma abertura e, se tivesse, definitivamente não seria grande o suficiente para acomodar algo do tamanho desse indicador gorducho, ou seja lá o que ele representa.

Ela me olha, perplexa.

— Claro que tem. Todo mundo tem.

— Não, é sério, eu não tenho isso.

Vou ficando cada vez mais nervosa. Começo a me questionar. Será possível que nunca vi essa tal passagem? Como não teria notado um buraco no meu corpo? Começo a entrar em pânico. E se tiverem de cancelar o casamento porque a noiva nasceu sem "fonte"? Lágrimas de frustração brotam nos meus olhos quando continuo a insistir que não tenho essa misteriosa parte do corpo que ela ilustra para mim com tamanha diligência. Gostaria que parasse de fazer esses movimentos; parecem tão obscenos e ofensivos.

— Não tenho esse negócio que a senhora está falando. Acho que nasci sem. Como posso ter uma coisa dessas e não saber? Acho que saberia se tivesse um buraco lá embaixo!

— Tudo bem, olha. — A professora de kallah suspira. — Talvez você ache que não tem, mas tem. Posso garantir que não sofre de nenhum defeito de nascença. Pode ser que nunca tenha notado antes, mas se procurar, vai achar.

Não quero procurar nada, não nessa casa, não com ela por perto na cozinha, mas sua presença me intimida, e mais ainda a ameaça implícita de minha horrível deficiência se tornar um escândalo público, então faço o que ela manda. Vou ao banheiro e pego um pedaço de papel higiênico, enrolando-o no indicador direito. Hesitantemente exploro ali embaixo, tomando o cuidado de começar pelo fundo e avançar vagarosamente, em busca de alguma cavidade ao longo do caminho. Nada.

Repito o procedimento. Além do vale natural que meu dedo percorre delicadamente, nada mais cede. Talvez não vá mais fundo do que isso, acho, essa enigmática peça no homem que precisa se encaixar em mim, que precisa fazer um depósito no altar de meu útero.

Saio do banheiro balançando a cabeça, encabulada. Talvez eu tenha encontrado. Se encontrei, sinto-me traída por minha descoberta. Como uma coisa supostamente tão importante ficou oculta de mim todos esses anos? Por que eu era agora forçada de repente a aceitar sua existência? Será que isso queria dizer que até o momento nunca fora certo ter um mekor, mas, agora que iria me casar, ele podia fazer sua entrada triunfal, subitamente "santo"? Paro diante dela, indignada e confusa.

Fico desconfortável ao lembrar desse dia. Quero ser a mulher que conhece a si mesma, seu corpo, seu poder, mas esse momento dividiu minha vida. Antes de visitar a professora de casamento, eu era apenas uma garota, depois, era a garota com um mekor. Eu fizera a súbita e chocante descoberta de que meu corpo fora projetado para o sexo. Alguém concebera um lugar nele especificamente para a atividade sexual. Por viver em Williamsburg, eu fora efetivamente protegida de tudo que pudesse ser de algum modo associado a sexo. Éramos seres espirituais, corpos portando almas. A ideia de que agora teria de lidar constantemente, pelo resto da minha vida, com uma área do meu corpo sobre a qual nunca pensara a respeito — muito menos *quisera* pensar — era um contraste gritante com o estilo de vida casto que até então levara. Era um estilo de vida ao qual me acostumara, e meu corpo se rebelou contra essa mudança. Essa rebelião em breve iria custar minha felicidade e lançar as sementes da destruição que terminou por arruinar meu casamento.

Cinco dias antes do casamento, chega a hora da mikvá. Chaya me leva. Peguei um estranho resfriado de verão que deixou minha garganta inflamada e passo o dia tomando copos e mais copos de chá Lipton forte e cor de cobre, com a embalagem escrita em flamengo, porque a Bobe acha que comprar da Bélgica o torna mais autêntico.

Chaya me diz o que levar; a mikvá fornece quase tudo, mas é melhor ter o próprio roupão (os deles são muito curtos, afirma), assim como sabão e xampu. Ela me entrega uma sacola de compras da Walgreens com uma bucha de banho com cabo de madeira.

— Assim você consegue alcançar os lugares difíceis. Senão vão fazer isso por você. Não quero que se sinta constrangida.

Estremeço de nojo. Ouvi dizer que algumas mulheres devotas deixam a ablução para as atendentes, mas de jeito nenhum vou permitir que uma velha estranha encoste o dedo em mim.

Tomamos um táxi para a mikvá. Não pedimos a Tovyeh que nos leve porque os homens não devem saber quando as mulheres vão à mikvá, e não podemos ir a pé carregando nossas sacolas porque pareceria suspeito. Fico pensando se o motorista porto-riquenho sabe o significado do lugar onde vai nos deixar e se costuma fazer várias corridas com essa finalidade.

É um prédio de tijolos amarelos, construído em um ângulo esquisito, porque a quadra é triangular. Entramos por uma viela lateral, apertamos a campainha e vemos uma pequena câmera zumbir acima de nós, então ouvimos um zumbido e a pesada porta de metal se abre para um corredor bem iluminado. Há um balcão e, atrás dele, uma recepcionista idosa de ar entediado. Ela se anima quando entro.

— Uma kallah! — diz, notando meu cabelo descoberto. — Mazel tov! Que dia especial. Deixa eu chamar nossa melhor atendente; ela vai cuidar de você.

Ela está toda empolgada e não tira os olhos de mim em nenhum momento enquanto fala. Empurra uma grande bandeja em minha direção, cheia de cortadores de unha e ferramentas de manicure.

— Toma — diz. — Pode pegar o que quiser.

Como se me oferecesse uma escolha entre ouro e prata, pérolas e diamantes. Ela segue me encarando avidamente, sem pestanejar, suas sobrancelhas escassas erguidas em arcos cinzentos acima dos olhos azul-claros.

Não estou interessada de verdade. Seguro um cortador pequeno e vejo que o metal está lascado e arranhado. Imagino quantas mulheres já não usaram aquilo. Coloco de volta na bandeja.

— Ah, eu trouxe as minhas coisas.

Escuto uma porta sendo aberta às minhas costas e me viro. Vejo uma mulher de pele morena à espera, as mangas enroladas de seu vestido florido revelando braços fortes. Usa um shpitzel, assim como minha sogra. Apenas mulheres muito devotas podem trabalhar aqui.

— Mamaleh — diz suavemente, tentando agradar, e percebo na mesma hora que seu sorriso largo é falso, que seu jeito de inclinar a cabeça para o lado quando olha para mim é condescendente e que se acha melhor do que eu, porque minha família não usa shptizels, só perucas.

Percebo tudo isso na fração de segundo decorrida antes que passe o braço em volta do meu ombro, ainda com o sorriso escorregadio no rosto, e faça um gesto para Chaya com a outra mão.

— Pode aguardar aqui, sra. Mendlowitz. Cuidarei bem da sua filha, não se preocupe.

Chaya não a corrige, dizendo que sou sua sobrinha; seria uma história longa demais para lhe contar, ali naquela antessala, para uma estranha que não precisa saber.

A sra. Mendelson (ela me diz seu nome assim que atravessamos as portas duplas e passamos ao vasto saguão principal com fileiras de divãs de veludo e gigantescos buquês de flores artificiais de seda) me conduz por um longo corredor de mármore suavemente iluminado por delicados candelabros e arandelas. O corredor se ramifica em diversos corredores menores, mas passamos direto por todos eles porque, como ela explica, estamos a caminho da sala especial reservada às noivas. Quando chegamos, não consigo lembrar exatamente o trajeto que fizemos ou como voltar, e isso me deixa um pouco tensa, porque a sala é apertada como um closet (o que será que oferecem para as freguesas regulares?) e é assustador pensar que serei esse pontinho em um mapa, essa pequena pessoa específica se preparando em uma salinha minúscula, cercada por centenas de outras mulheres em outras salinhas minúsculas, perdida no fluxo das coisas.

— Sabe o que fazer, mamaleh? — pergunta a atendente com condescendência, parando diante de mim com as mãos na cintura, os pés ligeiramente afastados, em uma tentativa de enfatizar sua autoridade.

Está insinuando que talvez não me lembre de tudo que me foi ensinado sobre a mikvá, mas lembro — estudei antes de vir e sempre tive excelente memória —, então lhe devolvo um sorriso largo e falso para mostrar que sei qual é seu jogo e que não permitirei que faça pouco de mim.

— Claro que lembro. Tive uma ótima professora de kallah. Mas obrigada!

Minha voz soa animada e fina, esganiçada com o nervosismo.

— Ótimo, mamaleh — diz ela. — Se precisar de mim, é só apertar o botão.

Há algumas luzes vermelhas no painel da parede junto à banheira. Um botão diz ajuda, outro diz pronta. Há também um pequeno interfone. Balanço a cabeça em um sinal afirmativo.

Quando a mulher sai por uma porta oposta, desembrulho rapidamente as coisas em minha sacola e tiro todo o equipamento que trouxe. Abro as torneiras para encher a banheira e começo pelo topo de minha lista de itens. Primeiro tirar as lentes e guardar no estojo. Remover toda a maquiagem, limpar as orelhas, passar fio dental e cortar as unhas. No banho lavo o cabelo duas vezes, em seguida penteio, e tomo o cuidado de lavar muito bem todas as partes do meu corpo, como instruiu a professora, certificando-me de que nada tenha ficado preso entre os dedos do pé, no umbigo ou atrás das orelhas. As dobrinhas são muito importantes.

— Nada pode se interpor entre você e a água — advertiu-me ela. — Se você depois encontrar algo e existir a possibilidade de que estava no seu corpo durante a mikvá, precisa voltar e fazer tudo de novo.

Não quero isso, então tomo muito cuidado para me lavar segundo a lei.

Quando canso de ficar na água e meus dedos estão escuros e enrugados como tâmaras, saio da banheira e me embrulho em meu roupão azul novo, feito de um tecido atoalhado felpudo, e pressiono o botão de pronta no painel. Ouço a voz da sra. Mendelson estalar imediatamente no interfone, como se estivesse esperando para dar o bote assim que eu o apertasse.

— Tão rápido, mamaleh?

Não respondo. Ela entra um instante depois, deslizando em seus chinelos. Quando me vê sentada com cuidado, de roupão, na beirada do vaso, faz um gesto de irritação com as mãos.

— Não, não, mamaleh, não posso inspecionar você desse jeito, de roupão. O que está pensando? Precisa ficar na banheira; não é assim que se faz!

Minhas bochechas ficam vermelhas e descruzo as pernas. Isso é ridículo. Por que preciso estar na banheira? Minha professora de kallah disse com todas as palavras que a inspeção seria feita quando estivesse vestida. Tento falar, mas nenhum som sai da minha garganta.

O rosto da atendente está sério, mas seus movimentos traem um ligeiro ar de triunfo, e ela me indica a banheira com impaciência, dizendo:

— Não tenho tempo a perder, mamaleh. Tenho um monte de meninas para cuidar nesta noite. Não precisa ter medo, meu bem, sua professora de kallah não explicou o que era para fazer? Lembra de tudo que ensinaram, não lembra?

Faz isso para me provocar, quer mostrar como tinha razão, que eu não me lembrava, mas juro que me lembro. Continuo a repassar tudo na cabeça, porque não consigo acreditar que esqueceria uma coisa dessas, mas o calor naquele apartamento não dava um minuto de trégua, e pode ser que eu tenha cochilado em algum momento, não sei. É horrível, mas sinto como se não me restasse outra opção senão fazer como ordena, então tiro o roupão rapidamente e em um piscar de olhos estou dentro da água, os joelhos dobrados e encolhidos contra o peito. Sinto a pele formigar e percebo meus antebraços se arrepiando. A sra. Mendelson se ajoelha junto à banheira com uma expressão tão satisfeita no rosto que não consigo deixar de sentir que ela venceu, como se fosse o que desejava, como se seu poder fosse esse. Sinto raiva e impotência, e noto as lágrimas ardendo no canto dos olhos, mas desejo mais do que tudo manter uma expressão impassível, só para mostrar a ela que não me importo, que isso não me afeta, que sou feita de ferro e ninguém pode me levar a fazer o que não quero.

A iluminação é muito branca. Minha pele parece quase azul sob a luz implacável da sala de banho, a forma do meu corpo distorcida pela água, meus dedos gordos sob a superfície e desproporcionalmente finos acima dela. Mantenho os músculos rígidos e tensos, meus joelhos pressionando os braços, meus braços agarrando com força os joelhos, usando esse esforço físico para não demonstrar emoção conforme ela inspeciona meu cabelo e minha pele, verificando se não tenho caspa ou cascas de ferida.

— Tudo certo, mamaleh, está pronta. Pode colocar o roupão e os chinelos que vou levar você para a mikvá.

Ela nem fica de costas para que eu saia da banheira. Evito olhar em sua direção e conservo os lábios rígidos e retos, minhas narinas se dilatando com o esforço. Meu cérebro parece quente e inchado dentro do crânio, fazendo pressão em meus olhos.

No corredor, eu a sigo cegamente por conta da visão borrada devido às lágrimas contidas. Chegamos a uma salinha com uma pequena piscina azul. Essa parte eu conheço: tiro o roupão e lhe entrego, desço os degraus para entrar na água, tentando não ir rápido demais, mesmo sentindo que ela está me observando, pois não quero que perceba como estou constrangida até o último fio de cabelo. Ninguém vai me ferir. Façam o que fizerem, nunca poderão me ferir. Sou de ferro.

A água é um alívio. Vejo a bênção hebraica escrita no azulejo da parede à minha esquerda.

— Obrigada, HaShem, por me santificar com seu mandamento de imersão na água — murmuro baixinho.

Mergulho uma vez e volto a emergir, de modo que posso escutá-la dizendo "kosher", depois duas vezes mais, tomando o cuidado de não tocar os pés no chão durante a exigida fração de segundo de suspensão totalmente submersa. Tomo cuidado para meu cabelo não ficar fora da água e para meu corpo ficar posicionado de forma que a água entre em contato com todas as partes. Após a terceira vez, cruzo os braços sobre o peito, como deve ser feito, e digo a bênção em voz alta. Terminei.

Subo os degraus de frente para ela, que me aguarda segurando o roupão, como minha professora de kallah disse que seria, mas posso perceber seus olhos negros inquisitivos espiando abaixo do meu pescoço, e nesse instante eu a odeio tanto que as lágrimas que segurei até o momento transbordam. Visto o roupão e sinto meus olhos se encherem e ficarem cada vez mais cheios, e tento ficar em silêncio e andar atrás dela para que não perceba, mas esqueço do tradicional beijo na bochecha e, quando ela se vira para me dar a bênção, vê uma lágrima escorrer do meu olho e descer por minha bochecha. Seus olhos se arregalam.

— Mamaleh, shefaleh, bubeleh, o que aconteceu, benzinho, amorzinho, docinho? Qual o problema? Como posso ajudar?

Agora está me paparicando, piorando as coisas. Escuto um soluço alto escapando de minha garganta e não consigo conter um choro intenso, como uma criança cuja inocência foi roubada.

— Oy, shefaleh, não tem problema ficar um pouco emotiva da primeira vez, tudo bem, mas não precisa chorar, mamaleh. Devia ficar feliz; essa deveria ser a noite mais feliz da sua vida!

Não acredito que ela acha que estou chorando por alguma espécie de deslumbramento espiritual. Que insanidade. E, contudo, talvez seja melhor ir na dela, deixá-la pensar que é tudo uma questão de devoção, que sou apenas uma frimmeh fanática dominada pela santidade dessa piscina estúpida.

Ela aguarda enquanto me visto com pressa, depois me escolta de volta à sala de espera, onde Chaya conversa com uma mulher sentada a seu lado. Minha tia percebe meus olhos vermelhos e minha expressão aborrecida, mas a sra. Mendelson volta a sorrir animadamente e diz:

— Oy, sua filha, mas que feineh maidel, que alma mais pura, que menina mais devota. A experiência mexeu um pouquinho com ela, sabe como é, a primeira vez...

Ela balança a cabeça como uma marionete, e observo-a subindo e descendo e, por um momento — é tudo que consigo ver, o rápido movimento para cima e para baixo da sua cabeça. Será uma certa culpa, isso que detecto, ou será medo, esse nervosismo que não estava lá antes?

Chaya enfia uma gorjeta na mão da mulher, cruza meu braço no seu e sai comigo.

— Foi tão ruim assim?

Fico em silêncio. Ela sabe como é, também passou por isso, ainda passa, e não preciso responder à pergunta.

Mas eu tinha razão sobre as regras. Depois que me casei, nunca uma atendente da mikvá me fez sentar na banheira, ela foi a única. Estava sendo cruel, pensei mais tarde, talvez tentando me calejar ou fazendo o que achava ser mais religioso, mais extremo. Nunca me ocorreu que a sra. Mendelson pudesse ter motivos ocultos e mais pessoais para fazer o que fez naquela noite. Anos depois a polícia prenderia uma atendente de mikvá que molestou todas as noivas aos seus cuidados, mas a história seria tão chocante que ninguém realmente acreditaria. Afinal, quando uma mulher fala para você que precisa se sujeitar dessa forma porque foi assim que Deus ordenou, quem a questionaria? Seria o mesmo que questionar Deus.

O táxi estava à nossa espera. Deslizo no banco de couro gelado e Chaya fecha a porta ao entrar. Quando paramos no semáforo da Marcy Avenue, me dou conta de repente da incongruência de sua presença ao meu lado. Chaya está essencialmente assumindo o lugar da minha mãe nesse momento, acompanhando-me no que é considerado o rito mais importante compartilhado entre mães e filhas na comunidade. Que direito tem ela de assumir essa posição, quando nosso relacionamento não é nada assim, quando sua única preocupação é assegurar que eu me comporte bem e não envergonhe a família?

— Qual foi o problema com ela? — pergunto.

— Como assim? — diz Chaya suavemente, virando-se para mim com um sorriso confuso, seu rosto rajado com a iluminação alaranjada da rua.

— Com a minha mãe. Qual foi o problema?

O carro volta a andar, e o rosto de Chaya rapidamente passa da luz às sombras.

— Um colapso nervoso. Depois de ter você, ela surtou. Não podíamos deixar que tomasse conta de você. Sua mãe precisou ser hospitalizada.

— Achei que você tinha dito que ela me abandonou.

— Bom, dá no mesmo. Ela podia ter colocado a cabeça no lugar, sido uma boa mãe para você. Mas preferiu não ser.

Fico pensando: você diz a uma pessoa "louca" para simplesmente pôr a cabeça no lugar? Mas, antes que eu possa responder, o táxi para diante da minha casa e Chaya abre a porta para eu sair antes de seguir para a sua.

• • •

Chaya vai comigo ao gemach de noivas, onde posso alugar um vestido de casamento. Há apenas oito do meu tamanho que são adequados para o verão, todos adornados com lantejoulas e falsos diamantes, cobertos de renda e tule, incrustados de pedras brilhantes. É como se pegassem pedaços de diferentes vestidos e os costurassem em um só. Escolho o mais simples de todos, que mesmo assim é ornamentado, com uma profusa saia de renda terminando em pontas elegantes em torno dos meus tornozelos e uma faixa pesada na cintura, cheia de joias. Mas o corpete é despojado e branco e o decote alto desce num V pouco acima da minha clavícula. A mulher no balcão de locação da loja anota a data do meu casamento. Posso ficar com o vestido por duas semanas e depois terei de devolvê-lo, lavado e passado, na data combinada. Nós o levamos para casa em um saco de lixo preto gigante, tomando o cuidado de não deixar raspar na calçada. Em casa, ele para em pé com o peso da saia, encarando-me assim que me levanto de manhã, como um intruso que chegou na calada da noite. Sua presença é tão massiva que receio ser engolida ou de algum modo desaparecer dentro dele e me perder em suas volumosas pregas.

Na última noite de sexta-feira antes do casamento, enfio-me sob os lençóis perto da meia-noite. As ruas estão silenciosas, milagrosamente livres do trânsito semanal, e a luz dos postes projeta faixas firmes, regulares, nas paredes do meu quarto. Os lençóis ainda estão frescos quando pego no sono, e meu sonho é iluminado pelo fulgor pálido de duas velas de Shabes, bruxuleantes e alaranjadas, suas chamas cada vez maiores, até que tudo o que posso ver são labaredas por toda parte. Vejo Bobe e minhas tias Rachel e Chaya curvadas e mexendo uma enorme panela, acima da minha cabeça. Percebo que eu sou a panela, recebendo toda a atenção de um prato elaborado para o feriado. As paredes de aço inoxidável se projetam a uma altura impossível à minha volta, os rostos acima de mim brilhando a distância. Suas testas se contraem de concentração e fúria, as chamas continuando a crepitar em um silêncio tenso em torno de suas cabeças. *Como não percebem que estão pegando fogo?*, penso. Elas mexem a panela cada vez mais rápido e, à medida que o fazem, escuto-as falando sobre mim, de todas as coisas más que faço, de como nunca as deixo orgulhosas. Jamais as ouvi falar com tamanha franqueza a meu respeito. Claro que sempre senti seu desdém, uma atmosfera impalpável que não sei identificar muito bem, mas ninguém nunca se deu ao trabalho de colocar em palavras o motivo. Sempre presumi que fosse por eu ser um lembrete de que a família não era perfeita. Será que meu comportamento chegava a fazer diferença para elas, uma vez que meu passado era inescapável?

Dessa vez, dizem, ela vai vingar. O suor acumulado escorre da testa de Rachel conforme ela mexe a colher de pau vigorosamente acima de minha cabeça. Vejo gotículas respingando ruidosamente nessa cocção líquida em que estou sendo destilada. É como se elas tivessem ganhado uma segunda chance comigo, uma súbita solução milagrosa para o eterno problema de meu status vil. Elas podem fazer de mim um sucesso, a despeito das probabilidades, e virar a última página dessa triste saga que represento.

Vão me colocar para assar. Posso ouvi-las discutir quanto tempo preciso para ficar boa. Elas preaquecem o forno a 180º e me despejam em uma fôrma de alumínio. Um pão de ló perfeito, diz Rachel, necessita de apenas 35 minutos para atingir o ponto ideal do molhadinho da baunilha e ficar levinho. Quando estiver pronta, poderei ser tirada do forno. Ainda as vejo pelo vidro manchado da porta do forno, batendo com o dedo em seus relógios de pulso. Pergunto-me por que não consigo sentir o calor ali dentro. Pelo contrário, fico com uma sensação de segurança, abrigada no forno quente e seguro, longe de seus olhares cruéis, calculistas. Quando o temporizador apita, a porta do forno é aberta e sinto que deslizo para fora com o movimento da grade. Olho para cima, na expectativa de ver rostos sorridentes, mas elas estão boquiabertas com o choque. Ali estou eu, um leitão assado, minha pele uma crosta dourada e reluzente, uma pequena maçã vermelha em minha boca. Até eu fico horrorizada com esse constrangedor rumo dos acontecimentos.

Acordo sobressaltada, e meu quarto continua mergulhado na escuridão. Consigo ver a expressão irritada de Rachel diante de mim, iluminada pelas chamas alaranjadas, mexendo furiosamente com sua colher de pau.

Sinto esse anseio de ser o pão de ló perfeito e a terrível humilhação de ver meu eu verdadeiro exposto.

Quando viro de lado e desgrudo o cabelo do pescoço suado, tento me distanciar da imagem horrível, chocante, de contemplar meu próprio eu e enxergar a natureza da minha traição. Claro que não é isso que sou. Com certeza sou uma boa menina e vou deixar todos orgulhosos de mim. Se eu conseguir que isso dê certo, toda a minha vergonha será apagada. Ninguém poderá criticar minha família quando eu for uma dona de casa bem-sucedida e obediente.

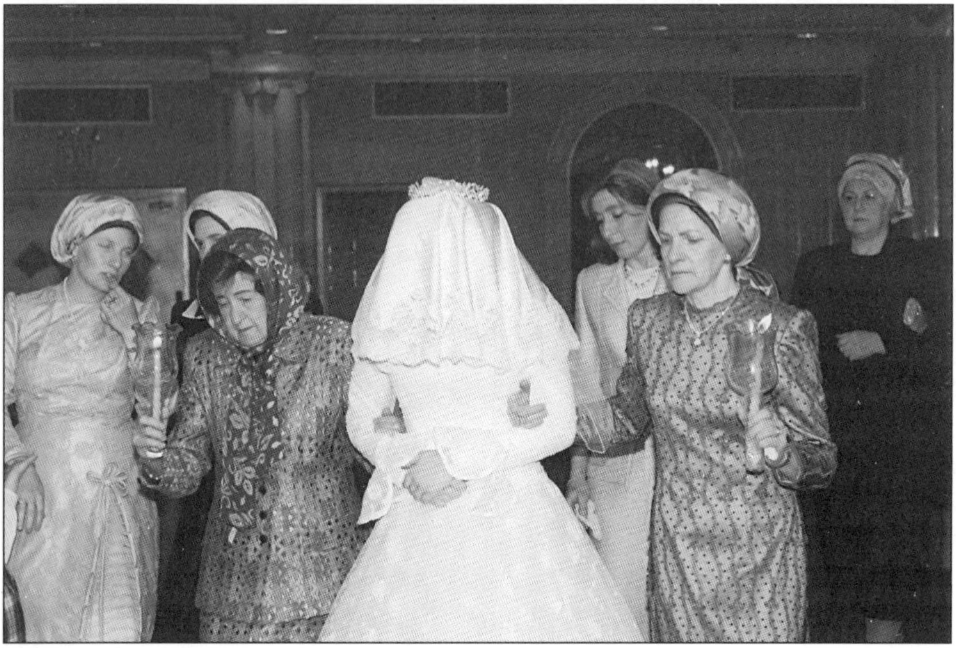

7

Ambições caras

"Porque nós pagamos um preço por tudo que conseguimos ou tomamos neste mundo; e apesar de as ambições valerem a pena, elas não se deixam obter facilmente e cobram seu contingente de trabalho e autoabnegação, ansiedade e desânimo."
Anne de Green Gables, Lucy Maud Montgomery

O dia do meu casamento amanhece tão claro e ensolarado que consigo enxergar a cintilação das gotas de orvalho nas folhas de bordo que oscilam luxuriantemente diante da minha janela, e as pedras bordadas na grossa faixa do meu vestido de noiva brilham com a luz lá fora. Passo o dia em jejum, como é o costume, mas não sinto a menor fome. Seguro um livro de salmos e murmuro as orações; meu dever como noiva é usar essa oportunidade para me fazer ouvir e orar a Deus por todos que necessitam de orientação e salvação.

Estou empolgadíssima com minha primeira maquiagem profissional. Uma mulher vem em casa, e em seu rico estojo há sombras e brilhos labiais com glitter. O máximo que já usei foi base e um pouco de blush. Ela usa um aparelho de metal para curvar meus cílios, e fico com medo de que os arranque. No fim, quando vejo minha imagem no espelho, mal posso me reconhecer. Pareço tão adulta e sofisticada com as pálpebras carregadas com sombra verde-oliva, o excesso de rímel em meus cílios como um peso que não consigo erguer totalmente, de modo que meus olhos não parecem estar inteiramente abertos, numa espécie de delicada sonolência. Deve haver algumas jovens por aí animadas para se casar só pela experiência de usar toda essa maquiagem. Apenas noivas têm permissão de se enfeitar tanto.

Com meu vestido de casamento cuidadosamente arrumado, vamos de carro ao local da recepção, que fica na escola dos meninos, na Bedford Avenue. Às cinco da tarde, o dia continua claro, e nos apressamos a entrar para evitar os olhares de quem passa. Sou instalada em minha poltrona nupcial especial de vime branco, com flores de seda entrelaçadas nas bordas, enquanto a Bobe distribui à minha volta a saia de tule do meu vestido, de modo que fique por igual e a barra rendada forme um arco perfeito no piso. O flash de uma câmera estoura. Poso rapidamente; não há muito tempo para trivialidades num dia como o de hoje. Um sorriso de lábios fechados, um olhar sério sob as pálpebras baixas, e o fotógrafo é despachado.

Os convidados começam a chegar; minhas colegas de classe, que anteciparam o fim de suas férias de verão especialmente por conta do meu casamento, vestidas com suas melhores roupas, de modo a serem vistas por todas as casamenteiras à caça de jovens sorridentes de bochechas rosadas e tornozelos delicados. Fazem fila para trocarmos beijinhos aéreos e me desejarem parabéns e boa sorte. A Bobe senta ao meu lado no tablado nupcial e funga no lenço com um sorriso triste no rosto. Tanta gente vem me cumprimentar, pessoas que nunca vi, afirmando serem amigas da minha sogra ou esposa de um amigo do meu futuro marido, e sorrio com benevolência para todo mundo, meus olhos constantemente vincados de animação.

As cunhadas de Eli insistem em posar para fotos com todos os seus filhos, e sorrio e faço cócegas no queixo dos menorzinhos, para que riam para a câmera. Noto minha mãe com o canto do olho, mantendo-se longe, parecendo desorientada, de braço dado com Chaya, uma expressão dura no rosto. Vejo que usa uma espécie de vestido roxo, sua peruca cor de mel ligeiramente torta. Estando tão longe assim da noiva, é provável que a maioria nem se toque que é minha mãe. Chaya jurou que não a deixaria fazer nenhum tipo de cena. Acho que isso inclui assegurar sua distância de mim.

Após o que parecem horas, a música começa e a marcha tem início. As mulheres se afastam para os lados de modo a abrir caminho para o cortejo de homens entrando para a cerimônia do badeken. O Zeide traz o pano branco que em breve cobrirá meu rosto. Após o badeken, não poderei olhar até a conclusão da cerimônia sob a chupá, quando Eli e eu estaremos oficialmente casados.

O Zeide pronuncia a bênção para que eu seja fecunda e me multiplique, e mordo o lábio de modo a não exibir nenhuma outra expressão além da seriedade que tento demonstrar. Alegria seria inapropriada nesse que é o mais sagrado de todos os momentos. Vejo Eli de relance, parecendo estranhamente pequeno sob seu shtreimel de marta novo em folha, empoleirado na ponta de sua cabeça como um animal arisco. Seus ombros rígidos se projetam nas laterais de seu casaco de cetim preto. Não quero cruzar olhares com ele por receio de sorrir.

Finalmente estou com o rosto coberto e, sob o pano branco, sorrio secretamente com o prazer súbito de ficar anônima em meio a uma multidão concentrada exclusivamente em mim. Ao longo do trajeto até o dossel, finjo que estou fungando e alguém me passa um lenço por baixo de minha proteção. Aceito delicadamente, ocultando-o dos olhares com um movimento ágil e elegante.

Observo os pés masculinos sob o dossel conforme sou conduzida em círculos em torno de Eli, sete voltas precisas até ser deixada ao lado dele, ainda sem enxergar. Os sapatos parecem todos iguais, oxfords pretos tamborilando silenciosamente no chão. Ajeito-me sob o vestido, mas as rígidas anáguas não deixam clara movimentação alguma.

Depois que o mesader kiddushin pronuncia a bênção matrimonial, Eli põe a aliança no meu dedo, que estico sob o pesado véu. Escuto o som de vidro se quebrando, Eli ergue o véu e segura minha mão, e caminhamos juntos entre a multidão para o yichud. A sala do yichud é uma suíte especial reservada aos noivos como parte da tradição de casamento, uma sala onde faremos nosso jantar nupcial de forma privativa, o primeiro lugar em que ficaremos sozinhos e sem supervisão. É apenas simbólico, claro; não trancamos as portas. A sheitelmacher vem ajustar minha peruca e tornar a prender meu véu. Mal temos tempo para a sopa.

Na sala do yichud, como reza a tradição, Eli me presenteia com um par de brincos de diamante escolhidos por sua mãe. Removo os brincos de pérola de pressão em minhas orelhas e os substituo pelos pesados quadrados incrustados. Meus lóbulos baixam ligeiramente. Ele se inclina para a frente, e acho que pode de repente tentar me beijar, mas eu o impeço.

— Espere — digo. — Alguém pode entrar. Espere até mais tarde. — Há luz demais na sala para ficar tão próxima do seu rosto.

Dito e feito, a sheitelmacher chega sem cerimônia com minha peruca recém-penteada em um grande estojo de couro. Ela fica atarefada, enfiando todo o meu lindo cabelo reluzente em uma touca de renda branca, tomando o cuidado de não deixar nenhum fio de fora. Agora que estou oficialmente casada, nenhum homem, fora meu marido, tem permissão de pôr os olhos em sequer um milímetro do meu cabelo natural. Ela ajeita a peruca com firmeza no alto da minha cabeça, puxando-a para baixo em torno das orelhas, de modo que fique confortável em meu crânio encasulado em renda. Não quero nem imaginar quão amassado meu cabelo vai estar quando finalmente tirá-la. Os irmãos de Eli vêm buscá-lo para tirar fotos e termino minha sopa sozinha, beliscando sem interesse o naco de chalá ao lado do prato. Sei que devo comer para não desmaiar, mas parece que não consigo engolir nada. Masco o mesmo pedaço de pão continuamente, mas sinto a garganta seca e tensa demais para permitir que qualquer coisa desça.

Embora tenha escolhido sapatos brancos confortáveis para dançar, não estou preparada para o trabalho que dá. O tecido do meu vestido é tão duro que meu corpo raspa em todos os pontos onde deve se dobrar, nos ombros, nos cotovelos e até nos pulsos. Faço um esforço enorme para continuar sorrindo conforme todos insistem em ter sua vez me rodopiando pela pista de dança. Eles me põem em cima das mesas e me fazem passar por túneis humanos, giram varas com fita e buquês floridos acima de mim, e dou duro para manter os olhos muito abertos e alegres.

O grupo de instrumentos de sopro toca animadamente até a uma da manhã, após o que a maioria dos convidados parte com despedidas emocionadas, deixando apenas a família estendida ficar para a mitzvah tanz. É minha oportunidade de finalmente descansar, e tomo um copo d'água atrás do outro, parando diante do aparelho de ar condicionado na sala nupcial, implorando ao meu corpo para esfriar. Escuto um arpejo do pianista e me junto à família no salão de baile principal, onde as cadeiras foram enfileiradas dos dois lados para acomodar tanto o público masculino quanto o feminino. O noivo, porém, ficará sentado ao meu lado na frente do salão, para ter a melhor vista. Minhas novas sobrinhas trazem-me uvas numa bandeja para dividir com ele.

Todas as meninas pequenas que têm permissão dos pais para ficarem acordadas até tarde se aproximam de mim e me observam pelo canto do olho, como fiz com as noivas em minha infância, sentindo inveja do status delas de princesa. Zeide me traz o gartel preto, a longa faixa que me conecta a quem estiver dançando. Seguro uma ponta, e vários membros da família se revezam segurando a outra. Enquanto isso, como é o costume, o poeta do casamento exalta os membros da família, um por vez, com suas rimas espirituosas.

— Eli, famoso por sempre se oferecer para ajudar outro judeu, um rapaz generoso e sem igual nesse himeneu. Ele é louvado por ser um aprendiz estudioso, torçamos que para ganhar dinheiro seja igualmente exitoso. Que tenha prole abundante e que os filhos lhe tragam grande alegria, logo estará dançando em um casamento de sua própria família.

As rimas são simples e sem ritmo, mas todo mundo está suficientemente bêbado e cansado para achar graça.

A última dança é reservada a Eli e eu, mas não é uma dança propriamente dita, está mais para se mexer no lugar. Eli fica à distância de dois braços, como é o costume, mas com a ponta dos dedos tocando nos meus para significar que, embora estejamos casados, ainda somos recatados. Mantemos a cabeça baixa, porque se olharmos um para o outro tenho certeza de que vamos cair na risada. Nem preciso mover os pés, basta fazer a saia do vestido sacudir um pouco para sugerir algum movimento. Finalmente a música cessa e dou um suspiro de alívio. Não sei por quanto tempo mais teria conseguido segurar as risadinhas.

A recepção de casamento começa a esvaziar à medida que meus familiares voltam para as respectivas casas. A maioria precisa estar no trabalho em poucas horas. Alguns vêm me desejar um último "Mazel tov!", mas me limito a retribuir com um sorriso distraído. Só consigo pensar em tirar o vestido. A dobra dos meus cotovelos está assada. Quando os pais de Eli nos deixam diante de nossa porta, eu me remexo com desconforto enquanto fazem suas despedidas e, no minuto em que a porta se fecha atrás de mim, chuto os gastos sapatos de noiva para um canto e começo a soltar os fechos nas costas de meu vestido a caminho do banheiro. Entro e puxo as mangas devagar, pois estão dolorosamente coladas a meus braços. Passo os dedos delicadamente nos vergões vermelhos em meus antebraços e ombros. Quem imaginaria que vestidos de casamento podiam machucar assim?

No chuveiro, lavo meu cabelo embaraçado, tirando o fixador, e o deixo escorrendo pela última vez abaixo dos meus ombros, a água pingando das pontas e ardendo em minhas costas esfoladas.

Paro diante do espelho embaçado por alguns minutos, e o ar ao redor do meu corpo começa a parecer gelado. Quando o espelho desembaça, posso ver meu reflexo me devolvendo um olhar inexpressivo e instintivamente lhe dou as costas. Saio do banheiro em meu roupão.

— Pode usar o chuveiro — anuncio no apartamento às escuras.

Eli está na cozinha, ainda vestido, abrindo uma garrafa de champanhe kosher vagabunda.

— Sua favorita. Chaya falou pra mim — diz ele.

Dou um sorriso rápido. Na verdade, não gosto de nenhum tipo de vinho.

Enquanto Eli toma banho, vou com a taça na mão para o quarto e a coloco na mesinha de cabeceira. Minha sogra deixou uma pilha de toalhas vagabundas numa das camas e vejo também um tubo de lubrificante. Visto meu penhoar branco e longo.

Sento na cama ao lado da mesinha e abro o tubo de lubrificante, espremendo uma gota do tamanho de uma ervilha na ponta dos dedos, curiosa. É surpreendentemente frio e viscoso. Deito com cuidado de modo que meu quadril fique sobre as toalhas e ponho a mão ali embaixo para me untar delicadamente com o gel translúcido e frio. Não quero sujar a roupa de cama nova. Está muito escuro, até Eli abrir a porta do banheiro e a luz se espalhar suavemente pelo apartamento. Ele sai com uma toalha enrolada na cintura, e os contornos de seu corpo são estranhos e novos. Ele sorri desconfortavelmente antes de se agachar em cima de mim como seu professor instruiu, deixando a toalha cair. Ainda não consigo enxergar muita coisa. Abro ligeiramente os joelhos, e ele se aproxima, ajustando o peso sobre a palma das mãos. Sinto algo duro cutucar o lado de dentro da minha coxa. Parece maior do que imaginei. Ele olha para mim com ansiedade na escuridão. Faz várias tentativas de achar onde deve se colocar, esperando alguma orientação vinda de mim, acho, mas o que eu sei? É tão misterioso para mim quanto é para ele.

Finalmente investe, acho, na área certa, e ergo o corpo para recebê-lo e esperar pela necessária estocada e o depósito. Nada acontece. Ele força, empurra, grunhe com o esforço, mas nada parece ceder. E, na verdade, não sei por que deveria. O que se espera que aconteça aqui?

Após algum tempo, ele desiste e rola para o lado, de costas para mim. Permaneço deitada por alguns instantes olhando para o teto escuro antes de me virar para cutucá-lo suavemente.

— Tudo bem? — pergunto.

— Tudo bem. Só estou muito cansado — murmura ele.

Em pouco tempo o escuto roncar suavemente. Troco de cama em silêncio e fico acordada por um longo tempo, considerando se aconteceu ou não, e quais as possíveis implicações de uma coisa ou de outra.

Quando abro os olhos pela manhã, o sol entra fracamente pelas persianas fechadas e o ar-condicionado zumbe em ritmo lento no ar úmido de agosto. Abro um pouco a janela e me debruço sobre a rua enfumaçada, observando o sacolejar dos caminhões e ônibus municipais ao passar pela série de placas de metal cobrindo os buracos e valas da Wallabout Street.

O depósito do outro lado da rua já abriu as portas, os trabalhadores indo e vindo apressados pelos pátios de carga e descarga.

Eli se veste rápido e pega seus tefilin no momento em que seu pai bate na porta, chamando: "*Men geit davenen.*" Hora das orações matinais. Circulo comodamente pelo apartamento silencioso e impecavelmente limpo em meu roupão matinal de organza com papoulas estampadas. Meu cabelo secou todo duro e quebradiço. Abro os armários e passo as mãos no enxoval novinho, com um cheiro maravilhoso de lavanda, dos sachês que aconcheguei entre as roupas de cama e banho. Abro o aparador e olho para meus novos talheres de prata e pratos de porcelana, embriagada com a ideia de que todas essas coisas são minhas.

Em um minuto Chaya chega com a máquina elétrica e colocamos um banquinho diante do espelho do banheiro. Constato, surpresa, como estou me importando pouco com a perda do cabelo. Se sinto alguma coisa, é que estou prestes a virar adulta, prestes a ser iniciada em uma nova vida. É estranho ver meu cabelo cair no balde, mas lá vai ele, em chumaços castanhos e emaranhados. Termina tão rápido que é como se eu nunca tivesse tido cabelo, e meu couro cabeludo brilha agradavelmente à luz do banheiro. Nunca pensei no formato da minha cabeça antes, mas, agora que está exposta, me admiro de suas proporções perfeitas e da súbita simetria do meu semblante. Sinto leveza e alívio, quase como se pudesse levitar de repente por ausência de peso, e tenho o estranho impulso de me segurar em algo preso ao chão, como que para evitar sair flutuando pelo espaço. Chaya me traz um turbante atoalhado de um tom lindo de magenta; seu aroma é de toalhas limpas, e ele assenta com maciez e suavidade em minha testa, mantendo-me no lugar como um peso de papel.

Quero dizer alguma coisa significativa para Chaya, mas não me ocorre nada oportuno, então apenas sorrio e digo:

— Então é isso. Nada de mais, né?

— E o que teria de mais? — Ela dá de ombros, enrolando o cabo no aparelho e pondo-o de lado. — É natural.

Ergo a mão para sentir minha cabeça sem peso, acariciando brevemente o nó do turbante. Nada de mais, é natural.

Escuto passos na entrada. Acho que é Eli, mas é minha sogra, os lábios contraídos, as mãos cruzadas diante do corpo, o rosto desviado do olho mágico. Chaya devolve a máquina a sua bolsa preta e troca um beijo no ar com minha shviger antes de sumir pelo corredor. Ofereço à mãe de Eli café, chá, qualquer desculpa para usar minha louça nova, e quando ela educadamente recusa, insisto em servir chocolates em uma bandeja redonda de prata, num arranjo caprichoso.

— Então, como foi? — pergunta ela.

Sorrio educadamente, mas estou confusa. Não porque não sei o que ela quer dizer, mas porque não consigo acreditar que vá tão direto ao assunto. Murmuro de forma vaga e indistinta:

— Ah, tudo bem.

Desconsidero sua pergunta como se fosse uma mosca irritante. Penso comigo: *Isso é entre mim e Eli, podemos cuidar dos nossos assuntos; ele não gostaria que envolvesse ninguém.*

O rosto da minha sogra se contrai ainda mais, e ela tira as mãos da toalha de mesa.

— Meu marido disse que não foi completo.

Fico muda. Não pergunto nada. Apenas permaneço sentada, mortificada, tornando a sentir a ausência de peso: se não me segurar na perna da mesa, subirei ao céu como uma bola de gás.

A porta se abre antes que eu possa dizer qualquer coisa, e vejo Eli e o pai. Minha sogra se levanta e se inclina para se despedir de mim com um beijinho no ar. Não me curvo em sua direção, e ela sai com o marido, fechando a porta às suas costas. Olho para Eli, mas ele olha para o chão. Sinto o corpo duro por fora, mas mole por dentro. *Se a casca cede, o recheio vaza*, penso, olhando para os bombons de chocolate intocados sobre a mesa.

— O que aconteceu? — pergunto a Eli. — O que você contou para seu pai?

Ele se encolhe com a urgência do meu tom.

— Não contei nada, ele me perguntou! — protesta rapidamente. — Fui pego de surpresa, falei a verdade, só isso. Achei que não fosse contar para ninguém!

— Você contou para o seu pai? Sua mãe sabe! Ela vai contar pra todo mundo! Provavelmente sua família inteira já sabe! Provavelmente minha família inteira também sabe! O que você estava pensando?

— Sei lá, não pensei, ele me pegou de surpresa!

— Você não acha que o problema é *nosso*, que *nós* é que temos de resolver? Não acha que é uma coisa particular que um casal devia cuidar sozinho? Não passou pela sua cabeça que seria constrangedor para mim, e para você, se todo mundo ficasse sabendo de um assunto particular nosso?

Entro em pânico, pensando nas possibilidades, em uma pessoa sussurrando para outra, em como as fofocas viajam à velocidade da luz em meu mundo, e a única coisa que posso enxergar nesse momento é um futuro em que caminho pela Lee Avenue com gente apontando para mim aos sussurros — a garota que não conseguia fazer. O horror! Nunca vou superar a vergonha.

Com uma expressão aflita no rosto, Eli diz:

— Vai ficar tudo bem. Meu pai falou que essa noite a gente precisa fazer, só isso. A gente faz, e depois que estiver feito, ninguém vai poder dizer nada. A gente tenta ir embora logo que as Sheva Berachot terminarem, assim não ficamos muito cansados. Pode ter sido esse o problema ontem à noite, talvez a gente estivesse muito cansado!

— Pode ser — digo, mas sei que não é isso.

Isso não explicaria o fracasso do meu útero em abrir suas portas ante batidas tão altas e insistentes. Meu útero esquisito, rebelde, que não quer receber visitas.

À tarde, Eli sugere que tiremos um cochilo para estarmos descansados, mas fico acordada observando seu rosto adormecido, sem expressão, sua mão enfiada sob o travesseiro. O interfone toca, e vou na ponta dos pés até a sala para atender. É Chaya, então aperto o botão e a deixo entrar.

— Fiquei sabendo do que aconteceu — comenta ela, depois de sentar à minha nova mesa de jantar, os pés na meia-calça cuidadosamente cruzados sob a cadeira.

Espero que ela aja em minha defesa, que diga algo tranquilizador. Seu rosto endurece quando continua.

— Se tem uma coisa que faz um casamento funcionar é o homem ser rei em seu quarto — diz. — Se ele for um rei no quarto, vai se sentir um rei em todo lugar, aconteça o que acontecer.

Ela faz uma pausa, com o olhar grudado em mim, as mãos segurando as alças de sua enorme bolsa preta.

— Está me entendendo? — pergunta, esperando pela confirmação.

Faço que sim com a cabeça, pasma demais para dizer alguma coisa.

— Ótimo — diz com firmeza, levantando e alisando a saia. — Então tudo será resolvido. Nem vou contar para a Bobe e o Zeide. De que adianta lhes dar notícias ruins quando já estão em idade avançada e com a saúde frágil?

Entendo as implicações dessa afirmação e sinto uma culpa imediata.

Mesmo assim, quando a porta se fecha a suas costas, a ficha demora a cair. *Como exatamente será tudo resolvido?*, me pergunto. Ela tem um plano? Porque eu não tenho.

A melhor parte dos sete dias de bênçãos após o casamento é poder usar as roupas. A noiva é sempre a pessoa mais bem vestida nas sete noites de festividade e bons votos, costume concebido para conferir sorte ao novo casal. Uso uma roupa diferente toda noite, cada uma cuidadosamente comprada e ajustada pela costureira, de modo a cair como uma luva no meu corpo. Os penteados de minhas perucas foram fixados com spray.

Durante as festividades, minha cunhada nova, Shprintza, que também se casou há dois meses porque não quis esperar por nós, como é o costume, fica carrancuda em um canto, tremendo com uma espécie de amargura melancólica que não entendo muito bem. Mas eu a ignoro, porque, infelizmente, continuo focada na tarefa que ainda não conseguimos completar a semana toda.

Os dias depois do meu casamento, que deveriam ser os mais felizes da minha vida, são tomados pelo esforço de consumá-lo. Mas à medida que as novas tentativas fracassam, Eli fica mais e mais ansioso e, como resultado, sua família exerce cada vez mais pressão sobre nós para dar logo um jeito no assunto. Na terceira tentativa, Eli não consegue extrair entusiasmo algum do próprio corpo, e não posso me submeter a algo que não está lá.

Ele me explica o processo de sua ereção e permanecemos acordados até as cinco da manhã tentando acalmar seus nervos e deixá-lo suficientemente relaxado para tentar, mas quando a semana chega ao fim estamos os dois quase enlouquecendo de desespero.

Na yeshivá, diz Eli, os meninos masturbavam uns aos outros. Como só havia homens por perto e nada de garotas, a visão de um menino o deixava excitado. Após muitos anos, explica ele com um suspiro, mudar de repente é esquisito.

— Nem sei se devo me sentir atraído por você. Eu nem fazia ideia de como era uma garota antes de ver você.

Fico horrivelmente consciente de mim mesma de repente. Tinha certeza de que ele ficaria excitado só de olhar para mim. Mas agora enxergo meu corpo com seus olhos — alheio, misterioso, desconcertante.

Quando a semana chega ao fim, os rabinos dizem para suspender as tentativas, pois comecei a sangrar com toda a irritação e, tecnicamente falando, não tem como dizer se o sangue vem do rompimento do hímen, desse modo me deixando impura. Determinam que agora estou nidá, e assim, como toda mulher casada, devo dar início à contagem de sete dias limpos, ou catorze paninhos, antes de voltar a imergir na mikvá.

O processo de me limpar para tentar outra vez leva duas semanas, mas uma semana antes de ter de ir à mikvá, acordo com uma coceira horrível no braço esquerdo. Acho que é uma picada de mosquito e coço furiosamente a noite toda, entre breves cochiladas, mas, ao acordar pela manhã, vejo uma longa linha de pústulas vermelhas ao longo do meu braço e do meu ombro. Nunca passei por nada parecido com essa erupção bizarra e marco uma consulta de emergência na clínica de saúde local, na Heyward Street. Normalmente não vou ao centro médico ODA, uma vez que a clínica, administrada pela comunidade hassídica, mas financiada pelo governo, é aberta a qualquer paciente e vive lotada e suja. Só que não consigo uma consulta imediata em nenhum outro lugar.

O dr. Katz me olha de cima a baixo e franze o rosto cuidadosamente para a erupção, mas pelo jeito não chega a nenhum diagnóstico claro por um bom tempo. Finalmente, afirma ter 80% de certeza de ser um tipo de catapora, mas diz que não dá para ter certeza absoluta, e me prescreve uma medicação antiviral, caso seja.

— Só funciona se você tomar em até 48 horas do surgimento de uma erupção — diz —, mas não há muita dúvida de que ainda está no começo. Isso não vai eliminar o vírus, mas vai reduzir a severidade e a duração.

Não acredito muito que esteja com catapora. Tomei vacina quando era criança e já fui exposta à doença depois, então por que agora? Sinto-me ridícula só de contar para Eli. Mas agora não posso ir à mikvá, o que já me enchia de pavor, de qualquer maneira, e posso tirar umas pequenas férias de todo o estresse que passei. Com uma catapora ninguém vai discutir.

As pintas se espalham e aparecem na minha perna esquerda, no lado esquerdo da minha barriga e, finalmente, no lado esquerdo do meu rosto. É como se alguém tivesse riscado uma linha dividindo meu corpo pela metade com uma caneta vermelha e dissesse às feridas para ficar só de um lado. Coça demais; tomo banho com aveia e me lambuzo toda com um monte de pomadas para coceira. Tenho vergonha de ser vista na rua com o rosto nesse estado, então fico presa em casa até passar.

— Foi bom que ficou nidá agora — diz Eli. — Não posso nem encostar em você, de qualquer jeito.

Três semanas mais tarde, as feridas continuam ali, embora tenham começado a formar casquinha. Acordo no meio da noite com cólicas terríveis e vomito por horas até Eli ligar para um amigo socorrista e lhe perguntar o que fazer.

Michoel faz parte da organização Hatzolah local, que tem as próprias ambulâncias e paramédicos. Ele diz que sempre que a mulher sente dores abdominais, o procedimento é levá-la ao hospital, caso tenha alguma coisa a ver com o útero. Somos deixados no pronto-socorro da NYU, utilizado em grande parte por moradores da região em busca de analgésicos. Ninguém vem me ver por algum tempo, exceto para me dar algo para a febre, mas quando um médico finalmente me atende, envia um bipe ao especialista em doenças infecciosas para vir me examinar. O médico, um asiático baixinho de testa enrugada e pele oleosa, diz que tenho herpes ocular, que, segundo ele, observando o traje religioso de Eli, provavelmente peguei no banho ritual.

A piscina aquecida que provavelmente compartilhei com centenas de mulheres me vem à lembrança, e sinto um arrepio. Nunca passou pela minha cabeça que pudesse contrair uma doença cumprindo um mandamento divino. Sempre aprendi que a pessoa jamais poderia ser prejudicada por causa de uma mitzvá, um mandamento; seu mérito nos protegeria.

Tenho a sensação de estar amaldiçoada. Desde que Eli e eu nos casamos, tudo que podia dar errado deu. Herdei da Bobe a tendência a ser supersticiosa, então seria aquilo um sinal? Se sim, chegou meio tarde. A advertência teria sido útil um pouco antes. Não é como se pudesse fazer alguma coisa sobre minhas circunstâncias agora.

O prédio em que moro tem oito andares, cerca de vinte apartamentos por andar, a maioria ocupada por jovens recém-casados, como Eli e eu. Mesmo assim, quais as chances de que Golda viesse morar bem no nosso andar?

Minha velha amiga, que foi pega comigo no gan yehudah há tantos anos, se transformou na linda mulher que sempre imaginei que seria. Seus olhos estão até mais brilhantes do que costumavam ser, seu corpo arredondado em curvas agradáveis, mas a cintura diminuta como sempre. Seu jeito mudou: agora ela é acanhada, de fala mansa, nem um pouco como me lembrava. Ela me convida para tomar café após o marido sair para a shul, de manhã. Como todas as recém-casadas, nos debruçamos sobre sua louça e seu enxoval e olhamos seu álbum de casamento. Depois ela me mostra o quarto e seu deslumbrante conjunto de móveis de mogno, com o guarda-roupa sério e a cômoda sisuda. O quarto pequeno fica menor ainda com tanta mobília.

Ela senta numa das camas, alisando a colcha com a mão esbelta, graciosa. Ergue os olhos para mim com uma expressão de dor.

— Devia ter visto a noite do casamento — murmura. — Teve tanto... tanto sangue.

Sua voz falha na segunda frase. Não sei se entendo o que ela quer dizer. Se está falando sobre a perda da sua virgindade, não tenho certeza se quero ouvir. Não vou aguentar escutar outra história de uma noite de casamento bem-sucedida, não quando ainda não consegui derramar uma única gota de sangue.

— Tinha sangue por toda parte... na cama, nas paredes. Fui parar no hospital. — Seu rosto se contrai de repente e acho que vai chorar, mas ela respira fundo e sorri bravamente. — Ele entrou no lugar errado. Rompeu meu cólon. Ah, Devoireh, você não imagina a dor. Foi horrível!

Estou perplexa. Provavelmente, meu queixo caiu. Como exatamente é possível romper o cólon?

— Sabe — apressa-se a explicar —, nas aulas de casamento dizem que eles devem ir bem rápido, antes que percam a coragem, antes que fiquem apavorados demais. Então ele simplesmente forçou, sabe? Só que no lugar errado. Como ia saber? Nem eu tinha certeza sobre qual era o lugar certo.

— Como está se sentindo agora? — pergunto, profundamente abalada com sua história.

— Ah, agora estou bem! — Ela dá um sorriso amplo, mas seus olhos não formam vincos, como no passado, e suas covinhas mal dão o ar da graça. — Meu marido vai chegar a qualquer momento, então é melhor você ir.

De repente, fica com pressa de me conduzir à porta, como se estivesse com medo de ser surpreendida conversando com uma vizinha.

De volta a meu apartamento, entro no banheiro e fecho a porta. Choro numa toalha por vinte minutos sem parar. O que a família de Golda tem a dizer sobre tudo isso? Eis o que gostaria de saber. Por que após todos esses anos, todos esses erros, ninguém decidiu se pronunciar?

Abriu um restaurante chinês kosher na nossa rua. Os rabinos se enfurecem com essa apropriação da cultura gentia, mas os jovens casais que moram em nossa região adoram a oportunidade de experimentar algo novo e, embora não tenhamos coragem de sermos vistos comendo ali, pedimos para viagem, e Eli vai buscar nossa comida após as orações do anoitecer.

Sirvo as costelinhas no molho gelatinoso, vermelho vivo, em nossos pratos de porcelana novos em folha, de borda prateada. Eli e eu sentamos à mesa em lados opostos; observo-o devorar as costelas, enquanto apenas belisco a comida. Não tenho segurado nada no estômago ultimamente, então parei de comer. Acho que posso ter sido acometida de uma doença grave e estranha, mesmo agora, com as feridas praticamente cicatrizadas, e que talvez tenha alguma coisa a ver com minha vagina obstruída.

Chaya conversa com os rabinos, e eles nos encaminham a seus terapeutas sexuais especialmente aprovados. Um casal de médicos, na verdade. A mulher conversa comigo e o homem, com Eli. Depois disso, vamos todos para a mesma sala, onde nos mostram partes corporais de plástico, com velcro. A médica explica em excruciantes minúcias para ambos cada pequena parte de meu sistema reprodutivo. Não vejo em que isso ajuda. Deixa tudo ainda mais clínico.

Quando explica para Eli minha área ali embaixo, sinto-me um pouco melhor, por aparentemente não ser a única a levar a culpa.

Então o médico anuncia que vai me examinar, para ter certeza de que tudo está como deve ser. Inicialmente, protesto. Sem nunca ter feito um exame ginecológico, entro em pânico e me recuso a deitar-me na mesa. Finalmente, o doutor diz que vai usar um anestésico; ele aplica lidocaína antes de iniciar o exame. Após a desconfortável exploração, pronuncia o diagnóstico:

— Você tem dois himens. Vai precisar de uma cirurgia.

Isso significa que tenho duas virgindades. Eli conta para a mãe o que o médico disse, mas ela dá uma bufada de desprezo. Quando o assunto é cirurgia, afirma, você não aceita a palavra de apenas um médico. Pede uma segunda opinião. Ela passa o telefone de sua ginecologista em Manhattan, uma especialista em gravidez de risco que fez o parto de todos os seus filhos.

O consultório da dra. Patrick, na Fifth Avenue, dá vista para o Central Park coberto de neve, e, olhando pela janela, vejo os táxis fatiando as ruas tomadas por aquela camada de flocos sujos, alguns parando diante do Pierre a um aceno do valet. Sinto-me muito pequena nesse consultório, nessa parte arrogante de Manhattan, percebendo sem sombra de dúvida o menosprezo de enfermeiras e médicos por ter me casado aos dezessete anos, com um homem que usa chapéus pretos de veludo e casacos longos de seda, cujas peyot balançam vigorosamente com seus movimentos.

O rosto da dra. Patrick está sério e tenso de concentração enquanto ela enfia o espéculo em mim e o vira de um lado para outro.

— Você deve ter septo — diz. — Parece que tem um pouco de fibrose, e isso pode acontecer com a fibrose, às vezes. É como outra parede na vagina. Vamos mandar você fazer uma ressonância para confirmar.

Ela olha para mim quando diz isso, mas não parece esperar reação. É como se já presumisse que não tenho sentimentos de verdade em relação ao assunto. Deixa a sala com ar de urgência e, enquanto me visto, uma enfermeira entra e me entrega o pedido de exame, sem um sorriso, nada. Não sei por que nesse consultório me sinto tão insuportavelmente envergonhada pelo simples fato de existir, quando nunca me senti assim em Williamsburg.

Durante minha primeira ressonância magnética, descubro que sou claustrofóbica, e choro tanto dentro do tubo que meu corpo treme e não conseguem uma imagem clara, então gritam comigo por meio do pequeno interfone:

— Pare quieta!

A ressonância é inconclusiva, diz a dra. Patrick. Às vezes, o septo longitudinal não aparece na ressonância. Não há nada a ser feito, afirma, exceto consultar outra terapeuta, e ela me passa o contato.

Eli parou de me procurar como costumava fazer no começo, quando toda noite guardava a possibilidade de que nossa longa sequência de fracassos pudesse ser quebrada e de que ele ainda conseguisse, de algum modo, ser capaz de juntar os cacos de sua masculinidade estilhaçada e fazer nosso casamento dar em algo. À medida que vamos de médico em médico, ele acha que não tem sentido insistir enquanto não soubermos o que está errado. Acho que talvez esteja torcendo para que haja um problema gravíssimo, qualquer coisa que afaste a culpa de nós, dele. Embora eu nunca tenha acreditado de fato quando disseram que a culpa era minha, acho que ele acreditou. Leva muito a sério o que a família diz.

Agora chega do trabalho mais tarde todo dia e se apressa a fazer as orações do anoitecer assim que entra em casa. No começo, vivia pulando as orações só para ficar comigo. Não me importo, deixo que se afaste, mas quando volta, eu o censuro por me abandonar. Quero ser deixada em paz, mas não quero sentir que não sou amada. Qual das duas vai ser?

Quando ele não está em casa, tomo banhos demorados. Meu banheiro novo tornou-se um grande consolo para mim, após todas as atribulações dos últimos meses. Há uma banheira grande e azulejos caros e reluzentes e, com algumas velas aromáticas estrategicamente distribuídas, torna-se meu oásis particular de paz.

Às vezes, quando Eli chega em casa, estou na banheira. "Vai ficar feito uma ameixa seca", diz. Checo a ponta dos dedos, mas não estão particularmente enrugados. Depois que saio do banheiro, sempre me sinto tonta e fraca. Deve ser por causa da água quente.

Certa noite entro na banheira como de costume e abro a água quente, saboreando a sensação em meus pés constantemente gelados. Mas após alguns minutos, é como se meu corpo todo estivesse queimando. Meu rosto, que nem está perto da água, parece pegar fogo. Saio e tento me refrescar, mas o calor não parece ceder. Cresce em ondas na direção do meu peito e da minha cabeça e, como não entendo o que está acontecendo, começo a entrar em pânico, meus batimentos cardíacos se acelerando rapidamente. Em alguns minutos, meu jantar dispara pelo esôfago, violentas golfadas espirrando na privada. É a primeira vez na vida que vomito sem sentir o estômago revirado. Não faço ideia do motivo e por algum tempo me convenço de que havia algo errado com a comida, ainda que Eli não tenha sentido nada. Ele sempre diz que tem estômago de aço.

Após um tempo, Eli retoma a missão. Os rabinos o instruíram a continuar tentando, independentemente do que os médicos digam. Nossas vidas se tornam nitidamente marcadas por dias puros e dias impuros: duas semanas em que nos aproximamos cautelosamente, sabendo que as tentativas são fúteis, e duas semanas em que nos evitamos cuidadosamente, tendo cautela para não violar as leis de nidá. O padrão me põe num estado de ansiedade permanente. Ao final de cada período de duas semanas de intimidade forçada, quando acho que finalmente me ajustei ao novo tom de nosso relacionamento, vejo-me lançada de volta à condição de nidá, e me sinto descartada e rejeitada.

É uma espécie de tormento psicológico para Eli alternar entre o desejo de se aproximar e me querer o mais longe possível. Não consigo entender quais devem ser seus verdadeiros sentimentos em relação a mim, se para ele é tão fácil ligar e desligar num estalo, desse jeito. Por que não consigo manifestar a mesma autodisciplina? Eli vive segundo a lei; parece que os mandamentos de Deus são seu único amor verdadeiro. Ele me quer apenas quando me encaixo nos parâmetros de sua devoção piedosa à halachá.

Meus sentimentos são criaturas tão frágeis e assustadiças que precisam ser conquistados lentamente e, assim que ficam à vontade, qualquer coisa os leva a se esconder. Em pouco tempo, me sinto absolutamente incapaz de me aproximar do meu marido, porque tremo ao pensar no dia em que ele voltará a me rejeitar. Percebo que virei uma pessoa muito fria; cada dia que passa, as pessoas se afastam mais de mim, até se parecerem com partículas de poeira distantes. Meu corpo também se aparta de mim, e posso fazer coisas sem sentir que estou presente.

O vômito impulsivo tem acontecido com bastante frequência ultimamente e descubro que a única maneira de evitá-lo é parar de comer. Não posso vomitar se não há do que me livrar. Abrir mão da comida é fácil, porque perdi completamente o apetite. A visão de uma barra de chocolate, antes uma enorme tentação, revira minhas entranhas. Como não consigo comer, perco peso. Só percebo quando os outros comentam algo comigo, observando como as roupas que comprei há poucos meses estão grandes em mim, as saias escorregando da minha cintura para meu quadril, as mangas ultrapassando o pulso e chegando aos nós dos dedos. Todos sempre fizeram graça das minhas bochechas rechonchudas; agora elas estão chupadas e pálidas.

Se estou cercada de gente, começo a sentir o coração bater rápido, e meus membros são dominados por uma sensação trêmula de fraqueza. Receio estar com uma doença terrível. Se tento me forçar a engolir algo, instantes depois vomito profusamente, incapaz de conter a ânsia por horas. Meu corpo parece cansado e arruinado, como o de uma velha.

Meu médico faz vários exames, pedindo uma pilha de raios X e tomografias computadorizadas. Um dia, em seu consultório, me oferece delicadamente um punhado de comprimidos brancos, com uma expressão benevolente no olhar:

— Xanax. Para tomar toda vez que começar a sentir enjoo. Vai fazer você se sentir melhor.

— Para que eles servem? — pergunto, hesitante.

— Ansiedade — responde ele.

— Mas não estou preocupada! — protesto. — Para que preciso disso?

— Pode ser até que não se sinta ansiosa — explica o médico —, mas seu corpo se sente, e os sintomas não vão sumir enquanto você não tratar do problema.

Não tenho coragem de pegar os comprimidos em sua mão, então me levanto e visto o casaco para deixar o consultório.

— Bom, se não vai levar o remédio, pelo menos me deixe fazer um encaminhamento. — Ele me entrega um cartãozinho branco. — É uma grande amiga minha; talvez consiga ajudar você.

"Biofeedback", diz o cartão. "Jessica Marigny."

O consultório fica em um prédio com porteiro no Upper East Side, perto da Park Avenue, em um bairro que não podia ser mais gentio. Na sala de espera, sou atacada pelas capas chamativas das revistas, as páginas folheadas por mulheres de unhas compridas, bem cuidadas, e pernas bronzeadas e nuas.

Quando Jessica me convida a entrar na sala de exames nos fundos, fico surpresa ao perceber a ausência dos equipamentos de sempre. Nenhuma mesa de exame, apenas uma cadeira confortável. À direita posso ver um maquinário, mas nada do tipo que se encontraria normalmente em um consultório médico.

Jessica prende fios nas palmas das minhas mãos com pequenos pedaços de fita cinza e pressiona alguns botões na máquina. Instantaneamente, um número aparece no pequeno monitor, 98, mas ele muda rapidamente — 99, 102, 105.

— Como estamos estressadas, não? — diz Jessica, sorrindo e prendendo uma mecha de cabelo loiro atrás da orelha esquerda.

Devolvo o sorriso, insegura do que quer dizer.

— Esses números refletem seus níveis de estresse — diz, suavemente. — O biofeedback tem a ver com aprender a ler os sinais do seu corpo e entender como reagir a eles. Vou ensinar você a reconhecer quando estiver sofrendo de ansiedade e como controlar, para não ficar enjoada.

Toda semana, sento por uma hora na cadeira, aprendendo a respirar de modo a pôr pressão em minhas glândulas suprarrenais, aprendendo a esvaziar a mente e relaxar os músculos, até ver os números no monitor diminuírem por conta própria.

— Não esqueça, quem está no controle é sempre você. Sua ansiedade nunca pode levar a melhor, a menos que você permita — diz ela.

Quando saio, após minha última sessão, Jessica enuncia suas usuais palavras de despedida.

— A mente sobre a matéria — diz, batendo o dedo na têmpora. — A mente sobre a matéria.

Eli me observa aos finais de tarde no sofá, concentrada nos exercícios de respiração. Sua presença me instiga ondas de ansiedade que sou obrigada a afastar incessantemente, combatendo cada nova onda com uma vigorosa respiração. Sinto como se toda aquela resistência fosse em vão, apenas a luta de uma pessoa sitiada que sabe que ficará sem forças muito antes do inimigo, e que a derrota é inevitável. Mesmo assim, continuo a fazer os exercícios. A ansiedade nunca some, mas consigo mantê-la a distância, sempre de olho nela, caso decida se aproximar furtivamente e me pegar desprevenida.

Às vezes, à noite, fico semidesperta numa violenta alucinação em que os cobertores e lençóis tentam me devorar. Saio correndo da cama e me escondo na cozinha, até a sensação de ser atacada diminuir, embora continue sentindo como se o próprio ar tentasse me sufocar. Os ambientes parecem se fechar e se contorcer na tentativa de me esmagar; a impressão é de que até a cadeira onde estou é precária. É como se não houvesse onde me refugiar fisicamente. Que maldição, não se sentir segura no próprio corpo, quando tudo o mais parece dar errado. Deveria poder confiar no meu corpo; em vez disso, ele se tornou meu pior inimigo, minando todos os meus esforços.

Eli me vê passar pelos ataques de pânico, mas não os compreende. Um dia, em junho, ele não chega do trabalho, e quando tento ligar para seu celular, também não atende. Espero até a noitinha, mas, como ele não entra em contato, acabo ligando para sua mãe a fim de perguntar se sabe aonde ele foi, porém, antes mesmo que possa fazer a pergunta, ela diz friamente:

— Eli não vai voltar para casa essa noite.

— Como assim?

— Estou dizendo que ele não quer mais voltar para casa. E não quer falar com você.

Desligo o telefone, em choque. Ligo para minha tia Chaya, que já sabe o que está acontecendo. Ela diz que minha sogra acha que Eli devia pedir o divórcio, porque não consigo ter relações sexuais. Não entendo como Eli poderia decidir isso tão impulsivamente, que prefira sua mãe a mim, sem sequer falar comigo antes.

De repente, no lugar onde antes havia medo, sinto raiva. Não sei de quem ou do que estou com raiva, mas fico furiosa com a injustiça que parece ter caracterizado toda a minha vida até esse ponto, e já estou de saco cheio de levar a culpa por tudo.

— Tudo bem — digo, com a voz dura. — Não vou discutir. Se ele quer mesmo o divórcio, é só pedir. Não me importo.

Desligo o telefone antes que ela possa falar qualquer coisa.

Só que, no fundo, me importo, porque tenho medo de ficar sozinha. Se meu marido se divorciar de mim, não terei casa nem amigos. Provavelmente, não poderei me casar outra vez. Mas não penso nessas coisas, porque sua traição é maior que tudo, e fico acordada até o dia raiar, paralisada de torpor.

É justo, penso eu, *só porque tenho vagina, o receptáculo, que precise fazer o trabalho todo? E se eu tivesse pênis, alguém iria me culpar por não conseguir enfiá-lo em algum lugar? E todas essas noites que fiquei acordada consolando Eli porque ele era incapaz de manter a ereção? Sou responsável por isso também?*

Esses pensamentos me enlouquecem, mas não sei de quem sentir raiva inicialmente: de Chaya, por sempre me dizer o que fazer sem nunca ter feito por merecer esse direito; do Zeide, por ser tão sem noção a ponto de achar que eu poderia ser feliz casando com o filho de uma família obtusa e fanática em que seria a única mulher casada a não usar shpitzel nem chapéu; de Eli, por ser um marido frouxo desde o início, por desembuchar tudo para o pai sem sequer nos dar uma chance de privacidade; da minha sogra, por viver se metendo em nossos assuntos e por fofocar com as filhas pelas minhas costas, por casar Eli comigo e depois lhe dizer que poderia ter arrumado coisa melhor; de meu sogro, que parece extrair evidente prazer de nosso fracasso em consumar o casamento e que aproveita toda oportunidade para passar um sermão em Eli sobre as práticas sexuais da halachá. A lista continua, até que, quase no fim da madrugada, temo ter sido completamente consumida pela raiva. Abafo o choro para não ser ouvida pelos vizinhos.

Às sete da manhã, Eli chega. Ele se prostra diante de mim, pedindo desculpas, mas me recuso a aceitar. Vejo seus lábios se movendo e penso apenas em sua falta de caráter e força. Em meu íntimo, já rompi com ele, e sei que, se permanecer casada com esse homem, todo dia estarei apenas interpretando o papel da esposa boa e dedicada, mas nunca mais me importarei com ele enquanto ser humano. Balanço a cabeça afirmativamente para tudo que diz, sem falar nada, e ele me abraça agradecido quando concordo em aceitá-lo de volta.

Sua mãe lhe disse para não me deixar mais ler livros da biblioteca, como se os vislumbres ilícitos de suas páginas fossem a causa de todos os nossos problemas. Se algum dia quiser voltar a ler, devo retomar os ardis da minha infância, e só de pensar em fazer isso de novo já me aborrece. Estou velha demais para lutar por essas pequenas liberdades. Não era para ser assim.

Tenho de me desfazer de todos os meus livros. Costumava ficar tão empolgada em vê-los expostos na mesa perto do sofá, em morar na minha própria casa e não precisar mais esconder a evidência do meu passatempo preferido. Agora não posso permitir que ninguém os veja e denuncie para minha sogra. Eu os enfio num saco de lixo grande que Eli jogará na lixeira perto do seu escritório.

Folheio meu exemplar gasto de *Anne de Green Gables*, antes de o enfiar no saco junto com *Watership Down* e *Jane Eyre*. Anne sofre tormentos como todas as adoradas personagens femininas de minha juventude, mas sempre foi minha favorita, pois, a despeito de sua impetuosidade e das coisas que apronta, conquistou o eterno amor dos que a cercam, do modo como sempre desejei. Eu pensava que seria Eli quem finalmente me amaria apesar de minha incapacidade em ser comum, como me prometeu quando nos conhecemos e o avisei que seria uma pessoa difícil. Mas provavelmente o que ele queria dizer com ser capaz de lidar comigo não tinha a ver com amor, mas com o poder de me submeter a seus desejos e me conformar ao seu mundo.

Eli me conta que sua irmã Shprintza esteve por trás de seu súbito sumiço. Agora que acredita ter caído novamente nas minhas boas graças, está ansioso para jogar nos outros a culpa por todos os nossos dissabores. Afirma ter descoberto que Shprintza vinha falando mal de mim para todo mundo na família esse tempo todo, inventando mentiras a meu respeito. Então eles o convenceram a me largar, porque acreditaram nela. Lembro de sua expressão amarga e raivosa nas minhas Sheva Berachot e, de repente, faz sentido para mim.

— Acha que foi só ciúme porque roubamos a cena dela? — pergunto a Eli.

Afinal, uma mulher recém-casada é coberta de atenções por sua família e amigas durante um ano inteiro antes de precisar ceder a vez à noiva seguinte. Mas esqueceram dela assim que me casei. De qualquer maneira, fora escolha dela; ela podia ter esperado e roubado a minha cena. Não acho que teria me importado.

— Sei lá — responde. — Pode ser isso, mas também podia ser que estivesse com ciúme por você ficar mais próxima de mim do que ela. A gente sempre teve muita intimidade quando morávamos na mesma casa. Vai ver ela acha que você é uma ameaça para a nossa relação.

— Mas ela tem marido! E era seu melhor amigo! Não é você que deveria se sentir ameaçado por ela estar se metendo entre vocês dois?

— Não, no meu caso é diferente. É como se ela tivesse casado com o meu melhor amigo para poder sempre estar no meu grupo. Sabe, ela sempre ficou de olho nele. Ela disse para a casamenteira sugerir.

Não acredito que a irmã de Eli seja tão manipuladora... Desse jeito parece que sempre foi obcecada por Eli. A ideia me deixa nitidamente desconfortável, mas não sei por quê. Mesmo assim, não estou disposta a jogar a culpa toda sobre ela. O fato de Eli ser incapaz de enxergar as manipulações de sua família me preocupa. Como pode ter se saído esse homem sem força de vontade que eu tinha tanta certeza de que não era? E por que, após descobrir que Shprintza era a culpada, não a reprovava e a família por suas ações? No mínimo, podia cumprir *seu* dever marital e me defender.

Como prometi a Eli que encontraria uma maneira de cuidar do nosso problema, marco uma consulta com a terapeuta sexual recomendada pela dra. Patrick. A terapeuta diz que pode perceber pela maneira como me contorço que o problema está na minha cabeça. Minha cabeça, ela diz, tem mais poder sobre meu corpo do que posso admitir. Minha vagina se fecha se é o que minha mente quer, e por mais que eu me convença de que quero que ela se abra, meu inconsciente não cai na minha, e é ele quem está no controle.

Chama-se vaginismo. Ela me dá um livro sobre isso. Leio que o problema é mais comum em mulheres que crescem em ambientes religiosos repressivos. Começo a compreender que os anos me escondendo do meu corpo o ensinaram a se esconder de mim.

Existe uma coisa chamada memória muscular, explica o livro, que o corpo usa para reter habilidades como caminhar e nadar. Há um motivo pelo qual você não esquece como andar de bicicleta. Mesmo que não consiga se lembrar, seus músculos lembram. Eles entram em ação no momento em que você pisa no pedal.

Se os músculos das suas pernas aprenderam a andar, não podem desaprender. Você não pode apagar a memória sem passar por um grande trauma. Do mesmo modo, explica a autora, se os seus músculos vaginais foram instruídos a se fechar, será difícil passar por cima desse tipo de memória muscular. Assim, não é só a mente que precisa ser convencida: é o próprio músculo.

A primeira coisa a fazer, diz o livro, é obter um kit de dilatadores de plástico, uma série de longos tubos de largura variável a serem inseridos regularmente. O tratamento pode levar meses, continuando até que o tubo mais largo de todos possa ser inserido confortavelmente. A ideia é treinar os músculos da vagina a afrouxar naturalmente. O processo é acompanhado de procedimentos respiratórios especiais e exercícios musculares.

Eu deveria ir à terapeuta e usar os dilatadores em seu consultório, mas é humilhante demais, então compro um kit pela internet e mando entregar no apartamento. Chega uma semana depois numa caixa branca comum, os tubos encaixados do menor para o maior em uma bolsinha de veludo com cordão. Eles são bege, com uma ponta discretamente afunilada. As instruções dizem para usar bastante lubrificante.

Toda noite, quando Eli está fazendo as orações, me deito na minha cama, praticando. As primeiras duas semanas são uma longa luta só para conseguir inserir o tubo mais fino, que mal tem a espessura do meu dedo, e preciso ficar deitada ali com ele dentro de mim por um tempo, e depois tentar fazê-lo deslizar para dentro e para fora, ao mesmo tempo mantendo a respiração o mais relaxada possível. É um trabalho exaustivo e maçante.

Sempre que chega em casa, Eli pergunta sobre meu progresso. Leva três meses para chegar ao maior dilatador, mas, por mais que pratique com ele, sempre dói. Parece que fisicamente estou fazendo tudo certo, mas mental e emocionalmente nada muda, e começo a perceber que essa é a questão central.

Em nosso primeiro aniversário, Eli e eu iremos a um show de hipnotismo em Las Vegas. Não contamos para ninguém aonde vamos, porque as pessoas desaprovariam; Eli diz à mãe dele que vamos para a Califórnia, assim posso descansar. Após a apresentação, o hipnotizador se oferece para curar fumantes, hipnotizar pessoas para que percam peso. Quando voltamos a nosso hotel, ocorre-me que isso talvez funcionasse: eu poderia hipnotizar minha vagina para que ela se abrisse!

Quando voltamos a Nova York, marco uma consulta com uma hipnoterapeuta em Midtown, em Manhattan. O preço é de 250 dólares, diz, mas está confiante de que pode me curar. Recosto-me na poltrona enquanto ela põe uma música suave para tocar e me instrui a respirar profundamente. A sessão dura uma hora. Não me sinto hipnotizada, mas com essas coisas a gente nunca sabe, certo?

Digo a Eli que vamos tentar outra vez, para valer. Quando vou à mikvá, a senhora que me inspeciona já me viu antes, e olha com curiosidade para minha barriga achatada.

— Shefaleh — diz ela —, não se preocupe, querida. Às vezes leva tempo.

Abro um sorriso falso de agradecimento.

Em casa, visto um penhoar de renda; quero que Eli esteja relaxado e não fique muito nervoso, já que depois de todo esse tempo ele também não se sente muito confiante. Faço de conta que seu pênis é o tubo, e dá certo, embora doa bastante, ardendo e queimando, e o bom é que acaba logo, que podemos fazer isso rapidamente. Ele fica tão feliz que ri e chora ao mesmo tempo pelo que parece uma eternidade, e seu corpo treme violentamente em cima do meu.

Em seguida, rola para se deitar de costas e coloca o braço atrás da cabeça, com um sorriso satisfeito. Ainda não recuperou o fôlego.

— Qual é a sensação? — pergunto delicadamente, com curiosidade genuína.

— O quê? Quer dizer da experiência em si?

— Isso.

Ele se vira e olha para mim, tentando encontrar as palavras.

— É, tipo, a melhor sensação do mundo.

Seus olhos estão úmidos.

— Hummm.

Não digo mais nada, mas penso: se é a melhor sensação do mundo para ele, por que não é para mim? Por que precisa ser tão maravilhoso para o homem e tanto esforço para a mulher? Será que algum dia vou gostar?

Bom, enfim, estou feliz que terminou. Ligo para Chaya no dia seguinte e lhe conto, e ela liga para todo mundo e transmite a boa-nova. Já estou pouco me lixando para minha privacidade. Já estou pouco me lixando para tudo.

Na sexta-feira à noite, Eli quer tentar outra vez. Está muito animado com essa novidade em nossa vida. Vem para a cama após o jantar do Shabes, e seu hálito cheira estranhamente a Coca-Cola.

— Você bebeu refrigerante? — pergunto. — Está com bafo de Coca-Cola.

— Não! Do que você está falando? Nem tem refrigerante nesta casa. Como eu ia beber refrigerante?

— Mas você está com cheiro de Coca! E muito forte! Pelo menos vá escovar os dentes!

Quando volta, Eli continua com o cheiro forte, como um refrigerante quente que perdeu o gás. Não aguento chegar nem perto do cheiro. Ele acha que estou inventando, mas é mais real para mim do que os lençóis em que durmo.

Quando Eli chega da sinagoga na manhã seguinte, diz:

— Talvez você esteja grávida. Meu amigo na shul falou que às vezes a mulher grávida sente uns cheiros estranhos que não existem.

Não posso estar grávida, não tão rápido. Será que é assim mesmo que funciona? Tão fácil? Não parece muito possível. Mas, novamente, a gravidez não é resultado de um acúmulo de relações; não é preciso mais do que uma vez. Por que não da primeira vez? Acho possível.

Compramos um teste ao final do Shabes, e as duas linhas rosadas aparecem em cinco minutos. Acho que conseguimos nossa gravidez. Na mesma hora, sinto que é menino. Vou direto à livraria no dia seguinte para comprar livros de grávida e passo a semana no sofá, lendo. Resolvo que não vou mais beber, ainda que minha cunhada ache que um pouquinho não faz mal. Terei a gravidez mais saudável do mundo, o bebê mais saudável de todos. Pelo menos isso eu posso controlar.

Ignoro o fato de que não sinto emoção alguma, nem mesmo enquanto Eli está praticamente aos prantos tamanha a felicidade e arrancando os cabelos ao pensar para quem deveria contar e se deveria esperar os três meses exigidos antes de anunciar. Ocupo-me de questões práticas, como as coisas que precisaremos e onde iremos comprá-las, e como em breve não caberei mais em nenhuma das minhas roupas.

Escuto Eli no quarto falando ao telefone com a mãe. Sorrio comigo mesma, secretamente. Acho que ele não seria capaz de segurar a notícia. Em pouco tempo, volta à sala de jantar e senta ao meu lado no sofá, pondo a mão em minha barriga.

— Ela chorou — murmura. — Está tão feliz, você devia ter ouvido. Achou que esse dia nunca chegaria.

Claro. Porque tenho dezoito anos e poucos anos férteis pela frente. Ela achou que a gente não "consertaria" nosso probleminha até eu chegar aos quarenta. Bom, Chaya engravidou pela sexta vez aos 42 anos. Balanço a cabeça com desprezo. Que dupla, essas duas, Chaya e minha sogra: rainhas do melodrama.

— Sabe — diz Eli, devagar —, agora que você está grávida, está pura. Tipo, pelos próximos nove meses. Não precisa ir à mikvá. Vou poder ter contato com você o tempo todo.

Solto uma risada.

— É por isso que está tão feliz? Desde quando se preocupa com a mikvá? Quem precisa ir sou eu, não você.

— Eu sei, mas você sempre me fala como odeia. Estou feliz por você.

Está feliz por si mesmo. Acaba de descobrir como é o sexo e agora tem nove meses sem restrições. Nenhum descanso para quem já está exausto.

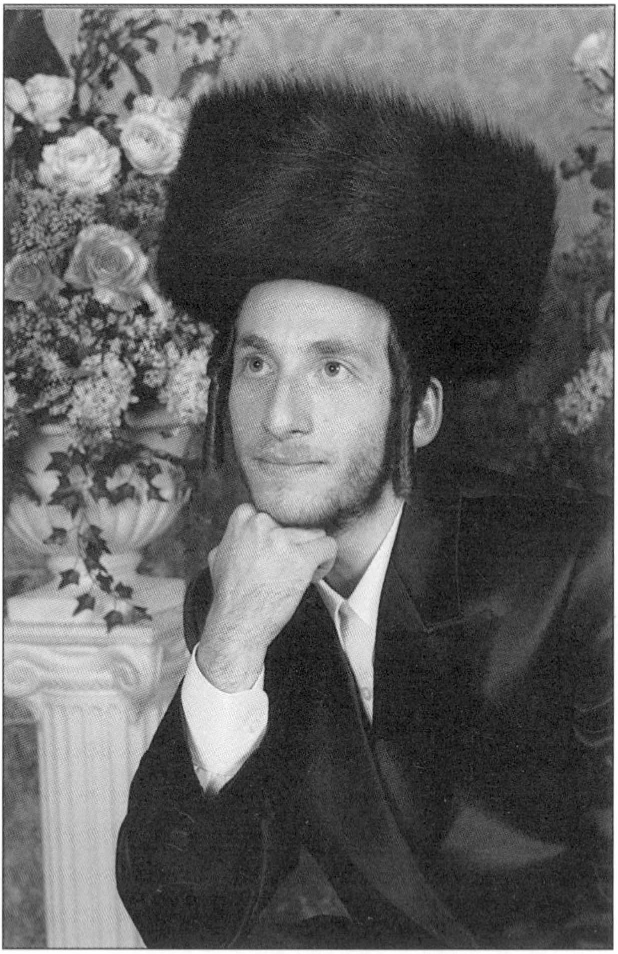

8

A justiça prevalece

"O Talmude assegura que Deus também ora. 'Qual é a oração de Deus?' 'Oh, que Minha misericórdia prevaleça sobre Minha justiça!'"
Os tesouros do folclore judaico, Nathan Ausubel (org.)

Decido que será impossível criar um filho em nosso apartamento em Williamsburg. É pequeno demais; não tem espaço para um berço nem brinquedos. Quero um quintal e árvores; tive a sorte, mesmo tendo crescido na cidade, de poder morar em um prédio que tinha o próprio jardim, não nos centros habitacionais onde vivia a maioria das minhas amigas.

Estou tão cansada de morar em Williamsburg. Não consigo acreditar que ainda tenho de aguentar todos os olhares e críticas, a fofoca incessante dos vizinhos, a falta de privacidade. Não podemos nem dar uma fugida e ir ao boliche sem a apreensão de sermos seguidos por alguma bisbilhoteira intrometida. Não era nada disso que eu queria. Esperava mais liberdade com o casamento, mas, em Williamsburg, até uma mulher adulta e casada continua vítima do mesmo escrutínio a que era sujeitada quando criança. Nem Eli está acostumado às condições sufocantes do Brooklyn; onde cresceu, as pessoas viviam mais espalhadas. Não era como se você pudesse ficar junto à parede e escutar o casal vizinho brigando por causa de compras de supermercado.

Estou sempre tentando bolar algum esquema para mudar nossa situação de vida. Eli tem dificuldade em se ajustar a mudanças; é avesso por natureza a qualquer tipo de risco. Durante semanas preparo o terreno, lembrando-o de como seu trajeto de duas horas tanto de ida quanto de volta para o trabalho é tedioso e como isso vai afetar muito o tempo que vai passar com o bebê. Todos os seus irmãos e irmãs moram no norte de Nova York, observo. Não há nada que nos prenda aqui.

Eli telefona para o irmão e pergunta o que ele acha. É claro que Aaron fica entusiasmado na mesma hora, desfiando diversos motivos para Eli se mudar. Até sabe de um apartamento vago e garante conseguir para nós um preço excelente. Quando Eli e eu vamos conhecer o apartamento, não fico muito animada com o estado dele, mas calculo que após nos mudarmos para lá posso depois encontrar um lugar melhor. Por ora, só de pensar em deixar para trás tudo que eu odiava em Williamsburg já me deixa nas nuvens.

Quando conto para tia Chaya sobre isso, já estou com metade das coisas empacotada. Mesmo assim, por algum motivo, sinto que preciso lhe dar um aviso formal. Por incrível que pareça, parece aprovar a ideia. Ela me lança um olhar avaliador quando dou a notícia e diz apenas:

— Monsey? Acho que poderia ser uma ótima ideia vocês se mudarem para lá.

Há uma ênfase na incerteza dessa declaração, mas pelo menos ela mantém a mente aberta. Talvez esteja cansada de me ter por perto como um fardo. Em Airmont, uma cidadezinha nos arredores de Monsey, estarei bem longe das vistas de todo mundo e, pela primeira vez, serei verdadeiramente independente.

Nosso novo apartamento fica no térreo de um sobrado em uma ruazinha sem saída próxima da New York State Thruway. O ruído do trânsito à noite, combinado com o cricrilar incessante dos grilos, tranquiliza minha alma urbana.

Adoro o campo. Não consigo nem pensar em voltar a morar na cidade, com seus olhares intrometidos e ambientes confinados. Caminho pela Rota 59 em direção ao centro comercial onde faço compras, mas após algum tempo começo a me preocupar com o fato de que não conseguirei ir a todos os lugares quando minha barriga estiver maior, e sei que algumas mulheres em Monsey dirigem. Até minha cunhada tem carteira de motorista, para emergências, embora a escola de seu filho não permita que dirija. Mas não sou tão religiosa quanto ela e ainda não tenho filhos na escola, então decido ter aulas de direção. Convenço Eli de que seria bom para nós; eu poderia dirigir um pouco em viagens mais longas na estrada.

Steve é meu professor de direção. Ele afirma ser judeu, embora não seja religioso, um solteirão de meia-idade que mora no porão da casa de uma mulher idosa, tomando cerveja e vendo futebol americano. Não conto que estou grávida porque ele faz comentários depreciativos sobre as mulheres hassídicas, comparando-as a máquinas de fazer bebês, e não quero que me veja dessa forma. Acordo cedo para vomitar e ficar livre logo, e, quando escuto a buzina lá fora, minha barriga em geral já se acalmou o suficiente para eu disfarçar o enjoo.

Tinha a expectativa de que ele fizesse piadinhas sobre mulheres ao volante, mas, pelo contrário: ele me ensina a ser firme e agressiva, e a não deixar os outros motoristas me intimidarem. Após arranhar o carro num estacionamento, considero desistir. A vida toda vi mulheres motoristas sendo ridicularizadas e de algum modo continuo a me sentir como se não tivesse o direito de ter uma carteira. Steve vem até a minha casa e insiste que retomemos as aulas imediatamente, e, ainda que eu esteja apavorada, eu o obedeço, e ele me leva para treinar na rodovia. Não consigo acreditar que ele se sinta suficientemente seguro comigo ao volante a cem quilômetros por hora.

Quando voltamos, Eli está sentado em uma cadeira de reclinar, no gramado da frente, esperando por mim, e Steve olha para ele e pergunta:

— Aquele é o seu marido?

Assinto.

— Ah. Parece um sujeito maneiro — diz ele.

Quando entro, conto para Eli o que Steve falou e rimos histericamente da ideia de meu marido, com suas longas peyot, ser chamado de "maneiro" por seja lá quem for.

Meu exame de direção é conduzido por um velho rabugento que murmura algo a cada curva e me olha feio o tempo todo, mas sou aprovada. Percebo que até Steve fica um pouco surpreso.

Agora estou tão empolgada que quero ir de carro para todo lugar e, mesmo quando tenho de espremer a barriga atrás do volante, continuo a dirigir, usando mapas para ir a Orange County e Nova Jersey, só pelo prazer de poder explorar. Aos domingos, pegamos a Rota 9W e tiramos fotos do rio Hudson serpenteando abaixo de nós. Eli adora bater fotos, mas detesto posar. Não quero me lembrar de como era minha aparência quando estava grávida.

Visitamos minha sogra em Kiryas Joel, e ela fecha a cara quando vê o tamanho da minha barriga. Insiste em puxar a barra da minha saia sobre os joelhos sempre que passa pelo sofá, como que dizendo que eu não deveria exibir tanto a minha gravidez em sua casa. Fiquei bem grande; as pessoas perguntam se estou esperando gêmeos. A dra. Patrick diz que é porque estava abaixo do peso quando engravidei, e é verdade, mas não mais que três a cinco quilos. A ansiedade do primeiro ano de casamento me fez perder bastante peso.

Fiquei tão grande que não encontro roupas que sirvam, e minha shviger quer que use vestidos para gestantes, mas meu único pensamento é: *Só porque estou grávida não quer dizer que preciso ficar feia*. Estou tendo enxaquecas e não aguento usar a peruca por muito tempo. Também deixei o cabelo crescer, já que não preciso mais ir à mikvá e ninguém está em cima de mim. Ainda está curto, uns cinco centímetros.

Após meu check-up mensal no consultório da médica em Nova York, passo em um salão. Tiro a peruca e pergunto à cabeleireira se consegue fazer alguma coisa com o cabelo, quem sabe algumas luzes e um corte curto bonitinho.

— Ai, meu Deus, seu cabelo é virgem! — exclama ela.

O cabelo da mulher tem mechas vermelhas e é puxado para trás com gel, como o de um rapaz.

— Como assim? — pergunto, rindo.

— Quer dizer que seu cabelo nunca foi tingido nem cortado em nenhum estilo específico, é uma folha em branco.

Ela não menciona minha peruca, mas depois, enquanto está fazendo o corte, diz que o salão costuma receber pacientes de câncer começando a recuperar os cabelos, que tem muita experiência em lidar com cabelos tão curtos assim e que posso ficar tranquila. No fim do dia, acabo com um corte *pixie* avermelhado, com mechas cor de mel nas pontas. Pareço diferente, e o Zeide consideraria promíscuo, mas eu gostei.

Eli não parece notar nada diferente em mim, porém mais tarde pergunta se estou pensando em raspar a cabeça outra vez, porque, segundo ele, o cabelo está aparecendo sob as bordas do turbante e as pessoas percebem, e não quer ver ninguém falando coisas ruins sobre mim, sobre nós.

— Quem diria coisas ruins? — pergunto.

Embora ele ignore minha pergunta, sei que está pensando em sua irmã. Várias pessoas já nos relataram que ela fica espalhando rumores caluniosos sobre nós, mas nunca a confrontamos, em parte porque sentimos pena. Sei que age assim por ciúme, só não sei ao certo o que podemos ter para deixar alguém com tanta inveja. Shprintza engravidou logo que se casou e já tem um bebê rechonchudo chamado Mendel, em homenagem ao avô de Eli.

— Que nome vamos dar para o bebê? — pergunto a Eli. — Você sabe que com o primeiro filho a escolha é da mulher, mas como a gente só pode dar o nome de alguém da família que já faleceu, não sobram muitas opções. Vamos pelo menos escolher um nome que seja bonitinho e não sério demais. Nada que outras crianças possam tirar sarro.

Depois de examinar minha árvore genealógica, decido por meu tio-avô, irmão do Zeide. Seu nome é Yitzhak Binyamin, e todos sempre falam de como ele era inteligente e simpático. A definição literal do nome hebreu é "aquele que traz risadas, o filho, o braço direito". As possibilidades para apelidos carinhosos são imensas: Yitzy, Binny, Yumi, todos ótimos para chamar um bebê.

Quando a técnica de ultrassom disse que era menino, Eli chorou. Segurou minha mão e disse que sempre quis um filho, para poder dar a ele o que nunca recebeu do pai. O pai de Eli é a pessoa mais fria e distante que já conheci, e fico feliz por Eli querer ser diferente, mas me pergunto se ao menos compreende como se parece com sua família, como inconscientemente reproduz o comportamento do pai. Ele jura para mim que será o melhor pai que posso imaginar, e, nesse momento, acredito nele, porque as lágrimas são reais.

Fico encantada com a imagem que a enfermeira imprime para nós, a minúscula forma de bebê com a mão curvada em direção à boca, o polegar pairando junto aos lábios. É tão incrível pensar que uma vida assim possa estar crescendo dentro da minha singela barriga.

Começo a desenvolver minúsculas marcas vermelhas por todo o abdômen. Parecem pequenas veias. São estrias, mas não as que aparecem normalmente no quadril. Estão mais para centenas de pequenos elásticos estourados na minha pele.

Quando o bebê começa a dar chutes fraquinhos, me deito no sofá e ergo o suéter para devolver os cutucões nesse monte que cresce sem parar, apertando as pequenas protuberâncias que surgem em áreas aleatórias do meu abdômen. Às vezes, me pergunto: *Isso pressionando minha barriga seria um cotovelo, um calcanhar ou quem sabe uma cabecinha?*

De vez em quando fico com os nervos à flor da pele, vou para a cama e choro, e, quando Eli pergunta o motivo, digo que é porque o vizinho está tocando piano alto demais e não consigo dormir, ou porque não temos banheira e sinto falta de poder tomar um banho demorado. Segundo Eli, seu irmão lhe contou que mulheres grávidas choram com frequência e que eu não deveria me preocupar, porque aparentemente estou bem melhor do que sua irmã Shprintza, que chorou todos os dias durante nove meses. Mas talvez esteja dizendo isso só para fazer eu me sentir melhor.

Homens hassídicos não têm permissão para se masturbar, Eli vive repetindo para mim. Como consequência dessa regra, explica, sou obrigada a satisfazê-lo para não deixar sua frustração sexual se acumular. Se eu me recusasse, eu o estaria forçando ao pecado, carregando assim a responsabilidade por seu delito.

Quando Eli se sente excitado, o que é bem frequente de uns tempos para cá, chega perto de mim da mesma maneira como imagino que um cachorro se esfrega nas pernas da mobília, roçando insistentemente contra meu corpo, como se eu fosse um pedaço de pau a ser usado para obter a sensação prazerosa da fricção. Não consigo explicar para ele por que fico tão tensa ante suas tentativas desajeitadas de se satisfazer, visto que ele é incapaz de entender por que eu iria querer negar-lhe prazer. Mas abomino suas sessões de esfregação mais do que as tentativas de penetração; nos momentos desconfortáveis em que fico imóvel enquanto ele roça seu corpo no meu, sinto minha dignidade e meu amor-próprio se esvaírem.

Quanto mais avançada na gravidez estou, mais desculpas tenho para evitar o sexo. Até Eli tem medo de machucar o bebê. Ele tem uma noção bizarra de que o bebê consegue vê-lo de dentro da barriga, e, mesmo sabendo como isso é ridículo, não lhe conto o que aprendo nos livros de gravidez; deixo que continue pensando assim, e a trégua é bem-vinda.

Mesmo assim, se quero alguma coisa, sei que a melhor maneira de conseguir é ceder a seus avanços. O sexo o amansa por um tempo, deixando-o propenso a permitir que eu faça tudo ao meu modo, e é bom vê-lo sorrindo, como acontece depois de fazermos sexo, não de cara fechada e ressentido por todos os meus erros. Quando digo não, ele fica ranzinza.

Assim que termina, Eli se veste e sai. Sempre. No minuto em que se livra do desejo, é como se esquecesse o que o levou à cama para começo de conversa, e sai de casa voando como se estivesse atrasado para uma reunião importante. O contraste entre sua avidez e seu desaparecimento súbito é desconcertante. Fico com a sensação de que a única coisa que deseja de mim é se satisfazer fisicamente, e, no minuto em que isso acontece, sou abandonada. Eu o odeio por me fazer sentir tão insignificante, mas quando lhe digo como me sinto, ele ri com condescendência. *Está sendo boba*, afirma ele. *O que vou fazer, ficar por aqui? Se já terminamos, posso muito bem encontrar meus amigos na shul. O que mais acha que eu deveria fazer?*, pergunta. *Por favor, diga. Mas se não tiver nada, não me faça sentir culpado por qualquer coisa que faço nesta casa.*

A verdade é que não o quero por aqui. Não o quero em minha cama, em primeiro lugar. Mas gostaria que não fosse tão óbvio para mim qual é o meu papel nessa casa. Gostaria de poder ser ignorante e acreditar que meu marido me aprecia por mais do que apenas os simples prazeres proporcionados por meu corpo.

No sexto mês de minha gravidez, Rebe Chaim, de Yerushalayim, vem à cidade. É um famoso cabalista de Israel que visita os Estados Unidos algumas vezes por ano, e, quando isso acontece, todos fazem de tudo para conseguir um encontro com ele. Esse ano, Eli conseguiu um para mim, por intermédio de um amigo seu, graças a minha gravidez. Não tenho nenhuma vontade específica de consultar um cabalista, porque sou cética quanto ao misticismo de forma geral e faz algum tempo que venho questionando minha crença em Deus. E sempre tive um medo secreto de pessoas que professam ver tudo; não sei se quero ser vista.

Minha barriga agora forma uma pequena bola perfeita sob meu suéter, e a seguro de forma protetora, com a mão no bolso, enquanto espero ser atendida pelo Rebe. Já são duas da manhã quando me levam até ele, e sua esposa está sentada em um canto, de modo a não infringirmos as leis da separação de sexos ficando os dois a sós em uma sala.

O Rebe Chaim pede que eu escreva minha data de nascimento e passa alguns minutos fazendo cálculos em um pedaço de papel.

— Onde estão seus pais? — pergunta. — Por que não estão com você? Vejo que não é órfã, mas eles não estão presentes mesmo assim.

Explico brevemente sobre meus pais.

— Há um segredo acerca do seu nascimento — declara ele. — Os laços de sangue não são consanguíneos. Quando seu filho nascer, tudo será revelado. A verdade virá à tona. Você conhecerá a si mesma por meio de seu filho.

Ele pergunta que nome planejo dar ao bebê e aprova a minha escolha.

— Lembre-se — diz, olhando diretamente para mim com um olhar penetrante —, essa criança vai mudar sua vida de maneiras que você ainda não é capaz de compreender. Mesmo quando achar que as coisas não têm sentido, seu caminho já está traçado. Você é uma alma muito antiga; tudo na sua vida está carregado de significado. Não ignore os sinais. Lembre-se do número nove. É um número muito importante para você.

Assinto com gravidade, mas por dentro penso como isso é ridículo, que não tem como esse homem, que nunca me viu, saber como sou de verdade.

Antes que eu saia, ele ergue o rosto e me pede que espere.

— Sua shadchan — diz —, sua casamenteira, ela não está satisfeita. Acha que não recebeu dinheiro suficiente por seu trabalho. Tem dito coisas ruins sobre sua família e a família do seu marido, e seu rancor paira como uma nuvem sobre seu casamento. Você e Eli não podem ser felizes, não podem ser abençoados, enquanto ela não for aplacada.

Nem faço ideia de quem foi nossa shadchan. Terei de perguntar a Eli se o que o Rebe falou faz algum sentido. Quando chego, ele aguarda ansiosamente, curioso sobre meu encontro com o Rebe Chaim. Eli fica perplexo quando lhe conto sobre a casamenteira ressentida.

— Vou ter que perguntar para minha mãe — diz, pensativo. — Nunca pensei nisso.

No dia seguinte, Eli liga para a mãe e conta o que o Rebe Chaim disse. Ela fica imediatamente na defensiva, afirmando que pagou mil dólares para a casamenteira, que é considerado a média. Mas Eli foi um rapaz com um arranjo complicado, mais velho do que a maioria.

Mais tarde minha sogra liga de volta para Eli, dizendo que fez algumas perguntas e descobriu que os rumores eram verdadeiros, que nossa casamenteira anda se queixando de ter recebido pouco. Uma casamenteira insatisfeita traz má sorte; todo mundo sabe disso. Eli diz que cabe a nós apaziguá-la, mas não temos dinheiro para lhe dar.

Penso que talvez ela seja o motivo para eu ter sido tão amaldiçoada desde o início desse casamento, que seu rancor está diretamente relacionado à nossa infelicidade. Será que Deus permitiria um sistema de justiça tão simples assim operar no interior de seu sistema mais amplo de recompensa e castigo? Certamente uma única pessoa insatisfeita não teria o poder de causar tanta destruição. Se Eli e eu estávamos sendo punidos por algo, não era por uma casamenteira ressentida. Eu podia fazer uma longa lista de motivos que viriam antes.

• • •

Perto do fim do meu segundo trimestre, ganho mais de cinco quilos em uma semana. A barriga diante de mim incha como um balão e pesa tanto que tenho de pôr as duas mãos embaixo dela para me apoiar quando ando. A barriga pesa em minhas costas e meus ombros, causando dores excruciantes. Quando entro no terceiro trimestre, fico cada vez mais inativa, com dificuldades de realizar tarefas simples. Presa ao sofá, sinto-me entediada e frustrada. O ponto alto do meu dia são as fofocas que Eli traz para casa ao chegar do trabalho. Fiquei reduzida à condição de dona de casa yenta que sempre abominei, ansiando por saber da vida de todo mundo.

Quando Eli chega certa noite com a testa franzida após as orações, sou tomada por uma curiosidade desesperada. Torcendo por alguma notícia interessante para tornar meu dia mais animado, preparo um chá para ele e pergunto sobre o que os homens andam falando na shul.

— Sabe o tal do Bronfeld, do fim da rua? O filho dele foi expulso da yeshivá.

— Por quê? — pergunto, surpresa.

— Por ser molestado — revela ele, a voz grave.

— Do que você está falando? Conta logo — insisto.

— Sabe aquele manco esquisito da shul que mora aqui na rua?

— O velho, certo? Sim, sei quem é. O que tem ele? — digo, assentindo com impaciência.

— Bom, o menino do Bronfeld estava agindo esquisito na yeshivá, daí o diretor chamou ele na sala para perguntar o que estava acontecendo, e ele falou que esse velho, que dá aulas de bar mitzvá para ele, o molestou durante meses.

— Como assim?! — exclamo, chocada, só que também ávida por mais. — Mas por que expulsariam a criança por isso? Não é culpa dele.

— Bom, o diretor falou para o pai do menino que ele não pode continuar na yeshivá porque iria corromper os outros meninos. E agora estão dizendo que nenhuma yeshivá quer nada com ele.

Eli fica em silêncio por um momento, mexendo seu chá.

— Às vezes eu penso como a gente nunca está seguro, sabe? Pode ser qualquer um. O vizinho aí do lado. Um velho amigo da família. Como a pessoa consegue proteger os filhos disso?

— Ainda não acredito que o velho é um molestador de crianças. Como eles têm certeza?

— Os homens na shul estavam dizendo que até faz sentido. Quer dizer, todos achamos por um tempo que ele fosse gay, pela maneira como sempre sentava perto demais da gente... Além disso, ele vivia falando em comprar presentes caros e outras coisas para esse garoto. Quer dizer, era esquisito, sabe? Sem dúvida era esquisito.

— Vão denunciá-lo? — pergunto.

— Acho que o pai do menino não quer isso divulgado. Vai ser muito pior para ele se for de conhecimento geral. Mas alguém vai tomar providências, com certeza, é só esperar.

E de fato, vários dias mais tarde, o velho desapareceu misteriosamente, e o boato é que sua família o pressionou a se esconder. Enquanto está longe, membros da comunidade entram de fininho em sua casa e revistam suas coisas. Eli me conta que encontraram caixas de sapatos cheias de fotos de crianças em níveis variados de nudez. Pelas evidências, diz, parece que molestou crianças a vida inteira. Suas vítimas podem ter chegado às centenas.

O pedófilo criminoso volta para casa algumas semanas depois, quando sua família acha que o burburinho cessou, e todo dia eu o vejo fazendo sua caminhada diária, seu corpo frágil e curvado movendo-se com lentidão. Fico tão enojada quanto atônita que um homem de sua idade ainda fosse capaz de perpetuar uma perversão tão pavorosa. Toda vez que passo por ele de carro, sou dominada pela vontade de abaixar o vidro e cuspir, mas o máximo que faço é encostar no meio-fio, diminuindo quando me aproximo e olhando em seus olhos. Ele sempre age como se não notasse, e seu sorriso complacente fica gravado em minha memória.

— Ele é velho demais para ser preso — diz Eli, e isso me irrita profundamente.

— Ele não é velho demais para abusar de alguém, mas é velho demais para ser preso?

Os hassídicos adoram pregar como são famosos por mostrar compaixão pelos outros judeus. Para mim, essa parece uma forma muito liberal de compaixão, se pode ser tão indiscriminadamente estendida a uma pessoa culpada de crimes terríveis. E, contudo, é exatamente esse tipo de amor que os hassídicos professam uns pelos outros, um amor que não discrimina, um amor que não precisa ser justificado. Justiça é assunto celestial, na visão da comunidade; nossa função é apenas viver o mais harmoniosamente possível entre nós. Faça pelo próximo o que você gostaria que o próximo fizesse por você e, quando o próximo não cumprir sua parte no trato, deixe que Deus se encarregue do resto.

Eli convida pessoas diferentes toda semana para vir a nossa casa para o Shabes. Preparamos um banquete e faço uma panela grande de cholent bem gorduroso, complementado com ossos de tutano e bochecha bovina, do jeito que os homens gostam. Não me importo de trabalhar duro se significa que teremos convidados. É sempre mais interessante ouvir o que têm a dizer do que ficar sentada à mesa em uma conversa forçada com meu marido. O pessoal que vive nas redondezas é bem diferente das pessoas enfadonhas com quem cresci. Muitos são os rebeldes de suas famílias e se mudaram para cá pelo mesmo motivo que escolhi o lugar, a fim de ficar longe da eterna vigilância. Além disso, morar em Airmont significa que não são uma pedra no sapato de seus pais, uma lembrança constante da falta de disposição para viver à altura das expectativas que os mais velhos têm deles. Quando visitam os pais, fingem ser tão devotos quanto devem, mas aqui, nesta cidade pequena, ninguém vê o que estão fazendo, e certamente ninguém denuncia.

Claro que nessa semana todo mundo só fala sobre o velho pervertido. Ninguém consegue acreditar que o homem é um molestador de crianças. Alguns falam sobre como havia indícios; outros dizem que conhecem os filhos dele e que não é possível. Meu vizinho Yosef diz que o homem sobreviveu ao Holocausto quando jovem porque ficou sob a proteção de um guarda nazista no campo de concentração, aparentemente para limpar sua casa, mas a verdade é que era molestado por seu protetor. Com seu cabelo loiro e olhos azuis, era fácil para os alemães fazerem vista grossa. Yosef diz que é por isso que o sujeito virou um molestador, que deveríamos ter pena dele. Escuto com atenção todos os detalhes. As caixas de sapatos cheias de fotos não entram na minha cabeça. Quem poderia ser depravado a ponto de tirar aquelas fotos? Quem seria estúpido o bastante de mantê-las como prova? O que leva um homem a fazer tais coisas? Mas, acima de tudo, eu me pergunto sobre a halachá. Há uma lei judaica para tudo. A Torá oferece um castigo para cada crime, por mais insignificante que seja. Mas e quanto a abuso infantil? E quanto a pedofilia? Existe uma halachá para isso? Existe um procedimento rabínico?

Pelo jeito, a Torá não explica o que fazer com um homem que tem vontade de praticar sexo com crianças. Ela fala sobre homens que fazem sexo com outros homens e homens que fazem sexo com animais. Esses são os pecados imperdoáveis. Mas não há menção a abuso sexual de crianças.

Quando expresso minha indignação, à mesa do jantar, Eli tenta me explicar. Ele diz que antigamente as pessoas se casavam muito novas. Não havia uma distinção tão clara entre uma criança e um adulto do modo como existe hoje. Se as mulheres eram oferecidas em casamento já aos nove anos, não seria impraticável determinar leis que fossem contra se juntar com crianças? Não havia tabus sociais em jogo.

Hoje em dia existem todos esses melindres, ironiza ele. Hoje você é considerado um bebê até o minuto em que faz dezoito anos, depois de repente é um adulto? Questão de interpretação, afirma, fazendo com a mão um gesto de desdém. Os demais se manifestam, concordando com ele. Observo os homens tomando a sopa de frango que preparei com tanto carinho hoje de manhã, acrescentando grão-de-bico e rabanete ralado a seus pratos, misturando com o macarrão e a abóbora. Estão comendo a minha comida à minha mesa, mas é como se eu fosse invisível. Mulheres não são escutadas de verdade na conversa. Nosso papel é servir a comida e depois arrumar tudo.

Baixo os olhos para meu prato, sentindo que estou corando de constrangimento. Eli vive me censurando por me exaltar demais à mesa no Shabes. "Por que precisa ter tanta raiva de tudo?", está sempre se queixando. "Outras mulheres não se comportam desse jeito. Não consegue simplesmente relaxar?"

Mas me preocupo. Minha preocupação é que, se ninguém à minha volta leva nada a sério, quem vai levar? O Talmude diz: "Se não eu, quem? Se não agora, quando?" Se devo seguir os conselhos de nossos rabinos em tudo na vida, não faz sentido obedecer também a esse verso em particular?

É como se estar grávida servisse apenas para agravar minha ansiedade em relação a todas as coisas. Quanto mais descubro sobre os horrores do mundo em que vivemos, mais insegura me sinto em trazer uma criança a ele. Há apenas alguns anos, não tinha noção de tudo isso; só recentemente descobri como o mundo é perigoso, mas ainda não faço ideia de como me guiar com segurança em meio a tais perigos. Como é possível que consiga proteger uma criança?

Semanas depois, o assunto que domina as fofocas locais é o irmão de Eli. Não se fala de outra coisa à mesa do Shabes. Todos sabem que já tem três anos que se encontra às escondidas com uma jovem sefaradi de Williamsburg, mas o pai dela descobriu e agora não deixa mais a filha sair de casa.

Meu cunhado Yossi é o rebelde da família, o *bad boy* que fuma Marlboro e enfrenta o pai, que apara a barba rente e prende as peyot atrás da orelha. Seu comportamento indomável deixa todos horrorizados. Nesse Shabes, somos convidados na casa dos meus sogros, e vejo Yossi extrapolar no conhaque antes mesmo da refeição matinal. Quando meu sogro está prestes a pronunciar a bênção sobre o vinho, Yossi desmaia.

— Está respirando? — pergunta meu sogro com frieza, e o outro irmão de Eli, Cheskel, se inclina sem pressa para verificar.

Quando ergue o rosto, está pálido.

— Precisamos levá-lo para o hospital.

A ambulância da Hatzolah vem buscá-lo e ficamos todos plantados em casa até o fim do Shabes para descobrir o que aconteceu, devido à proibição de usar telefones. Cheskel liga assim que o Shabes se encerra e diz que fizeram uma lavagem intestinal em Yossi no hospital Cornwall, mas que ele está passando bem. Eli e eu vamos buscá-lo de carro e Yossi surge pelas portas duplas curvado sobre a barriga, como se fosse doloroso andar direito. Seu rosto está pálido e carrancudo. Ele se recusa a falar.

Todos sabemos que bebeu demais. Tem feito isso com frequência, deprimido por causa dessa garota, porque chegou a hora de se casar, mas ele só quer ficar com ela. É uma beldade de cabelo preto e olhos verde-claros emoldurados por longos cílios, cujo pai espera que se case com um bom rapaz sefaradi de pele morena e modos obedientes.

Seria um escândalo terrível Yossi se casar com Kayla, porque na comunidade Satmar os sefaradim são considerados classe baixa, e os judeus ashkenazim não se casam com pessoas de outras classes.

Yossi fica uma semana sem sair da cama, de modo que sua mãe liga para Eli e lhe pede que converse com o irmão e tente convencê-lo a superar isso. Eli chega em casa mais tarde nessa noite, balançando a cabeça de perplexidade.

— Ele não consegue esquecer essa garota. Diz que só sai da cama se puder se casar com ela.

— Então fale para a sua mãe deixá-lo se casar com ela e pronto, pelo amor de Deus! Como ela é cabeça-dura! Sério, qual é o problema?

— Todo mundo vai ficar falando. Se o Yossi se casar com uma sefaradi, a família inteira será afetada. Todos vão pensar que tem alguma coisa errada com ele.

— Quer dizer então que sua mãe vai deixar Yossi se matar só para impedir uma fofoca boba?

Eli relutantemente concorda em conversar com a mãe. No fim, ela consente, dizendo que, se o outro lado aceitar a união, não vai fazer nada para impedir. Eli se reúne com seus irmãos à nossa mesa de jantar certa noite e concordam em mandar alguém falar com o pai de Kayla. Acho que a questão foi encerrada, mas após o Shabes ouço dizer que Yossi está acamado outra vez e não fala com ninguém.

Eli e eu vamos juntos visitá-lo e fico impressionada em como os dois parecem idênticos, a não ser por Yossi usar as peyot enfiadas atrás das orelhas e a barba curta. Terminamos conseguindo arrancar a história dele. Parece que o pai de Kayla a levou a um cabalista, que lhe disse que coisas terríveis aconteceriam futuramente com ela, como verrugas e doenças, caso viesse a se casar com Yossi. Depois um amigo de Yossi descobriu que o pai de Kayla pagou ao cabalista para dizer essas coisas, mas Kayla ficou tão assustada que se recusa a sequer conversar com Yossi.

Sento na cadeira ao lado da cama dele, puxando a blusa sobre minha barriga de grávida, e o encaro com firmeza.

— Escuta aqui — digo, com veemência. — Você conhece Kayla há quanto tempo? Três anos? Acha que um medo momentâneo vai apagar isso? Não é assim que funciona. Se ela é mesmo louca por você, vai esquecer essa história do cabalista. Espere uns dois dias que ela liga para você, juro.

Yossi se apoia em um cotovelo e ergue o corpo, fitando-me esperançoso, seu cabelo loiro-avermelhado desgrenhado sob a quipá preta de veludo.

— Acha mesmo?

— Claro! Se vocês se gostam de verdade, nenhum cabalista vai ficar no caminho, prometo.

Dito e feito, três dias depois ela telefona prometendo enfrentar o pai. Os irmãos de Eli arrumam algumas pessoas para pressionar o pai de Kayla e ele cede, concordando em permitir a união.

O noivado é rápido e sigiloso, e uma data de casamento é marcada para dali a seis semanas, de modo a evitar muito escândalo. Corre um rumor de que Kayla está grávida. Nada mais do que uma fofoca infundada, sem dúvida.

Passamos o fim de semana do casamento na casa de Shprintza em Kiryas Joel. Detesto ficar hospedada na casa da irmã de Eli, porque ela é toda gentileza se meu marido está por perto, mas no minuto em que ele sai para a shul, é como se mudasse de personalidade. Fico indignada por ela não ter o menor pudor de ser duas caras desse jeito.

Arrasto minha barriga de grávida e meu horrível vestido de gestante pelas ladeiras íngremes até a sinagoga onde minha sogra realiza as Sheva Berachot. Não tenho me sentido muito bem ultimamente — estou quase sempre indisposta e cansada —, e estampar um sorriso no rosto após a dura caminhada não é fácil. Na sexta à noite, quando volto para nosso quarto, me sinto enjoada e com cólica, e fica difícil dormir. Finalmente, às três da manhã, saio da cama e chego ao banheiro bem a tempo de vomitar. A força do jato é tão violenta que pedaços de comida saem pelo meu nariz e posso sentir as veias em torno dos olhos se distendendo e saltando.

Eli escuta e vem segurar minha cabeça, algo que já se acostumou a fazer. A cólica não dá trégua. Estou grávida de seis meses. Digo a Eli que temos de ligar para a médica, mesmo sendo Shabes. É permitido telefonar em caso de emergência. Usamos meu celular, deixamos nossos dados com o serviço de recados e aguardamos o retorno.

A médica de plantão escuta meus sintomas e diz que precisa me ver, que dores abdominais e vômito a essa altura da gravidez em geral são sinais de dilatação e que é cedo demais para eu entrar em trabalho de parto. Eli quer que eu pergunte se podemos esperar até o encerramento do Shabes, dali a doze horas. A médica diz que depende de nós e de como nos sentimos. Percebo que ela não entende por que ligamos se queríamos aguardar antes de ir. Kiryas Joel fica, no mínimo, a uma hora do hospital.

Quando desligo, Eli implora para que eu espere até o fim do Shabes.

— Se a gente for agora, todos vão ficar sabendo, minha mãe vai ficar louca de preocupação, e isso vai arruinar a simchá de todo mundo para o casamento.

Sinto vontade de estrangulá-lo. Será que não escuta a si mesmo? Como posso lidar com a maneira com que vê o mundo? É óbvio para mim que ele não acredita que está pedindo demais. Seria ingenuidade e ignorância, incapacidade de perceber a urgência da situação? Ou será que mais uma vez pôs a família antes de mim?

Como não quero acordar Shprintza e seu marido, concordo em esperar o máximo que puder. Não quero brigar com Eli e dar mais munição a sua irmã para me criticar. Quando o Shabes termina, fazemos as malas como se tudo estivesse normal e vamos ao hospital. Primeiro a enfermeira me conduz a uma sala cheia de grávidas que acreditam terem entrado em trabalho de parto, mas que provavelmente estão enganadas; ela me liga a uma máquina e diz que volta logo. Em instantes escuto um alarme tocando no balcão da enfermagem e ela retorna, olhando para o monitor. Ela me mostra um pedaço de papel com várias linhas ondulando.

— Está sentindo isso? — pergunta, boquiaberta.

Assinto. Sou levada na cadeira de rodas a um quarto particular com uma pequena incubadora perto da cama, com furos em cima, como as usadas para bebês prematuros. Na hora, não tenho total noção do que aquilo representa.

A médica aplica pequenas injeções em minha coxa para interromper as contrações, e a medicação me deixa muito zonza. Começo a ter alucinações, ou sonhos, não sei dizer a diferença entre eles.

Eli junta duas grandes poltronas forradas de plástico para fazer uma cama e cai no sono imediatamente. Eu me agito a noite inteira com os fios presos a mim, sendo acordada toda vez que a enfermeira vem checar minha pressão sanguínea. O batimento do bebê faz *tum-tum* e ouço o som de passos indo e vindo pelo corredor. Vejo uma grávida oscilante passar devagar diante da minha porta, a mão na lombar. Ela parece triste e solitária.

Quando somos liberados pela médica dois dias depois com uma receita de terbutalina e repouso, não contamos a ninguém sobre o incidente e voltamos a nossa rotina, exceto que Eli agora está um pouco mais gentil comigo e não se queixa se a louça não foi lavada ou se o jantar não está na mesa quando chega em casa.

Passo as semanas seguintes na cama. Eli chega mais cedo às sextas para os preparativos do Shabes, arrumando a casa e esquentando a chalá que ele comprou, porque não tenho mais forças suficientes para cozinhar. Certa sexta-feira chuvosa, estou deitada na cama lendo *O que esperar quando você está esperando* pela enésima vez quando escuto Eli murmurar agitado na cozinha. Ele está ao telefone, falando em uma voz baixa mas ansiosa. Fico me perguntando sobre o que pode ser.

Quando desliga, vou à cozinha e sento cuidadosamente em uma cadeira.

— Com quem você estava falando agora há pouco? — pergunto inocentemente.

— Com meu irmão, Cheskel. Você sabe que ele é paramédico, da Hatzolah. Ele recebeu uma ligação agora há pouco, antes do Shabes, e quando chegou o menino estava morto.

— Um menino? Como assim? O que aconteceu?

— Ele falou que mandaram não contar para ninguém, mas disse que me ligou porque ficou traumatizado. Não sabe como vai conseguir dormir esta noite.

— Por quê? O que aconteceu?

Endireito minha postura, na expectativa.

— Quando chegou, o pai apontou em direção ao porão, e o menino estava caído lá em uma poça do próprio sangue. O pênis tinha sido cortado com uma pequena serra elétrica, e a garganta também tinha sido cortada. E o pai nem estava abalado. Disse que pegou o filho se masturbando.

Leva um momento para que eu processe as implicações do que Eli descreve para mim.

— Quer dizer que ele matou o filho por se masturbar? E depois ligou para a Hatzolah? Como assim?!

— Calma lá! Não vamos tirar conclusões apressadas. Cheskel falou que não sabe direito o que aconteceu. Disse que os vizinhos afirmaram ter escutado uma discussão vinda de dentro da casa. Quando ele ligou para a central, mandaram que fosse para casa e não comentasse com ninguém a respeito, que cuidariam do assunto. Ele disse que enterraram o menino em trinta minutos e não emitiram certidão de óbito.

— Então não vão denunciar o homem? Vão deixar um possível assassino livre para proteger a reputação deles? — Sinto uma pontada na região lombar e me lembro subitamente que deveria estar de repouso por causa do bebê. — Ai. Que mundo é esse, que só punimos por trivialidades, como usar saia curta, mas quando alguém quebra um dos Dez Mandamentos fechamos os olhos?

— Ah, não dá para saber com certeza. A Torá diz que é preciso haver duas testemunhas para um homem ser julgado por assassinato. O que podemos fazer? Afinal, não dá para trazer o menino morto de volta. E é melhor você não contar para ninguém sobre isso, porque Cheskel vai ter problemas sérios se souberem que falou comigo. Por favor, não o coloque nessa encrenca; você não sabe do que essa gente é capaz.

— Agora eu sei. Sei exatamente do que são capazes.

Fico morrendo de vontade de dizer alguma coisa para alguém. Eu me contenho à mesa do Shabes, porque sei que Eli jamais me perdoaria por tocar no assunto, mas justamente nessa semana ninguém tem nada interessante para contar, e não consigo deixar de pensar se mais alguém ali também não está se segurando para não falar nada.

Vou guardar esse segredo no peito por um longo tempo, mas tenho muitos pesadelos, só que nos meus sonhos o menino é meu filho e Eli está de pé junto a seu corpo, lívido, com uma expressão de satisfação malévola no rosto. No sonho estou sempre paralisada, minhas pernas subitamente inúteis, minha língua inerte e apática. Acordo no meio da noite e no mesmo instante levo as mãos à barriga para sentir os chutes do bebê. Fico preocupada de que, com todo esse estresse, possa acabar como tia Chavie, que já estava no nono mês quando o bebê simplesmente morreu de uma hora para outra na sua barriga. Procuro sinais de vida em meu abdômen o tempo todo. Que ambiente mais hostil esse bebê deve pensar que é meu corpo. Imagino que sempre vá se ressentir de mim por causa disso.

Eu me comunico sem palavras com o borbulhar em meu útero. *Não quero trazê-lo a um mundo onde o silêncio serve para encobrir os crimes mais terríveis*, digo a ele. *Não se não puder protegê-lo disso. Não vou ficar calada para sempre, bebê, prometo. Um dia, vou abrir a boca e nunca mais parar de falar.*

Fico enorme a ponto de nenhuma roupa de maternidade servir mais em mim, a não ser uma blusa com flores cor-de-rosa. Preciso comprar mais roupas de grávida, mas também preciso que sejam coisas recatadas de lojas judaicas, que são caras, e não temos dinheiro para isso.

Saio do sério quando Eli diz que, se não temos dinheiro para comprar roupas de maternidade, como vamos comprar roupas de bebê? E quanto a todas as outras despesas que vêm com uma criança?

Ainda sou uma adolescente. Meu trabalho dando aulas de inglês básico para meninas no ensino médio mal paga as compras de mercado. Eli trabalha em um armazém, mas nem sempre conseguimos cobrir as despesas. Pergunto a ele como acha que as coisas vão melhorar para nós quando tivermos uma família.

— Nenhum irmão meu tem negócio ou comércio próprios — diz Eli. — Os Feldman são trabalhadores e assalariados; não nascemos para outra coisa. Estou fazendo o máximo que posso.

Simplesmente não consigo compreender essa maneira de ver a si mesmo, como sendo incapaz de superar o que foi conquistado pela própria família. Sempre ditei os padrões mais elevados para mim mesma; por que ele não consegue fazer o mesmo? Se não vai fazer planos para o nosso futuro, para o futuro do nosso bebê, cabe a mim mudar as coisas.

Sei que por ser mulher nunca ganharei tanto quanto um homem, se eu trabalhar na comunidade hassídica, mas a única maneira de conseguir emprego em algum outro lugar seria com um diploma. Quem sabe então poderia ser enfermeira ou professora de verdade. Eu poderia ter esses tipos de trabalho sem criar caso. Após o bebê nascer, prometo a mim mesma, vou ver como conseguir um diploma, assim poderei dar uma vida melhor para meu filho.

Não sei como vou convencer Eli a me deixar fazer isso, mas estou determinada a pensar em uma solução, de um jeito ou de outro. Entretanto, antes mesmo de eu conseguir começar a pesquisar, a dra. Patrick fala que é hora de ir para o hospital. Em uma de nossas consultas de rotina, ela bate em meu joelho com um pequeno martelo e dou um chute descontrolado.

— Humm... ato reflexo extremo. — Ela mede minha pressão. — Está 13,5 por 8,5. — Remove a faixa do meu braço, arrancando-a em um movimento ágil. — Acho que está na hora de tirar esse bebê daí.

Perplexa, pego o elevador e saio para a rua, onde Eli estacionou em fila dupla.

— Precisamos ir para o hospital — digo a ele.

— Como assim? O que aconteceu? Qual o problema?

— Problema nenhum, acho — digo, lentamente —, só que há alguma coisa errada com a minha pressão, não sei realmente, mas não deve ser nada muito sério, porque senão mandariam a gente em uma ambulância, não é?

Eli assente. Indico o trajeto e chegamos ao Hospital St. Luke's-Roosevelt, depois pegamos o elevador até a ala de obstetrícia, no sétimo andar.

Passamos pelo centro de parto normal, onde as mulheres se equilibram em bolas de plástico gigantes, respirando durante as contrações. Consigo achar graça na visão.

Sou conduzida a um lindo quarto com vista para o Midtown, com papel de parede florido e colcha cor-de-rosa. A médica entra assim que visto a roupa hospitalar. Tem cabelo loiro bem curto e usa óculos sem armação na ponta do nariz.

— Então, sua médica me pediu para falar com você — diz — e explicar que o motivo de ter sido internada é que você está com pré-eclâmpsia, o que é perigoso para o bebê. Pense nisso como seu corpo tendo uma reação alérgica à pessoinha dentro de você. Seu corpo está vendo o pequeno como uma ameaça, e não podemos permitir isso, porque seu bebê precisa de um ambiente acolhedor.

— Ah — murmuro. — E o que acontece agora?

— Bom — responde ela, animada —, vamos ter que induzir o parto gentilmente, o que não tem problema, porque você já está com semanas o suficiente. Começamos ministrando a medicação direto no seu cérvix, o que deve ajudar a dilatar um pouquinho enquanto você dorme. De manhã, vamos aplicar ocitocina na veia, que vai induzir as contrações. Quando começar a doer, você pode tomar uma epidural, então fique tranquila.

— Certo — digo. — Então o bebê vai nascer amanhã?

— Sim, senhora! — cantarola ela, lambuzando minha barriga distendida com um gel azulado, e detecto um leve sotaque sulista.

Não consigo acreditar que a essa hora amanhã terei um bebê em carne e osso, em vez de apenas uma barriga de grávida.

A médica sai do quarto. Fran, que se apresenta como minha enfermeira, começa a digitar meus dados no computador. Ela joga o cabelo escuro por cima do ombro quando se vira na minha direção.

— Quantos anos você tem, meu bem? — pergunta. — Parece tão novinha!

— Tenho dezenove.

— Nossa! Achei que tinha uns vinte e poucos, mas você é ainda mais nova que isso. — Ela hesita. — Bem, que ótimo para você, começar cedo.

Sorrio sem jeito, porque sei que só diz isso da boca para fora; ela está me julgando.

Vinte e quatro horas depois, a dra. Patrick me acorda com um largo sorriso em seu rosto.

— Está na hora! — entoa.

Um enfermeiro negro segura uma das minhas pernas porque Eli não pode mais tocar em mim, e suas mãos escuras contrastam com a minha pele clara. Pergunto-me como isso pode ser melhor, ter outro homem olhando a minha área mais íntima, em vez do meu marido. Mas estou impura agora, e isso não é sobre mim, mas sobre manter Eli puro.

Sinto de repente um puxão inacreditável na barriga, como se minhas entranhas estivessem sendo sugadas para fora do corpo. O enorme peso em meu abdômen desliza para fora de mim em um movimento que dura uma fração de segundo e minha barriga inteira afunda tão rapidamente que tenho a sensação de ter despencado de uma grande altura. A força disso tudo me faz perder o fôlego.

A dra. Patrick me pergunta se quero ver o bebê agora ou se vou esperar que o limpem.

— Não, pode limpar ele primeiro. Ainda não quero vê-lo.

Um vislumbre da massa cor-de-rosa contorcida e viscosa me deixa com ânsia de vômito. Eli já está próximo ao berço, espiando entre os ombros de duas médicas. Quero guardar essa sensação, de ter minhas entranhas sugadas para fora de mim, mas o impacto disso começa a sumir rapidamente. Nunca me senti assim em toda a minha vida. Passarei anos me questionando se esse foi o único momento em meus cinco anos de casamento em que me senti completamente viva. Ele fez todos os meus outros momentos acordada parecerem artificiais e entorpecidos, como uma alucinação. Acho que esse momento serviu para me despertar, me fez voltar a lutar.

A dra. Patrick insere a mão em mim, puxa a placenta e a põe na mesa ao lado. Pergunta a Eli se quer levá-la, porque alguns judeus enterram a placenta em sinal de respeito. Balanço a cabeça quando ele olha para mim. O Talmude chama a placenta de "a árvore da vida", devido ao padrão ramificado de sua superfície e à capacidade que tem de dar vida a uma criança. Seu aspecto, trêmula sobre a bandeja, é repulsivo. Não vamos mesmo levar isso para casa.

Em pouco tempo o bebê é trazido, embrulhado em cobertores azuis limpos, e posso ver o topo da sua cabeça, seus cabelos loirinhos escurecidos pela umidade. Seu rosto está todo amassado, mas tem a pele mais dourada que já vi em um recém-nascido. Os olhos de Eli estão marejados, e me sinto calma.

— Oi — digo para a trouxinha. — Como está se sentindo?

É só o que faço na primeira hora. Converso com ele, tagarelando sobre tudo e nada, e o bebê me fita com seus olhos brilhantes, escuros, sem nunca desviar do meu rosto. Enquanto falo, tento estabelecer a conexão entre a pessoa minúscula em meus braços e o corpo do qual acaba de sair, mas não consigo deixar de sentir que esse bebê foi apenas arbitrariamente despejado no meu colo e que, seja lá o que ocupou minha barriga até agora, era na verdade mero estofo.

Eu não deveria me sentir maternal? Por que tenho a sensação de que esse bebê é um estranho, quando passei meses apalpando a barriga, rindo quando ele chutava as paredes do meu útero? Continuo falando, pensando que com palavras posso me convencer, convencê-lo, convencer todo mundo de que estou apaixonada.

Após algum tempo, a enfermeira aparece para me examinar, franzindo o rosto quando vê minha barriga. Não estou contraindo como devia, diz, e massageia meu abdômen para o processo começar. A carne ali me lembra um colchão de água, a pele trêmula e molenga enquanto é massageada, como se a enfermeira estivesse sovando uma massa de chalá.

A dor pós-parto é pior do que imaginei. Os pontos que a dra. Patrick aplicou depois que tudo saiu doem muito, e a enfermeira não me dá nada mais forte do que ibuprofeno. Tento encaixar a boca do bebê em meu seio para amamentar, mas sou dominada por uma onda de dor e quase o derrubo. Minha visão fica embaçada e volto a recostar no travesseiro.

Ao final dos meus dois dias de recuperação, Eli me leva para o lar de mães recentes em New Square. Ficarei ali por duas semanas, e Eli virá buscar o bebê quando for o momento da circuncisão, trazendo-o de volta em seguida.

Não tenho permissão para comparecer ao bris, porque não querem que a mãe sofra estresse emocional — ou, pior, que fique histérica — vendo seu filho ser cortado. Eli nem me conta como foi, se ele chorou, mas quando voltam, o bebê dorme por oito horas. Fico esse tempo todo de olho no recém-nomeado Yitzy, apavorada de que possa não acordar mais. Houve um bebê no outro quarto que ficou azul porque o rabino apertou demais as bandagens. Examino e reexamino inúmeras vezes a gaze enrolada, me certificando de que está folgada e não obstrui a circulação de Yitzy. A atendente me diz para não me preocupar, que as gotas de vinho usadas como anestésico podem provocar esse tipo de sono.

— Vá dormir — insiste. — Deixa que eu fico de olho nele. Não se preocupe tanto.

As outras mulheres dali estão todas na área comum, comendo, alegando que as calorias extras são necessárias para amamentar. Não tenho o menor apetite, tampouco leite. Mandam chamar uma consultora de lactação para me ajudar, mas Yitzy não pega o peito, porque, mesmo que tente, nada sai. Passo horas sentada com ele, tentando fazê-lo se alimentar, mas nada funciona. No fim, é necessário dar-lhe leite artificial, e fico envergonhada, porque nenhuma das outras mães passa por esse problema. Sou a única mãe de primeira viagem essa semana; o restante tem experiência. Sou a única com um livro, também, e as demais ficam me olhando quando me recolho no sofá para ler em vez de me juntar a elas para conversar enquanto comem.

Quando deixo o centro de tratamento, o inchaço do parto diminuiu e o sangramento cedeu um pouco. Visto meu casaco longo, preto e brilhante, que costumava usar antes de engravidar, e cai bem em mim. Acostumei-me de tal modo às constantes deformações do meu corpo que agora não reconheço mais essa forma esguia. Mas é agradável poder andar ao ar livre outra vez, subitamente leve, os pés alçando-me com suavidade na entrada de casa.

Eli fez uma faxina completa no apartamento e, quando chegamos em casa, está tudo pronto para o bebê. Ganhamos presentes de alguns amigos dele — um balanço, um berço de vime e uma porção de animais de pelúcia. Coloco Yitzy no balanço de bebê, e sua cabeça cai para o lado na mesma hora. Tentamos apoiá-la com cobertores. Com os olhos fechados, ele tem o rostinho mais lindo, relaxado em seu sono, as bochechas cheias e douradas, a testa lisa. Quando abre os olhos, parece estranho, franzindo a testa até enrugá-la profundamente, a boca formando um O espremido. Eli brinca, dizendo que parece um velhinho, com esse rosto preocupado. Gosto de olhar para meu bebê quando sua aparência é pacífica. Faz com que eu também me sinta em paz.

Como Eli e eu descendemos de linhagem israelita, Yitzy precisa passar por uma cerimônia de pidyon haben ao completar quatro semanas. É um costume antigo, remontando ao tempo em que os israelitas deviam redimir seus primogênitos com os sacerdotes, que tinham o direito de ficar com qualquer primogênito israelita para que trabalhasse no templo.

Hoje o processo é simbólico, mas mesmo assim considerado fundamental. Minha sogra alugou um salão elegante e contratou um serviço de bufê para oferecer uma refeição chique a todos os convidados após o término da cerimônia. Ela manda um traje especial para o bebê, uma roupa cara e branca, feita especificamente para a ocasião. Quando estão todos presentes e já estamos na presença formal de um Kohen, um homem de linhagem sacerdotal, Yitzy é deitado em uma bandeja de ouro e as mulheres tiram as joias e as colocam sobre ele, como é o costume. Em seguida, com os colares de pérolas e broches de ouro deslizando sobre a bandeja, ele é levado ao local em que se encontram os homens, onde a cerimônia será realizada. Vejo seu rosto minúsculo e amassado virado para mim, seus olhos grandes, alertas, me seguindo à medida que é levado em um carrinho.

Seis homens seguram a bandeja com meu filho recém-nascido e a erguem no alto. Yitzy permanece tranquilo e quieto, e as mulheres falam encantadas sobre seu comportamento calmo. A cerimônia é rápida, e depois que o Kohen pronuncia sua bênção especial sobre o bebê, Eli e seus irmãos o trazem de volta para mim. Uma vez em meus braços, ele me olha e começa a se agitar, e minha sogra comenta sobre seu *timing* perfeito.

Seis semanas após o parto, Eli já me inferniza sobre a mikvá. Ainda nem comecei a pensar em contar os sete dias limpos. Pelo que percebo, de fato não estou mais sangrando, mas ainda não consegui reunir coragem para inspecionar a situação ali embaixo. Suspeito que tenha mudado bastante, e não para melhor.

A contagem dos catorze paninhos imaculados é um processo odioso, especialmente agora, quando minha vida gira em torno dos horários erráticos do bebê. Abomino esse que com certeza será um processo intermitente e incessante, com visitas ao rabino sempre que alguma mancha suspeita aparecer em minha roupa de baixo. Não deveria eu estar psicologicamente pronta para olhar minha vagina antes de decidir abri-la para as atividades outra vez? E depois tem a questão da prevenção. Evidentemente, não tenho permissão para usar nenhum método anticoncepcional, mas todas as minhas tias disseram que, se eu amamentar direto — ou seja, ficar sempre dando de mamar e minha menstruação não descer —, é muito pouco provável que engravide. Não sei se estou disposta a me arriscar.

Digo a Eli que quero a aprovação da dra. Patrick antes de tomar uma decisão. Deixo o bebê com ele na sala de espera, de modo que consiga ter um pouco de privacidade com a médica. O cartaz atrás da porta do consultório lista pelo menos vinte formas de controle de natalidade. A dra. Patrick percebe que estou de olho conforme preenche minha ficha. Ela oferece algumas amostras grátis.

— Para qualquer eventualidade — diz.

Eu as guardo no bolso, agradecida.

Após o exame, tira as luvas e sorri para mim.

— Tudo certo — diz. — Você está liberada.

Seu tom está mais simpático do que nunca e me pergunto se é por eu agora fazer parte do clube das mães ou se sente pena de mim. Ela acha que vou entrar e sair de seu consultório pelos próximos vinte anos, produzindo bebês e trazendo grande lucro. Bem, isso é o que veremos.

Vou à mikvá uma semana depois. Fico um pouco constrangida de desnudar meu novo corpo na frente da atendente. Minha barriga continua flácida e há estrias vermelhas minúsculas em minhas coxas. É como se a estrutura básica do meu corpo houvesse mudado, como se meus quadris tivessem se realinhado e minha coluna encontrado uma nova curvatura. Nada mais no modo como meu corpo se move é familiar. Meu corpo de grávida era o de uma adolescente faminta. Esse outro parece o de uma velha.

Foi bobagem me preocupar. A atendente obviamente já viu coisa bem pior, pois continua serena como sempre. Gosto muito mais das atendentes aqui na mikvá de Monsey do que das de Williamsburg. São menos enxeridas e mais eficientes. Nunca fico na mikvá por mais de uma hora.

Se Eli nota alguma diferença em meu corpo, não demonstra. Posso perceber como está excitado quando chego em casa e vejo as luzes baixas e pétalas de rosa espalhadas sobre os lençóis. Não consigo reprimir uma risadinha, pois não vejo a hora de descobrir qual irmão deu esse conselho em particular. Quando se trata desse tipo de situação, sempre sei que ele copiou de algum lugar. É engraçado, porque a lei diz que o que há entre o homem e a mulher deve ser mantido privado, mas tudo sempre vira assunto de família.

Há uma garrafa de champanhe kosher na mesinha de cabeceira, acompanhada das taças de plástico que compramos no Walmart do bairro. É meu primeiro gole de álcool em um ano, e fico tonta na mesma hora. Ele já está subindo as mãos por minhas pernas. Sinto sua barba espetar meu pescoço. Quando me deito de costas e tento relaxar, procuro me consolar com a ideia de que Eli será mais gentil do que de costume comigo pelos próximos dias. Sempre é, depois do sexo.

Estou com um problema. Acordo com uma coceira ali embaixo. A coceira aumenta nos dias seguintes, até parecer que alguém acendeu uma pequena fogueira em minha roupa íntima. Logo fico inchada e inflamada, e Eli tem de me levar para ver a dra. Patrick outra vez apenas uma semana e meia após minha última consulta. Ela parece surpresa em nos ver, mas realiza o exame com Eli ainda na sala. Quando ergue a cabeça que estava sob o lençol, está com a cara séria.

— Você está com uma infecção — anuncia.

Vai em seu banquinho de rodinhas até o balcão e escreve uma receita. Dá para Eli.

— Você tem que tomar esse comprimido — dirige-se a ele. — Vai eliminar qualquer coisa que tiver.

Vira-se para mim e dá um tapinha na minha perna.

— Espere uma semana para a medicação fazer efeito, e não deve ter mais problemas.

— Só uma coisa — digo —, por que ele precisa tomar o remédio?

— Bom, seja lá o que você tem, pegou dele. Se eu tratar apenas você, ele vai continuar passando.

Ela não oferece nenhuma explicação adicional.

Fico confusa. A ideia de uma infecção ali embaixo é novidade para mim. Até agora meus problemas haviam sido estritamente psicossomáticos. Além disso, vinham do meu corpo, não por contágio. Esse conceito novo, das bactérias passando de Eli para mim, me parece inconcebível. Na hora nem me passa pela cabeça que a infecção pode ter se originado fora da nossa relação.

Fico ressentida por mais essa complicação em nossa vida sexual. Por que sou sempre eu a sofrer? Eli não tem sintoma algum e foi ele quem passou para mim! Não é nada justo.

Ocorre-me de repente que posso não ser a única com segredos nesse casamento. Ando tão concentrada em mim mesma que em nenhum momento cogitei que Eli talvez também não esteja inclinado a compartilhar comigo todos os seus pensamentos e sentimentos. Mas mesmo quando admito a possibilidade de que possa estar me traindo, percebo também que não me importo. Se está distraído por alguma coisa, isso só vai me trazer benefícios. A liberdade de sua presença vigilante poderia me proporcionar um futuro mais otimista.

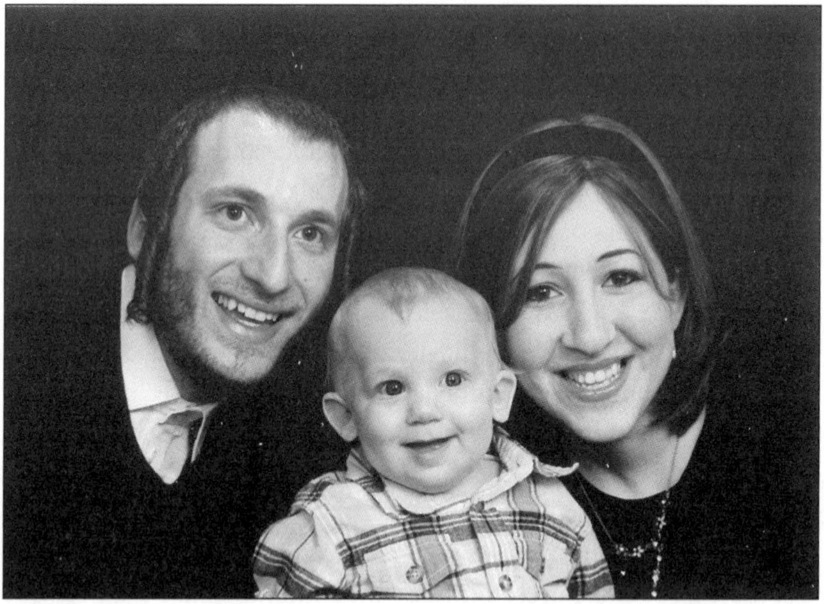

9

Pronta para a luta

"E agora vejo com olhar sereno
O verdadeiro pulsar da máquina;
Um ser respirando o ar, pensativo,
Um viajante entre a vida e a morte."
 "She was a Phantom of Delight", William Wordsworth

Depois que toda a agitação com o novo bebê chega ao fim, começo a me dar conta de que virei mãe. A ficha não tinha caído até agora, pois estava ocupada demais até mesmo para pensar a respeito. Secretamente, a ansiedade me consome, porque não me *sinto* mãe, e como poderia ser tão horrível a ponto de olhar para meu próprio filho e não *sentir* absolutamente nada?

Quanto mais tento me conectar com o bebê, mais me sinto distante. Não entendo como vai surgir amor entre mim e uma criatura minúscula de membros esqueléticos que uma hora chora nos meus braços e outra hora dorme ali. E se eu não tiver amor para dar? Será que minha infância me fez tão mal a ponto de extinguir minha capacidade de amar? Uma coisa é não conseguir amar um homem com quem fui designada a casar de forma arbitrária. Outra bem diferente é sentir desinteresse por meu próprio filho.

Sempre achei que, quando fosse mãe, enfim saberia como é a sensação de amar alguma coisa de maneira completa e intensa. E, no entanto, hoje, embora faça o papel da mãe coruja, tenho plena e dolorosa consciência do meu próprio vazio.

Parte de mim teme se apegar demais. De uns tempos para cá, tenho pensado em largar Eli, largar essa vida que sempre vivi. E se um dia não quiser mais ser hassídica? Precisarei deixar para trás o bebê também. Não suportaria amá-lo para depois abandoná-lo. Cuido do meu filho de forma mecânica, mas mesmo quando lhe dou de mamar e troco suas fraldas, mesmo passando noites inteiras tentando acalmá-lo, protejo a parte de mim que quer ceder à maternidade, mas que permanece intocada por dentro.

Interpretar essa nova mãe é uma missão e tanto, eu penso, depois que mais uma estranha na rua para e faz carinho no meu bebê. Desenho um sorriso orgulhoso em meu rosto e desempenho o papel que se espera de mim, mas por dentro me sinto vazia. Será que alguém enxerga que isso tudo é uma fachada? Não percebem que estou fria, inacessível?

Volto a Williamsburg no verão para visitar a Bobe e apresentar o bebê, e uso minha peruca longa e cacheada e um belo vestido Ann Taylor que comprei e mandei alongar, para cobrir os joelhos. Mesmo assim, é bem justo e gosto da maneira como meus quadris formam uma curva suave sob o fino tecido de algodão.

Andando na Penn Street com o carrinho que ganhamos de presente, escuto um menino pequeno, de não mais do que seis anos, sussurrar para o amigo:

— *Farvus vuktzi du, di shiksa?*

"O que essa gentia está fazendo aqui?" Percebo que se refere a mim, bem vestida demais para me enquadrar em sua ideia de hassídica.

Seu colega mais velho sussurra rapidamente:

— Ela não é gói, é judia. Só parece gói.

E me espanto com a reação incrédula, porém sincera:

— Judia? Ela não parece judia.

Ele tem razão, percebo. Em nosso mundo, judeus e gentios não são parecidos. São diferentes.

Lembro-me de quando era pequena e brincava na rua no verão. Grudenta de suor sob camadas de roupas, ficava agachada de bobeira nos degraus de algum prédio com as demais crianças do bairro, lambendo picolés e espiando quem passava. Se víamos uma mulher vestida sem o devido recato, cantávamos uma musiquinha familiar: "Vergonha, vergonha... Pelada, pelada..."

Aqueles versinhos zombeteiros eram um ritual tão enraizado em nós, crianças, que nunca parei para pensar no significado deles até hoje, mas lembro que nosso desprezo comum por gente de fora nos unia e fazia com que nos sentíssemos especiais em nossa diferença. Éramos a grande patrulha sagrada do recato. E não ficávamos só falando: às vezes, jogávamos coisas, não pedras, mas seixos, talvez, ou lixo. Nosso passatempo favorito era entornar um balde d'água da janela do primeiro andar em transeuntes inocentes. Quando a pessoa olhava para cima, chocada e enfurecida, já havíamos entrado, rindo como loucas.

Anos mais tarde, provo do meu próprio veneno. Agora caminho pelas ruas de Williamsburg e escuto crianças pequenas zombando de mim, não alto o bastante para eu me virar e responder, mas o suficiente para ficar vermelha. Quando me tornei uma pária? De repente, não pertenço mais ao bairro; sou uma forasteira.

Mesmo os menores passos rumo à independência têm consequências. Mal posso imaginar o que essas pessoas em minha cidade natal diriam se soubessem o que planejava fazer com meu futuro.

Parei de ir à mikvá. Começava a ter dor de estômago uma semana antes, de tanto nervosismo. O que mais odiava eram as perguntas, as mulheres que sempre precisavam saber em que parte do ciclo menstrual você estava, se sofrera algum aborto, se estava tentando engravidar outra vez, sempre metendo o nariz na sua vida. Sem falar nos olhares, caso eu estivesse usando maquiagem ou esmalte, como se fossem de algum modo melhores que você por não se interessarem por tais tolices.

Então agora saio por algumas horas na noite da mikvá, levando uma revista para me distrair. Às vezes, apenas paro o carro na frente do Starbucks na Rota 59 e observo algumas garotas ortodoxas modernas estudando para as provas.

A lei diz que Eli não pode ter relações sexuais comigo se eu não for à mikvá, mas ele nunca hesitou, então não sei se isso acontece porque a força de seu desejo supera seu medo religioso ou se é porque não desconfia que o enganaria de modo tão terrível e imperdoável. A Torá diz coisas horrorosas sobre mulheres como eu; diz que sou uma Jezebel, uma sedutora perversa, arrastando meu marido comigo para o pecado. Se engravidasse, a criança seria impura por toda a vida.

Mas não vou engravidar. Porque estou usando pílula e pretendo nunca mais parar.

Eli gosta mais de preliminares do que eu. Antes do sexo, quer beijar e tocar, se sentir amado. Mas como vivemos brigando ou ignorando um ao outro, o momento que precede ao sexo não é exatamente romântico.

— Se você sabe que eu finjo — digo —, por que continua querendo mesmo assim? Acha mesmo que esse tipo de afeição pode vir de um lugar genuíno se a gente estava brigando no jantar?

Ele agora arruma a cozinha quando teoricamente estou na mikvá, assim, ao chegar em casa, vejo com satisfação que meu serviço doméstico foi feito. Como deve me achar simples, alguém que ele consegue deixar tão facilmente dócil e feliz com a simples perspectiva de ter menos tarefas.

Então nos beijamos antes. Não por muito tempo. Peguei gosto por morder, por algum motivo que não compreendo, e ele tenta me ensinar a beijar devagar, mas não gosto de seu beijo pegajoso, molhado, com os pelos de seu rosto esfolando meu queixo e a pele sobre o lábio. Depois de algum tempo levando mordidas, ele desiste e segue adiante.

Eli quer fazer a experiência durar o máximo possível. Eu quero apenas que termine quanto antes; ele sabe disso e não se importa.

Começo a me perguntar se estou virando ateia. Costumava acreditar em Deus, depois, acreditava mas o odiava, e hoje me pergunto se tudo não é simplesmente aleatório e não faz diferença. O fato é que há todas essas pessoas não hassídicas vivendo suas vidas por aí, e *elas*, ninguém pune.

Assisto a um documentário na biblioteca sobre judeus ortodoxos gays tentando conciliar a fé com sua sexualidade. Os entrevistados falam sobre quererem ser judeus e gays ao mesmo tempo e sobre a luta contra o conflito inerente a essa identidade, e me admira desejarem ser parte de uma comunidade religiosa tão intolerante e opressiva. No fim, lendo os créditos, vejo o nome da minha mãe na lista de depoimentos. Rachel Levy. E de fato, quando rebobino o filme, lá está ela, aparecendo por um breve momento ao descer de uma calçada, dizendo: "Fui embora de Williamsburg porque era gay."

Era isso que Chaya queria dizer com "louca"? Estou pasma. O pior é ter certeza de que todos sabiam, menos eu. Será que eu estava ignorando a realidade esse tempo todo? Simplesmente nunca me ocorreu.

Antes de Shavuot, pesquisei seu endereço e encomendei um grande buquê para lhe enviar no feriado, com um cartão especial. Não estou pronta para conversar, mas quero fazer algo gentil, algo que gostaria que minha filha fizesse por mim.

Ela me liga dias depois, mas não atendo, então deixa um recado em minha secretária eletrônica, agradecendo pelas flores. Sua voz transmite o espanto de uma criança surpresa, misturado às inflexões mais firmes da adulta calejada.

Essa mulher é minha mãe, penso com estranheza, escutando mais uma vez o recado crepitante em minha secretária eletrônica. Essa mulher, tão diferente de mim quanto a noite é diferente do dia, me deu à luz. Não sinto nada. Pergunto-me se o problema sou apenas eu, incapaz de me conectar com quem quer que seja, mesmo sangue do meu sangue.

No outono, após perder bastante peso da gestação e Yitzy começar a dormir a noite toda, começo a procurar uma faculdade. Estou determinada a conseguir uma vida melhor para nós dois. Hannah, a ortodoxa moderna que mora ao lado, aconselha-me a pesquisar cursos para adultos — mais fácil para uma mãe como eu do que o ambiente de graduação tradicional. Ela voltou a estudar na Ramapo College, em Nova Jersey, e foram muito compreensivos.

Pesquiso instituições nas redondezas e encontro Pace, Sarah Lawrence, Bard e Vassar, todas com programas de ensino para adultos. Baixo os formulários de solicitação, mas o site da Sarah Lawrence tem um número para ligar e agendar uma entrevista, então é a primeira coisa que faço. A mulher que me atende soa calma e indiferente, e me diz para aparecer lá na primeira segunda-feira de março, uma vez que as turmas de outono já estão fechadas.

Preparo os ensaios com antecedência, escrevendo primeiro a mão, antes de datilografar. Os dois primeiros são autobiográficos. *É o que sei fazer*, penso. *Preciso dar tudo de mim.*

Não conto a Eli que estou tentando me matricular numa faculdade; digo-lhe que tenho interesse em um curso de negócios, mas que provavelmente não conseguirei entrar. Ele não faz qualquer objeção. Tenho certeza que pensa: *Quem aceitaria uma hassídica numa faculdade gentia?*

Quando vou ao campus da Sarah Lawrence, está nublado e úmido da chuva do dia anterior. Brotos de folhas pendem pesados dos carvalhos, pingando no concreto. Alunas de galocha caminham em bandos pelo gramado verde luxuriante, carregando mochilas de couro chiques, com ar despreocupado. Deixo o carro no estacionamento principal e ando de cabeça baixa pela Wrexham Street para chegar ao endereço que me foi passado por telefone.

De peruca preta curta e saia longa, pareço mais diferente até do que eu mesma esperava; todas ali usam jeans. Se eu pudesse usar jeans, penso, nunca mais vestiria outra coisa. Queria poder jogar fora todas as minhas saias e usar apenas calça comprida pelo resto da vida.

Durante a entrevista, Jane é bem objetiva.

— Adoraríamos ter você aqui — diz —, mas tudo depende do nível do seu texto. Nosso curso é de escrita; não temos provas nem notas, só ensaios e avaliações. Seria uma crueldade aceitar a pessoa sabendo que não tem capacidade de trabalhar nesse nível básico.

Faço um sinal afirmativo com a cabeça.

— Claro. Entendo perfeitamente.

Entrego-lhe meus três ensaios cuidadosamente preparados e pergunto quando acha que ficarei sabendo se fui ou não aceita.

— Daqui a algumas semanas chegará uma carta pelo correio.

Dito e feito, duas semanas e meia depois chega o envelope, em papel timbrado marfim, estampado com o logo da Sarah Lawrence. "Temos o prazer de anunciar sua admissão no programa de Educação Continuada da Sarah Lawrence College." Seguro a carta o dia inteiro, imaginando-me uma aluna da Sarah Lawrence, talvez até usando jeans e jaqueta J. Crew, para combinar.

Finalmente ligo para minha mãe e conto que entrei na faculdade, pois acho que é algo que vai gostar de ouvir. Sei que não aprova minha vida entre os hassídicos e creio que esse é meu pequeno modo de lhe dizer que quero algo mais. Noto o orgulho em sua voz quando me dá os parabéns, bem como o questionamento implícito a respeito da escolha da Sarah Lawrence, sobre aquilo talvez refletir minha sexualidade, algo que não chega a articular. Ela diz apenas:

— Ouvi falar que é um ambiente muito tolerante com gays.

Não é como se fosse genético, tenho vontade de lhe dizer.

Curso de negócios, digo a Eli. Vou estudar contabilidade, marketing, coisas do tipo. Assim consigo trabalho em algum lugar ou, quem sabe, um dia abro meu próprio negócio. Ele só quer saber quanto tempo isso vai me consumir e se estarei em casa para buscar Yitzy na creche e fazer o jantar, como sempre.

Em abril, a faculdade realiza um evento para apresentar os professores encarregados do ensino adulto nesse semestre de verão. Só de olhar para o programa de estudos sei que escolherei fazer a aula de poesia, porque sempre quis poder ler, entender e falar sobre poesia e poetas famosos, e nunca conheci ninguém que soubesse qualquer coisa sobre o assunto.

James, o professor de poesia, usa o cabelo grisalho e arrumadinho arrepiado na frente, sobre a testa alta, tem um vão quase imperceptível nos dentes da frente e cobre o corpo comprido e magro com um suéter de tricô todo certinho e o tipo de jeans que as pessoas usam quando andam a cavalo na Nova Inglaterra, ou pelo menos é o que me vem à mente. Parece exatamente o tipo de pessoa que lê poesia, e, quando fala, sua voz é lenta e profunda, como mel escorrendo de uma colher, a voz perfeita para um poema.

Ao fim do evento, pergunto se há problema em nunca ter estudado poesia antes ou se posso fazer alguma coisa para me preparar, mas ele diz que muitos que fazem seu curso não sabem nada sobre poesia.

— A ignorância é mais comum nessa área do que você imaginaria — diz, sorrindo de leve.

Sinto-me privilegiada só de conversar com ele.

Reservo a antologia poética *The Norton Anthology of Poetry* na biblioteca local. Na primeira segunda-feira de junho, visto meu par mais transparente de meia-calça bege e as alpargatas azuis da Prada que encontrei numa liquidação, deixo Yitzy na creche e cruzo a ponte Tappan Zee e o rio Hudson sob ela para chegar ao condado de Westchester. O sol cintila com força na água prateada e nos telhados beirando a linha costeira, e o concreto da estrada reluz em meu retrovisor. O ar-condicionado do carro zumbe fracamente sob o rugido dos alto-falantes tocando música pop europeia. Abaixo o vidro e ponho o braço para fora no ar de verão, mexendo a cabeça e tamborilando os dedos no volante para acompanhar o ritmo. Encolho as pregas da barriga que sobraram da minha gravidez, tentando enxergar minha antiga cintura sob as sombras de minha camiseta de manga comprida.

Minha sala de aula tem janelinhas de água-furtada que lançam quadrados de luz sobre uma grande mesa redonda, mas somos apenas três sentados em torno dela quando o professor começa a aula. Nunca imaginei que a turma seria tão pequena.

James se apresenta e depois pede a cada um que diga algumas palavras. Meu único outro colega é um homem de meia-idade chamado Bryan, de rosto bronzeado e pele escura, brinco de argola numa orelha e braços magrelos pendendo da camiseta com estampas malucas. Fala qualquer coisa sobre viajar com alguém chamado Mick Jagger e sobre um programa chamado MTV, mas não entendo de verdade o que está dizendo, exceto que adora música e cigarros. De tempos em tempos pede licença e sai do prédio para dar umas tragadas, e isso me faz pensar o que o torna incapaz de passar uma hora sem fumar.

Não digo muita coisa a meu respeito, exceto mencionar que sou hassídica, e James se vira para mim com surpresa e interesse no olhar.

— Que engraçado — diz. — Meu sogro é hassídico. Não de nascença, mas decidiu virar depois de velho.

— Que tipo de hassídico? — pergunto.

Há diferentes versões, como húngaros de shtreimel e russos de chapéu de feltro pontudo e franjas expostas.

— Acho que é do Lubavitch. — Esse é o tipo russo.

— Ah — digo. — Eu sou Satmar. São completamente diferentes, mas é difícil explicar.

Não compreendo por que alguém abriria mão de uma vida no mundo exterior por outra cheia de limites e privações. Tento imaginar o que James realmente pensa do sogro.

Começamos a aula com um poema de William Wordsworth chamado "Anecdote for Fathers". James lê em voz alta, e em sua pronúncia percebo a reverência que sente pelas palavras, o que me leva a também escutá-las de um jeito diferente, de modo que cada uma se torna um universo de significado. A linguagem de Wordsworth é floreada, mas as rimas são precisas e regulares, cada estrofe recheada, como uma pequena almofada de alfinetes. A história de um pai passeando com o filho parece bastante simples e compreensível, e começo a achar que poesia, afinal, não é tão difícil. James nos pede que desvendemos o segredo do poema, já que Wordsworth fala de um menino pequeno que prefere o verdejante litoral às colinas arborizadas de uma fazenda pela simples razão de que na praia não há cata-vento. Ao ouvir isso, o pai do poema de Wordsworth exulta. "Como ensinar-te um centésimo/ Do que aprendo contigo."

— O que na escolha do menino e na explicação que ele dá comove tanto o pai? — pergunta James. — O cata-vento é uma explicação tão satisfatória assim para sua preferência?

A princípio não consigo chegar a uma conclusão, mas James explica que tudo num poema é deliberado. Nada é casualmente inserido, como pode acontecer em um romance. Logo, se alguma coisa chama sua atenção, sempre há um motivo. Essa é a primeira e mais importante lição em poesia.

O poema, diz James, é sobre a natureza das crianças e o que elas podem ensinar aos adultos, e sobre como a própria vida dispensa fundamentações: não precisamos de mais que um instinto, uma sensação. Nem tudo precisa ser explicado.

É uma lição que jamais esperava do poema, a ideia de que a pessoa deva valorizar antes o instinto que a lógica, antes a emoção que o intelecto. Mas agora faz sentido, relembrando minha infância e o modo como sempre confiei em minha intuição, mesmo em situações nas quais a lógica claramente pedia por comedimento. Posso relacionar cada passo corajoso que dei na vida a um sentimento, não a um pensamento racional. Na verdade, o motivo de estar aqui na Sarah Lawrence foi um impulso que tive meses atrás. É verdade, não sei por quanto tempo poderei continuar ou o que esse curso vai me proporcionar, mas confio no que aprendi durante a infância e opto por não racionalizar minha decisão.

O poema refletia o desejo de Wordsworth de se afastar da lógica e do intelecto e ir em direção à emoção e ao romantismo que começavam a definir a poesia de sua época. Wordsworth, afirma James, foi o primeiro grande romântico.

Ergo a mão para fazer uma pergunta.

— Como um homem vivendo nessa época podia ficar à vontade para se expressar em termos tão floreados e mesmo assim manter sua masculinidade intacta? O romantismo não é uma característica feminina?

James ri do meu uso da palavra *floreado*.

— Acho que ninguém consideraria Wordsworth "floreado" — diz, com um sorriso —, mas entendo a que você se refere. Só o que posso dizer é que, na época, a poesia era dominada por homens. Por mais "floreado" que Wordsworth pudesse ser, ainda assim estava realizando um trabalho masculino. Ninguém veria isso como feminino. A gente pode conversar mais sobre isso quando fizermos nossa reunião semanal depois da aula para falar a respeito do trabalho e da pesquisa de cada um de vocês.

Que coisa maravilhosa, penso, estar tão seguro da própria masculinidade que não é preciso ter medo de deixá-la de lado. Será que as linhas que dividem homens e mulheres em minha comunidade foram traçadas porque esse medo de algum modo veio a existir? Talvez num mundo em que as mulheres fora da comunidade têm mais liberdade, a masculinidade de repente seja uma coisa que pode ser deixada de lado.

Na reunião após a aula, James me pergunta se já li poesia iídiche.

— Nem sabia que existia — respondo, surpresa.

— Ah, tem um monte de poetas iídiches, a maioria traduzida para o inglês. Acho que seria interessante você ler as duas versões e ver se as traduções são boas.

A caminho de casa, penso que coisa mais extraordinária meu primeiro professor na Sarah Lawrence saber tanto sobre meu pequeno mundo. Eu esperava a completa ignorância.

Yitzy estica os bracinhos rechonchudos para mim quando me vê à porta da creche, seu rosto se iluminando em um alegre reconhecimento. Sua felicidade me faz sentir extraordinariamente especial; mal consigo compreender por que me adora tanto, mas é a primeira vez na vida que me sinto verdadeiramente amada. O som de sua risada é constante, e ele sempre espera, ansioso, que eu ria junto; não consigo deixar de sorrir. Muitas vezes, olho para ele e me pergunto como saiu tão perfeito; o mérito não é meu, com certeza. Às vezes, acho que ele me foi dado como um sinal de que não estou aprisionada, afinal de contas.

Mas por mais maravilhoso que Yitzy seja, continuo infeliz e aflita com o que se passa entre mim e Eli. Nosso casamento é uma eterna briga; um dos dois está sempre amuado. As discussões parecem explodir do nada e terminar de forma tão imprevisível quanto.

Sexta à noite é quando Eli e eu devemos fazer sexo. É a noite em que todos fazem sexo. O Talmude afirma que o mercador itinerante deve manter relações sexuais com a esposa uma vez a cada seis meses, o trabalhador braçal, três vezes por semana, mas o estudioso da Torá deve ter relações sexuais nas noites de sexta-feira. Como os hassídicos se consideram acima de tudo estudiosos, seguimos essa escola. Eu particularmente não gosto, porque estou sempre cheia após o jantar de Shabes e cansada. Eli quer fazer sexo haja o que houver, mesmo que momentos antes estivéssemos sendo frios um com o outro. Não consigo compreender sua capacidade de separar a intimidade física da atmosfera geral de nosso relacionamento.

Ultimamente, Eli anda criticando o modo como preparo a comida. Acha que não presto atenção suficiente às leis de kashrut, as leis dietéticas judaicas. Às vezes ponho a faca de carne sobre o balcão de laticínios por engano, mas sei que isso não significa quebrar a lei de fato, é apenas recriminado. Quebrar a lei seria pôr uma faca de carne em um prato quente à base de laticínio, como uma sopa cremosa. Nesse caso, teria de jogar a faca e a sopa fora.

Digo a Eli que qualquer rabino lhe aconselharia a pôr as leis de shalom bayis, paz no lar, acima das leis de kashrut. Suas críticas provocam discussões, e então a refeição do Shabes que dei tão duro para preparar é arruinada, porque em vez de me dizer quanto valoriza minha comida, como deveria fazer um bom marido judeu, só o que ele enxerga são os erros que cometo. Assim, após o jantar de sexta, às vezes posso recusar seus avanços, porque há uma lei que diz que o homem não pode fazer sexo com a esposa se estiverem brigando; ele tem de pedir desculpas primeiro, e Eli nem sempre quer se desculpar.

Quando não está bravo, Eli é supercalmo. Todo mundo pensa que é ótimo marido porque, em público, sempre me traz um copo d'água, "caso eu esteja com sede". Em casa tenho de pegar minha própria água.

Coisas mínimas o enfurecem, como o armário da cozinha não fechar porque coloquei a caixa de cereal do jeito errado quando estava com pressa de ir para o curso, e daí ele bate portas ou joga livros no chão, mas logo nem se lembra da irritação.

Pouco antes de seu segundo aniversário, decido ensinar Yitzy a usar o banheiro. Minhas amigas dizem que ele é novo demais, mas já li que é a melhor idade para tentar, que a criança se torna mais teimosa à medida que fica mais velha. Minhas vizinhas têm filhos de três e quatro anos que ainda usam fralda.

Fico em casa com Yitzy por duas semanas. Durante o primeiro dia, eu o deixo no banheiro o máximo que posso, lendo livros sobre ir ao banheiro para ele, e quando finalmente se distrai por um minuto e deixa escapar um pequeno jato de urina, ele olha para mim, a boca franzida para baixo, em choque, e bato palmas entusiasmada.

Embora tenha conseguido fazer uma vez, fazer com que repita a ação se revela ainda mais difícil. Quando peço a Eli que assuma por uma hora depois que chega do trabalho, Yitzy se contorce e tenta descer do vaso, mas digo a Eli que ele só pode sair quando terminar o serviço.

Minutos depois, escuto um choro vindo do banheiro e abro a porta para descobrir o que está acontecendo: Eli segura os ombros de Yitzy e o sacode com raiva para a frente e para trás.

— Pare com isso agora mesmo! — digo, percebendo o medo no rosto do meu filho. — Qual é seu problema? Ele tem dois anos! Você acha que ele vai aprender a usar o banheiro se você o ameaçar? Você vai estragar tudo!

Não permito que Eli participe mais do treinamento depois disso. Tampouco deixo que dê banho ou vista nosso filho, porque se Yitzy se contorcer e tentar escapar das mãos do pai, Eli vai perder a cabeça. Quando isso acontece, ele faz coisas estranhas, como empurrar Yitzy com força, mesmo sendo apenas uma criança pequena. Fico furiosa e sempre ameaço chamar a polícia, mas nunca faço isso.

A única vez em que liguei para a polícia de Ramapo foi quando um vizinho passou de carro por mim e gritou pelo vidro abaixado: "Qual o problema com vocês, judeus? Por que não conseguem ser como qualquer um?" Yitzy começou a chorar. Mas o policial não acreditou em mim, porque, segundo afirmou, conhecia o homem havia muitos anos e ele nunca diria algo do gênero.

A polícia não gosta que judeus hassídicos morem em Airmont. Quando é época de eleições, lotamos as urnas, votando nos candidatos indicados pelos rabinos, elegendo políticos que nos permitem driblar as leis de zoneamento e manipular fundos e recursos para nossos interesses. Não culpo os góis por nos odiarem. Só queria que houvesse uma maneira de lhes dizer como quero ser diferente e como estou aprisionada nesses trajes, nesse papel.

A comunidade cresceu desde que vim morar em Airmont, há três anos. Costumava ser um grupo pequeno de famílias hassídicas saídas de lugares como Williamsburg e Kiryas Joel, onde o estilo de vida era rígido e extremo demais para que fossem felizes. Casais novos, como nós — esposas que usavam perucas longas de cabelo natural e saia jeans, maridos que bebiam cerveja e fumavam maconha nas noites de pôquer. Alguém considerado um "vagabundo" em Williamsburg era agora apenas mais um hassídico renegado da comunidade judaica diversa que se alastrava pelo condado de Rockland. A diferença entre viver em Airmont e viver em Williamsburg é que você pode quebrar as regras desde que fique de bico calado. A pessoa tem privacidade para levar a vida do jeito que quiser, contanto que não chame a atenção de ninguém. Eu dirijo, pinto as unhas dos pés com esmalte vermelho, às vezes vou ao cinema escondida, mas ninguém nota de verdade quando você vive no seu pedacinho de terra e cuida do próprio nariz. Mesmo assim, não é o bastante. Eli acredita que sempre vou achar algum motivo de queixa, por mais liberdade que tenha. Ele me considera incapaz de ser feliz.

O problema é que, a cada restrição suspensa, encontro outra logo depois. E não consigo deixar de pensar que há algumas coisas que nunca poderei experimentar. Não suporto a ideia de passar a vida inteira neste planeta sem conseguir concretizar todas as coisas que sonho fazer pelo simples fato de que não são permitidas. Acho que nunca será o bastante, essa versão da liberdade, enquanto não for plena. Acho que nunca serei feliz a menos que seja realmente independente.

No Shabes, ponho Yitzy no carrinho e vou até a sinagoga para encontrar Eli após as orações, e quando a multidão sai pela porta da frente os homens me encaram sem pudor, reparando em meu vestido preto apertado e meus sapatos pretos de salto. Basta se vestir bem para chamar a atenção. Aqui os hassídicos não olham para o chão quando uma mulher passa. Mas tampouco são melhores, porque em vez disso fazem comentários lascivos e piadas sujas. Seu caráter iluminado só vai até aí.

Minha vizinha, Chavi, que mora a dez minutos da minha casa, modela as perucas para mim. Acabo de comprar com ela minha primeira peruca extralonga, feita de cabelos naturais e virgens, nunca submetidos a tratamento químico, de forma que caem por meus ombros em ondas suaves. Mesmo assim, por mais cuidadoso que seja o corte e por mais hábil o penteado emoldurando meu rosto, ainda percebo a linha óbvia e grosseira da peruca, e sou incapaz de imaginar como alguém pensaria que isso é meu cabelo de verdade.

Às vezes, quando vou ao shopping, levando Yitzy em seu carrinho, é como se seu cabelo loiro, seus olhos azuis e seu rosto inocente e comum ainda sem os cachinhos laterais encurtassem a distância entre mim e as demais pessoas. Com seu rostinho perfeito e seus membros rechonchudos, Yitzy faz todo mundo parar e falar com ele, enquanto fico ali ao lado, com minha peruca e a saia longa, bancando a normal.

Comecei a tirar a peruca na faculdade, mesmo meu cabelo estando sempre um pouco embaraçado. A peruca me deixa constrangida, e a saia também, mas não tenho roupas comuns, e por ora ainda fico com medo de ser vista fazendo compras. Vou à T.J. Maxx de White Plains e examino com nervosismo os cabides de calças jeans, sem compreender as diferenças entre tantos tons e tantos estilos e cortes de bolso. Escolho uma com grandes laços marrons bordados nos bolsos e marcas esbranquiçadas no quadril e experimento. Um pouco comprida nas pernas, mas com saltos ficaria perfeita. Admiro-me de como meu corpo parece diferente no jeans, tão curvilíneo, tão poderoso.

Quando chego para a aula na quarta-feira, tiro a saia preta e longa no carro. Estou de calça jeans por baixo. Na sala, minha amiga Polly grita de animação:

— Ai, meu Deus, você está usando jeans! É Sevens?

— O quê?

— A marca... é Sevens, né?

— Não sei. Comprei na T.J. Maxx, por quinze dólares. Gostei da cor.

— Foi uma pechincha, por uma Sevens. Você ficou bem demais!

Quando a aula começa, não escuto nada que o professor diz, pois não paro de olhar para minhas pernas e alisar o tecido. Ao sair do prédio, os jardineiros trabalhando lá fora assobiam quando passo, e automaticamente baixo os olhos para o chão, recriminando-me por chamar a atenção. Isso não deve acontecer com toda garota quando usa jeans, eu acho.

Em casa, dobro a calça e a enfio sob o colchão, para Eli não encontrar. Não sei se me safaria dessa com uma lorota qualquer.

Na Sarah Lawrence, Polly é minha nova melhor amiga. Ela tem cabelo loiro brilhante e covinhas quando sorri, veste roupas lindas e fala de um jeito animado sobre tudo. Parece uma personagem saída diretamente dos livros que tanto lia quando era mais nova, e morro de vontade de ter um cabelo amarelo como o seu, aqueles olhos azuis, os dentes brancos como leite. Quando nos conhecemos, contei que era hassídica, e ela me olhou e riu, como se fosse piada. Mas então percebeu que eu não estava brincando, e levou a mão à boca e não parou de se desculpar, mas não me importei. Fiquei lisonjeada por ela não conseguir perceber que eu era diferente. Ela achou que minha peruca era meu cabelo verdadeiro.

Se tivesse um nariz como o da Polly, minha vida seria diferente, sei disso. Tudo se resume ao nariz, sempre. A Bobe diz que era assim que Hitler diferenciava os judeus dos gentios. Certamente não teria tido a menor dificuldade em me identificar. Associo minha sina a meu nariz. A vida de Polly combina com seu nariz, então faz sentido. Se você tem nariz pontudo, coisas boas acontecem com você.

Em janeiro, Polly me leva ao bairro onde mora em Manhattan e vamos a um restaurante. Ela adora comer; foi chef antes de abrir uma fábrica de chocolate com o marido. Penso comigo mesma: *Provarei de tudo, menos peixe e carne, e não será tão ruim, mesmo não sendo kosher.* Quando chegamos, consigo perceber como o teto é alto, porque as pessoas ali dentro têm pernas compridas, mantêm os narizes bem erguidos, e fico fascinada com o ambiente, ainda que ligeiramente intimidada. Até o garçom é lindo de morrer, seu andar um suave gingado de quadris. "Gay", diz Polly, apenas mexendo a boca, quando ele vira as costas, e balanço a cabeça compreensivamente, perguntando-me o que lhe permite identificar tal característica com tanta facilidade.

O host se aproxima da nossa mesa para perguntar se está tudo em ordem, e Polly flerta descaradamente com ele, fazendo comentários implicantes sobre seu penteado estranho. Observo tudo com timidez, desviando os olhos. Quando ele se afasta, Polly se inclina para mim, animada.

— Ele não tirava os olhos de você! Você não viu?
— Vi o quê? — pergunto, atônita.
— Ah, com o tempo você aprende.

Não tirava os olhos de mim? Por que motivo? Observo de relance o moreno alto parado na frente do restaurante. Para mim, é um tipo genérico, como qualquer outro gentio. Com suas barbas feitas e cabelos curtos, parecem todos da mesma espécie alienígena. Sem dúvida um homem como esse jamais se interessaria por alguém como eu, não com meu nariz de judia. Homens assim estão interessados em mulheres como Polly.

Os pratos que chegam têm uma apresentação linda e aspecto extremamente exótico. Não consigo deixar de quebrar minhas próprias regras e acabo experimentando uma carne fatiada que parece pastrami de peru, mas depois que provo Polly diz que é presunto, ou seja, porco. Peço licença para ir ao banheiro, e uma vez lá me preparo para vomitar, pois, de acordo com o que minhas professoras diziam, é o que acontece com pessoas que comem chazer.

Meu estômago parece em ordem. No espelho, observo minha peruca e minha blusa de mangas compridas, e quase me surpreendo com meu reflexo, como se esperasse ver alguém tão glamorosa por fora quanto os demais no restaurante. Reprimindo a sensação de inferioridade que começa a me dominar por conta da visão de meu reflexo, abandono o espelho traiçoeiro e me dirijo ao restaurante, as costas dolorosamente eretas.

De volta à mesa, começo a experimentar os outros pratos. Provo tudo como se tivesse acabado de retornar da guerra vitoriosa. Rolinhos primavera de cordeiro, carpaccio de carne, ceviche de salmão — que coisas estranhas os gentios comem! Não entendo o conceito de carne e peixe crus, mas experimento, de todo modo. É engraçado, digo a Polly; a maioria dos hassídicos que se desencaminham se limita a comer um hambúrguer no McDonald's, mas aqui estou eu experimentando cozinha gourmet treif.

— Mas é assim que se faz — diz ela. — Mesmo quando quebra as regras, você faz isso com estilo.

Gosto dessa ideia. Uma rebelde glamorosa, essa sou eu. No caminho de volta, paramos em uma ótica e compro um óculos com armação de tartaruga de um designer que Polly afirma ser incrível, e quando os ponho, meu reflexo parece o de uma supermodelo.

Olho de esguelha para Polly, imaginando se algum dia serei tão segura quanto ela.

— Não quero mais ser hassídica — anuncio de repente, depois que saímos da loja.

— Bem — responde ela —, você não precisa ser.

No entanto, não vejo como posso ser qualquer outra coisa. É a única vida que tenho permissão de viver. Mesmo que estivesse disposta a desistir de tudo, por onde começaria a procurar outra vida para pôr no lugar dela?

À medida que Yitzy cresce, me preocupo mais e mais com seu futuro. Quando completar três anos, terá seu próprio par de peyot e começará a frequentar o cheder, uma escola onde os meninos aprendem a Torá diariamente das nove da manhã às quatro da tarde. Acho que não vou aguentar ver sua perfeição inocente estragada pelos cachinhos laterais e o xale de oração que precisará usar, ou o fato de que sua vida será de uma hora para outra repleta de influências masculinas, enquanto eu ficarei relegada a segundo plano.

Como vou condenar meu filho a uma vida de pequenez e limitação? Como permitir que fique aprisionado em um cheder ou uma yeshivá pelo resto da infância enquanto me permito a oportunidade de ampliar meus próprios horizontes limitados? Não parece certo. Não consigo mais imaginar abandoná-lo nessa vida restrita, sufocante, quando quero tanto viver livremente.

Seja como for, somos ambos prisioneiros. Não tenho outro lugar para ir e não disponho de meios ou recursos para mudar minhas circunstâncias de vida. Em vez disso, vivo minha outra vida em segredo, mantendo minhas ideias e opiniões trancadas na parte do meu cérebro que reservei para essa nova identidade rebelde.

Por fora, continuo kosher, visto roupas recatadas, finjo estar profundamente concentrada em ser uma hassídica devota. Por dentro, anseio quebrar os moldes, destruir cada barreira erguida para me impedir de ver, saber, experimentar.

Minha vida é um exercício de segredos, o maior deles sendo meu verdadeiro eu, e para mim passou a ser da mais alta importância ocultar essa minha face de Eli. Quando era mais nova, escrevia meus pensamentos em diários, mas, depois que me casei, parei de fazer isso, preocupada que as coisas que escrevi pudessem ser encontradas e lidas, e que Eli fosse capaz de ver o que se passava dentro de mim através delas. Hoje tem mais a ver com ocultar dele minhas novas descobertas; não quero deixar evidências incriminadoras, revelando as mudanças que fervilham dentro de mim.

Há tantos pensamentos turvando minha mente que escrever se torna uma questão de necessidade. Resolvo começar um blog anônimo, assim posso postar coisas na internet e usá-la como meu diário privado. Tomo as devidas precauções para que a página não seja ligada a mim. Intitulo o blog "Hasidic Feminist" [Feminista Hassídica], e me inspiro principalmente nas tarefas que faço na Sarah Lawrence, textos instigados por minhas leituras feministas na aula de filosofia e partes de ensaios escritos nas aulas de teatro e redação.

A primeira coisa sobre a qual decido escrever é minha luta para consumar o casamento. Nunca admiti de fato minha virgindade prolongada para ninguém e, normalmente, jamais consideraria levá-la a público assim, mas um telefonema que recebi há uma semana me fez mudar de ideia. Uma mulher de Williamsburg que não quis se identificar me ligou, afirmando ter conseguido o número com minha tia Chaya, e confidenciou que sua filha recém-casada tinha problemas para consumar o casamento havia oito meses, perguntando se eu tinha algum conselho a oferecer.

Fiquei pasma com seu pedido, pois sempre me vira como uma problemática sem iguais em todo o amplo esquema da saúde vaginal, uma anomalia não só em minha comunidade, mas no mundo. Contudo ali estava uma mãe, preocupada com a incapacidade de sua filha de fazer sexo e a aparente falta de um motivo concreto para isso, sofrendo para encontrar alguma explicação, alguma assistência. Aconselhei-a como pude, ainda que eu mesma siga sem compreender totalmente por que passei pelo que passei.

É uma sensação estranhamente liberadora publicar o relato de meu defeito gigantesco para qualquer um ver — de forma anônima, claro. Depois de postar minha história, chovem comentários, a maioria vindos de outras como eu, hassídicas rebeldes, ex-hassídicas, judias ortodoxas modernas e até gentias. Não sei como todas essas leitoras descobriram meu blogzinho insignificante, minha fatia minúscula do ciberespaço, mas todas parecem ter muito a dizer.

Algumas são céticas. Não entendem como uma menina pode passar a adolescência inteira sem notar a própria vagina. Outras são solidárias. Outras, ainda, relatam experiências similares. As leitoras discutem entre si, usando meu blog como fórum, e ler suas conversas é uma experiência emocionante. Sinto-me de algum modo no centro de algo grande e, ao mesmo tempo, em segurança atrás da tela do meu computador, incapaz de ser vista e sem precisar dar justificativas.

"Como vai ficar com seu filho?", perguntam minhas leitoras. Nenhuma comunidade deixará você sair com seu filho se não for religiosa, dizem. "Sou advogada", diz um comentário, "e sei com toda a certeza que isso nunca foi feito".

Advertem-me de que nenhum tribunal rabínico me deixará partir com meu filho. Mesmo que eu seguisse todas as leis, não seria considerada suficientemente devota para cuidar dele. Citam exemplos, nomes de outras mulheres que tentaram, mas seus comentários não me assustam. Sei que sou diferente dessas outras mulheres, que tenho algo que elas não têm. Não sei como, e não sei quando, mas um dia serei livre, assim como Yitzy. Ele poderá frequentar uma escola de verdade e ler livros de verdade sem medo de ser descoberto. Em meu inconsciente, comecei a me despedir das pessoas e dos objetos em minha vida como se me preparasse para morrer, ainda que não tenha um plano de verdade. Apenas sinto em meu íntimo, e com veemência, que não fui feita para viver aqui.

Visito a Bobe e o Zeide pela última vez em março de 2009, para o feriado de Purim. Ainda não sei se algum dia conseguirei de fato partir, mas acho que, só para o caso de decidir ir embora, será mais fácil cortar os laços quanto antes.

    A casa onde cresci está caindo aos pedaços. Não sei se é porque a Bobe e o Zeide não têm mais dinheiro ou se é simplesmente porque carecem de energia para fazer a manutenção que o prédio exige. É triste que um lugar tão lindo, com tanta história, fique jogado às traças. Como parece apropriado que, bem quando as bases da minha fé se aproximam do colapso total, as bases da minha infância também estejam desmoronando. Tomo isso como mais um sinal de que trilho o caminho estabelecido há muito tempo por uma força maior do que eu. Deus quer que eu vá embora. Ele sabe que não nasci para isso.

    A pintura dos corredores está descascando e o linóleo da escada desgastou completamente em vários pontos. A Bobe quer vender a casa para uma construtora, que já ofereceu uma quantia de sete dígitos, mas o Zeide é orgulhoso demais para abrir mão do melhor investimento de sua vida. Ele tenta pensar num jeito de virar o jogo.

    Já consigo ver que para algumas coisas não preciso dizer adeus, porque elas não existem mais. A Bobe e o Zeide que lembro de minha infância envelheceram dramaticamente. A Bobe não exibe mais aquela energia vibrante do passado; seus passos são lentos e pesados, seu olhar, vidrado de desorientação. O Zeide está mais ausente do que nunca, sua fala carecendo da vivacidade e precisão de quando era mais novo. Tudo que amava na casa durante a infância está em frangalhos.

    Meu pai aparece na refeição festiva de Purim, os olhos vermelhos, obviamente bêbado. Ele me vê e vem na minha direção, e engulo em seco, antecipando seu jeito espalhafatoso de cumprimentar. Em vez disso, ele se pendura em mim com tudo numa espécie de abraço e envolve meu pescoço com o braço. Ele é pesado, e me aperta com mais força. É quase como se me enforcasse, e o cheiro de bebida é tão forte que não consigo respirar. Sua sujeira me faz sentir suja também, aquele tipo de sujeira impossível de limpar. Ficarei feliz em não ter mais nada a ver com ele; nunca entendi por que tive de fazer o papel de filha para um homem que nunca tentou ser meu pai.

Eli presencia a cena toda sem abrir a boca, e ao menos uma vez na vida gostaria que fosse homem e tomasse uma atitude, quem sabe pelo menos distraísse meu pai e não deixasse que eu me defendesse sozinha. Depois daquele gesto, ele me fita boquiaberto de surpresa, mas não expresso emoção alguma.

É estranho olhar em torno da mesa de jantar, envergada com o peso das travessas de carne defumada e decantadores de vinho, para essas pessoas que chamo de família — tias, tios, primos, parentes distantes —, e pensar que talvez daqui a um ano terão se tornado uma vaga lembrança. Fica claro que veem minha existência como algo corriqueiro, que não me enxergam como diferente de ninguém ali, casada e com um filho pequeno para cuidar, o peso de uma peruca na cabeça. Para todos os efeitos, estou amarrada. Mas, sinceramente, todas essas garantias dependem da cabeça de cada um, e se minha mente não pode ser amarrada, se meus sonhos não podem ser tolhidos, nem milhares de restrições serão capazes de garantir de fato minha submissão.

Fico pensando o que dirão de mim quando for embora. Será que fingirão choque ou balançarão a cabeça de um jeito conspiratório e afirmarão sempre ter sabido que me faltava um parafuso? Uma criança como eu, estragada desde o começo — o que mais poderia ter virado?

As mulheres do curso de adultos na Sarah Lawrence saem para almoçar depois das aulas. São quase todas brancas e ricas, na casa dos trinta ou quarenta anos, em condições de gastar com mensalidades exorbitantes e bolsas Prada. Eu sou a anomalia, uma jovem de 21 anos com um bebê, que sempre se enfia no mesmo jeans, dentro do carro, e com cabelos ainda se acostumando à luz do sol.

O materialismo, descubro, não é diferente no mundo secular. Lembro-me das meninas que frequentavam a escola comigo usando sapatos Ferragamo e roupas Ralph Lauren ajustadas para obedecer às diretrizes de recato. Sonho com os mesmos símbolos de status que sonhava na época, talvez por compreender que esses símbolos exigem o tipo de respeito que o mundo parece jamais demonstrar por mim.

Às vezes, quando tenho tempo, me junto a essas colegas da Sarah Lawrence no almoço, escutando em silêncio descreverem suas vidas, as conversas sobre férias luxuosas, as preocupações com a escola particular dos filhos, suas queixas sobre o preço das academias, e me pergunto se um dia serei suficientemente privilegiada para ter problemas como esses. O marido que trabalha demais, a casa grande demais para manter, um voo à Europa que até na primeira classe é exaustivo.

Certamente uma pessoa comum como eu não tem futuro de verdade. Se for mesmo embora e descartar as partes visíveis de minha identidade hassídica, que vida terei como gentia? Uma mãe solteira, lutando para criar um filho na cidade mais cara do mundo, sem família para ajudar, sem marido para levar o lixo, sem um dólar na poupança nem cupons alimentícios no bolso. Pois prometo a mim mesma nesse momento que, se e quando partir, não serei apenas mais uma família vivendo da previdência social, como no mundo que deixei para trás, onde mães que dão à luz mais bocas do que podem alimentar trocam cupons alimentícios do governo por dinheiro na Casa de Câmbio Judaica.

Com os cabelos loiros agora cascateando por ombros bronzeados, Polly me confidencia que também cresceu à custa da previdência social, no dilapidado e pobre estado de Utah, com uma mãe que entrou para as Testemunhas de Jeová e um pai que se agarrava a papelotes de cocaína com as mãos trêmulas.

— Você? — digo, sem acreditar. — Mas você parece ter tudo.

— Só cheguei aonde cheguei faz uns sete anos — explica ela. — Depois que a gente abriu a fábrica de chocolate, foi como se finalmente a felicidade chovesse do céu. Mas sempre soube que minha vez chegaria, sabe? Esperei tanto tempo para ter *minha* parte, *minha* recompensa, depois do que pareceu uma vida inteira observando pessoas privilegiadas levarem uma vida de luxo. No fim esse dia chegou, mas o período anterior a isso ainda parece ter durado uma eternidade.

Ainda estou na casa dos vinte. Quem sabe o que pode acontecer daqui a dez anos? Mesmo que tenha de ser pobre e miserável por uma década, pelo menos ainda existe a possibilidade de milagres assim, do tipo que acontecem com pessoas como Polly, que *merecem* a felicidade. Será que posso mesmo fechar a porta para uma chance dessas?

— Precisa vivenciar isso por si mesma — diz com sabedoria a diva loira. — Passei anos acreditando, contra todas as probabilidades, que aconteceria comigo. Continuo acordando todos os dias sabendo que coisas melhores ainda vão acontecer. Se você acreditar nisso, mesmo contra todas as probabilidades, vai se tornar realidade. É o poder do universo.

Mesmo também tendo deixado a religião para trás, Polly ainda carrega consigo seu próprio sistema de fé. Alguém consegue sobreviver sem fé, seja lá como for rotulada? Independentemente de como você viva sua vida, parece que é preciso ter fé para segurar as pontas, para seguir em frente.

Mas seguir em frente em direção a quê? Desejo realmente abrir mão da minha vida para poder levar a vida dessas mulheres? Será que elas são tão diferentes assim de mim, essas donas de casa? Fora as coisas óbvias, como casas maiores e roupas melhores, em muitos sentidos vivem tão aprisionadas quanto eu. Viemos todas para a Sarah Lawrence pelo mesmo motivo, atrás de uma escapatória para algo mais gratificante.

Jamais me sentirei completamente realizada por um jeans ou uns óculos de marca. Essas coisas são ótimas, sem dúvida, mas quero conquistar algo, deixar minha marca neste mundo. Um buraco do tamanho de uma cratera, declarei no meu requerimento de inscrição da faculdade. Posso penar sempre, mas luxo nunca foi meu objetivo. É o luxo que leva ao pecado, Zeide costumava dizer, porque nos deixa satisfeitos e preguiçosos, amolece nossos ossos e entorpece nossa mente.

Houve rebeldes antes de mim. Quando era pequena, um ou outro quebrou abertamente as regras, e todo mundo falava sobre eles. Mas onde estão agora, esses rebeldes? Ninguém sabe. Saem para frequentar clubes, beber, usar drogas e se comportar de modo desinibido, mas não há menuchas hanefesh, serenidade alguma, numa vida como essa. O Zeide costumava dizer que a serenidade era a coisa mais importante que a pessoa podia conquistar na vida, o segredo da felicidade. Acho que ele nunca sentiu que a conquistara, mas talvez tenha chegado perto. Para cada um, dizia, é uma jornada diferente. Aonde irei para encontrar paz em mim mesma?

O Zeide passou a vida em busca de harchavas hadaas, uma mente ampliada. Como ampliar a mente num mundo tão limitado, tanto por dentro como por fora?

Quando Eli viaja por uma semana no início da primavera de 2009, fico sozinha em casa pela primeira vez. Se não conseguir me virar por conta própria durante uma semana, uma vida de independência será impossível. Assim, me obrigo a fazer funcionar. Sempre tive certa vergonha de meus terrores noturnos; quando escurece, qualquer agitação ou rangido me deixa nervosa, e fico acordada, agarrada aos cobertores, até o dia raiar.

Boa parte de mim acha que não consigo me virar sozinha, por conta de toda a minha ansiedade. Estou convencida de que, por ser mulher, sou frágil, e que sempre precisarei de alguém para cuidar de mim, sobretudo porque tenho um filho. *Como tomarei conta dele sozinha quando eu estiver doente?*, penso. *Quem vai me ajudar se eu não tiver um marido? Será que serei realmente capaz de abrir mão da segurança que tenho hoje puramente em nome da liberdade?*

Mas na tarde do Shabes, sentada no gramado, cercada pelas vizinhas e ouvindo suas fofocas bobas, lembro do buraco abismal que é minha vida, da fome voraz que me consome por dentro quando não é satisfeita. Acho que prefiro ficar assustada e sozinha do que entediada. Acredito que o universo também saiba disso. Acho que estou destinada a algo diferente.

Ultimamente, tenho passado horas entre as estantes da biblioteca, pensando no futuro. Observo os livros arrumados nas prateleiras e me lembro de como cobiçava o privilégio de ler quando criança, quanta coisa arrisquei pelo conhecimento e como a alegria de ler sempre superou o medo. Costumava me maravilhar com o direito inato que esses autores sentiam ter de falar o que pensavam da maneira que julgassem adequada, de pôr no papel seus pensamentos mais íntimos, enquanto eu não conseguia passar um dia sem me sentir compelida a guardar segredos.

Estou tão cansada de sentir vergonha do meu verdadeiro eu. Estou exausta dos anos que passei fingindo devoção e me penitenciando por minha falta de fé. Quero ser livre — fisicamente também, mas livre em todos os sentidos, livre para me aceitar pelo que sou, livre para apresentar minha verdadeira face ao mundo. Quero estar nessas prateleiras de biblioteca, junto com todos esses autores, para quem a verdade é um direito inato.

Polly mandou meu blog para todo mundo que conhece no meio editorial e estou decidida a investir em qualquer contato. Já recebi o e-mail de uma agente literária e me sinto dominada pela enormidade dessa oportunidade e pela possibilidade aterrorizante de seu desaparecimento. Como posso me mostrar digna de publicação?

Vou à cidade para encontrar Patricia, cujo escritório fica nas ruas chiquérrimas do Upper East Side. No carro, tiro a saia preta e comprida de jérsei para exibir a calça nova que comprei na The Limited, e sob o suéter de mangas compridas visto uma camisa de seda quase sem mangas com estampa de florezinhas. Quando saio do carro e pego o tíquete com o homem do estacionamento, consigo sentir o tecido frio e macio das pernas da calça deslizar por minhas panturrilhas, cobrindo meus sapatos pretos de salto alto. O clique-claque dos saltos na calçada é sonoro e confiante, e meus passos parecem largos e soltos com essa calça. No reflexo das vitrines na Madison Avenue, pareço impossivelmente alta e poderosa, como nunca me senti em nenhuma saia deselegante.

Na esquina da rua combinada, vejo Polly conversando com uma morena magra diante de uma mesa ao ar livre do café. Aproximo-me das duas e digo olá, e enquanto Polly me cumprimenta com o entusiasmo de costume, Patricia inicialmente parece não saber quem sou. Após um momento, percebe que sou a tal mulher hassídica procurando por representação literária, e fica de queixo caído.

— Você não é nada do que eu esperava — diz, arregalando os olhos. — Você é tão glamorosa.

— Ah, a culpa é da Polly. Ela me levou para o mau caminho.

Sorrio, secretamente em êxtase por ouvir sua confirmação, por saber que não destoo do ambiente, que pareço igual a todo mundo. Por pensar, em pleno Upper East Side, que finalmente sei qual é a sensação de não me destacar da maneira como sempre foi. A mão de Polly vai em direção ao meu cabelo, pairando ligeiramente acima dele.

— Está usando a peruca? — pergunta, em voz baixa. — Não sei dizer.

— Não, é meu cabelo de verdade. — Rio. — Minha peruca está no carro.

Acho engraçado que ela nunca consiga perceber a diferença, uma vez que minha peruca é cheia e cacheada e meu cabelo verdadeiro, fino e liso.

— Vocês duas parecem Betty e Veronica — diz Patricia, sorrindo para nós.

— Quem são essas? — pergunto, inocentemente.

— Ai, meu Deus, você não sabe quem são Betty e Veronica? *Archie*, os quadrinhos? — pergunta Polly.

Mesmo depois de todo esse tempo, ela ainda se choca quando fico perdida nas referências culturais.

Patricia me dá alguns títulos para ler, livros sobre como escrever, como publicar. O próximo passo, diz, é redigir uma proposta. Funciona como um discurso de vendas. Usamos a proposta para vender a ideia e depois, com o negócio fechado, posso escrever o livro. Vou para casa decidida a usar cada hora livre que tiver para trabalhar nisso. Patricia disse que uma boa proposta pode levar um ano para ser redigida, no mínimo três meses, mas estou determinada a escrever a proposta mais rápida jamais escrita. Se esse livro é minha passagem para fora daqui, pretendo tirar proveito dela o mais cedo possível. Cresci demais para voltar a caber no meu antigo mundo.

Em 8 de setembro de 2009, fico até mais tarde na Sarah Lawrence para sair com algumas amigas. A perspectiva de abandonar minha vida me deixa energizada. Já dei início ao processo e agora cabe a mim dar o primeiro passo. Sei que será muito em breve; talvez esteja apenas esperando que Eli não me deixe outra opção, ou quem sabe algum tipo de sinal, mas vindo de quem? Mas também é absurdo pensar em mim agora como aquela garota de Williamsburg, para quem tudo era uma mensagem espiritual.

Nervosa, decido por impulso filar meu primeiro cigarro. Faço um tremendo esforço para segurar a tosse, porque sei que tossir é uma reação amadora e quero parecer calma e natural, assim dou uma minúscula tragada e prendo a fumaça na boca por um segundo antes de soprar um jato fino, de modo que é como se nunca tivesse entrado em meus pulmões.

Parada diante da biblioteca da faculdade, o cigarro preso despreocupadamente entre os dedos, observo as pessoas passarem por mim em todas as direções. O andar delas é tão decidido que sou dominada pela inveja. Quero caminhar com essa deliberação rumo a cada momento; quero enfrentar meu futuro com tanta certeza e segurança quanto esses homens e mulheres, cujos olhares se voltam em minha direção, mas sem nunca cruzar exatamente com o meu.

Estou de jeans e camiseta com decote em V, e meu cabelo, agora longo e liso, ondula em torno do meu ombro e pende como uma faixa grossa e escura de um lado. Devo estar parecida com todo mundo. Finalmente, a abençoada sensação de anonimato, de pertencimento; não são a mesma coisa? Será que alguém consegue enxergar a alegria ansiosa sob minha pose despreocupada?

Estou tão feliz de ser parte desse lugar! Quero gritar para os carvalhos majestosos que guardam a entrada do campus. Quero sair rodopiando com as mãos no alto e saltitar pelo gramado. Nunca mais voltarei a ser aquela garota esquisita, a garota de peruca e saia, dolorosamente constrangida. Serei normal, tão normal que ninguém jamais perceberá. Vou esquecer que um dia fui diferente.

A volta a Airmont leva uma hora, então saio antes de me sentir muito cansada. As estradas estão escuras e vazias, e ponho o CD que uma amiga da faculdade gravou para mim. The Pierces toca suavemente, e tamborilo os dedos no volante, acompanhando o ritmo. Quando saio da ponte Tappan Zee e pego a New York State Thruway, ouço um som de estouro e, antes que possa virar para olhar, o carro começa a girar descontroladamente. Escuto guinchos de protesto vindo do asfalto, e o carro gira tão rápido que as cores da noite viram um borrão em meu para-brisa. Preparo-me para o pior, com as mãos agarradas ao volante, rígidas, e vejo o para-brisa se estilhaçar lindamente com o impacto quando o carro bate na mureta e sai capotando, cada virada desencadeando uma nova onda de dor em meu corpo tenso. Nos segundos finais, fica claro para mim que vou morrer, e penso que é um modo justo de encerrar minha vida, que devo morrer bem quando estava no limiar da liberdade. *Deus existe, e estou sendo punida.* É meu último pensamento antes de tudo ficar escuro.

Acordo e levo alguns segundos para perceber que estou de cabeça para baixo e que minha cabeça toca o teto. O carro está achatado, então não consigo abrir as portas, mas há um monte de vidro espalhado, da janela do passageiro. Devagar, solto o cinto de segurança e começo a tatear em busca da bolsa. Conforme meus olhos se ajustam ao escuro, vejo que seu conteúdo se espalhou por toda parte, e meu BlackBerry perdeu a bolinha. Tento descobrir um jeito de fazer o telefone funcionar sem ela, mas estou em um estado de choque grande demais para conseguir fazer qualquer ligação. De repente me dou conta de que, se continuar dentro do carro, ele pode explodir, e penso: *Preciso sair daqui.* A estrada está silenciosa à meia-noite, exceto pelo zumbido de um ou outro carro passando em alta velocidade. Ninguém parou. Pego minha carteira, meu celular, as chaves, e começo a sair, rastejando vagarosamente de bruços no escuro, sentindo o vidro cortar meus joelhos e a palma das minhas mãos. Após finalmente arrastar meu corpo inteiro para o cimento coberto de escombros do carro destruído, apalpo-me de todos os lados, como que para confirmar se estou inteira. "Tudo bem", digo a mim mesma, repetidas vezes, tentando me tranquilizar. "Tudo bem." E então, como uma pergunta: "Tudo bem?" Não consigo parar de repetir isso. Minutos depois, alguém me vê recostada contra a mureta e para.

Os policiais perguntam com insistência se estou embriagada, e rio histericamente, porque nunca suportei álcool, mas acham que estou rindo porque estou muito bêbada e me tratam com grosseria. Tudo dói demais, mas em geral não escuto suas perguntas por não conseguir imaginar o motivo de continuar viva. Por que esse acidente aconteceria comigo se não era para eu morrer?

Assisto da estrada quando rebocam a carcaça amassada que sobrou do carro. É como me despedir de meu próprio corpo destruído. Olho para baixo e minha pele parece algo novo, como se tivesse sido arrancada e voltado a crescer por conta própria. Meus novos membros biônicos estão milagrosamente intactos após um acidente que deveria ter me partido ao meio.

No hospital, não consigo pensar em outra coisa. Sou dominada por uma confusão torturante. Não compreendo o significado disso. Que algo assim devesse acontecer comigo poucos dias antes de supostamente abandonar meu passado para sempre só faria sentido se tivesse como objetivo me impedir de fazer tal coisa. O susto deveria me forçar à obediência? Olho meu corpo e me admiro de sua capacidade de sobreviver a algo tão assustador, e contemplo cada parte dele demoradamente, como se por minhas veias corresse sangue mágico. Que coisa mais extraordinária a pessoa estar viva quando deveria ter morrido.

O acidente aconteceu ao dar meia-noite no relógio, quando a data mudou para 09/09/09. Nove, foi o que o cabalista me disse; nove, o número da morte e do renascimento, dos fins e dos começos, é o sinal que eu deveria procurar. Talvez em retrospecto sempre veja esse dia como o dia que dividiu minha vida em duas.

Eli vem me ver no hospital, e estou furiosa. Ele vinha dizendo que os pneus do carro estavam gastos demais, mas se recusara a mandar trocar. Alegou que não podia se dar ao luxo.

— Mas ao luxo de me perder pode? — pergunto, cheia de amargura.

— Yitzy podia estar no carro.

Só que Eli não dá sinais de remorso. Ele se recusa a admitir qualquer responsabilidade pelo acidente. Não quero mais ver a cara dele. Digo que vá para casa, que vou ligar para uma amiga ficar comigo. Não quero ver a cara dele nunca mais.

Seria esse o sinal de Deus, então? Essa ruptura completa que busco com meu passado, a separação categórica entre uma vida e outra? Talvez o fato de não ter morrido seja o grande milagre que sempre achei que me aconteceria. Só agora posso me sentir verdadeiramente invencível, após ter passado pelo pior. Não me sinto mais nervosa, insegura. Não tenho passado a que me agarrar; os últimos 23 anos pertencem a alguma outra pessoa, alguém que não conheço mais.

No dia seguinte, assino o contrato para escrever as memórias de uma pessoa que não existe mais, alguém que tratarei de honrar com uma última lembrança. Minhas duas identidades finalmente se dividiram, e assassinei a outra, matei-a com brutalidade, mas merecidamente. Suas últimas palavras são este livro.

Antes de deixar Airmont para sempre, Eli e eu vamos juntos a um conselheiro matrimonial religioso, para ver o que podemos fazer quanto ao nosso casamento — ou, melhor, o que sobrou dele. Eli acha que só de fazer aconselhamento está finalmente mostrando o desejo de tornar as coisas melhores para nós, mas é tarde demais. No fundo, já sei que não tem mais volta.

Mesmo assim, faço o que deve ser feito. Conto ao conselheiro sobre o primeiro ano de nosso casamento e sobre como Eli me deixou porque eu não conseguia manter relações, além de nunca ficar do meu lado quando sua família me menosprezava. Digo que nunca poderei perdoá-lo por isso.

O conselheiro, ele mesmo apenas um rabino e não um terapeuta, diz a Eli que precisamos ver um profissional.

— Seus problemas — diz — não são os conflitos normais, superficiais, que ocorrem em um casamento. Vocês não estão discutindo quem leva o lixo para fora ou quem não está sendo carinhoso o bastante. Não sei como ajudar vocês a superar uma coisa dessas. É muito sério.

Mais tarde, Eli vira para mim e fala:

— A gente devia se divorciar logo de uma vez, não é? Não é como se isso fosse funcionar.

Dou de ombros.

— A gente pode pedir o divórcio, se é o que você quer.

Alugo um Kia minúsculo e soco dentro dele o máximo de coisas que consigo. Ponho Yitzy em sua cadeirinha e percebo como observa as caixas e os sacos de lixo que enfiei em cada palmo de espaço. Ele não diz nada, apenas leva o dedo à boca e pega no sono assim que entramos na rodovia. Quando ficamos presos no trânsito da Tappan Zee, seguro o volante com força, revivendo instantaneamente os sons e as sensações do acidente de poucos dias antes.

Levo meu anel de diamante e alguns dos velhos presentes de casamento a uma joalheria em Westchester, que me dá um bolo de dinheiro por tudo. Observo o homem ensacar os últimos cinco anos de minha vida como se eu pudesse de algum modo voltar para pegar tudo outra vez, e pergunto o que será feito com aquilo.

— Provavelmente vamos derreter — diz.

Dou um suspiro de alívio. É bom saber que essas joias não aparecerão no pulso ou no pescoço de outra pessoa, que vão desaparecer para sempre. Elas nunca deveriam ter sido minhas, para começo de conversa.

No início, fico triste por algumas coisas que precisei deixar para trás. Das joias foi fácil me separar, mas a louça e o enxoval que comprei com tanto amor cinco anos antes, as amizades que dei tão duro para conquistar, toda a rede familiar estendida da qual fizera parte — dessas é mais difícil abrir mão. É uma sensação nova e estranha de repente precisar me virar com tão pouco, e sinto um pânico silencioso só de pensar no fato de ter tão poucas posses a que me prender. A sensação de desenraizamento fica cauterizada em meus músculos como dores após um exercício intenso. Desejo sentir o peso da vida de novo em vez dessa sensação de flutuar sem rumo, que desperta chamas de puro terror na minha alma.

Depois que fui embora, troquei de número de celular e não contei a ninguém meu novo endereço. Não podia me arriscar a ser localizada. Precisava de tempo para mim, tempo para assentar, tempo para encontrar algum tipo de segurança. Entretanto, a primeira coisa que noto é a proximidade que se desenvolve subitamente entre mim e Yitzy nesse novo ambiente. Temos de conhecer um ao outro, aqui nesse mundo estranho onde não conhecemos mais ninguém. É como se eu não tivesse permissão de ser sua mãe até esse momento, quando não há mais ninguém no caminho de uma relação honesta entre nós.

A primeira coisa que faço é ensinar inglês a Yitzy. Lemos livros juntos e assistimos a *Vila Sésamo*. Ele aprende rápido, e fico feliz por poder fazer isso para ele quando ainda é jovem o bastante para se adaptar sem dificuldades. Fico horrorizada de pensar nas possibilidades, caso tivesse sido forçada a permanecer por mais tempo.

Em semanas, Yitzy parece outra pessoa, falando um inglês infantil encantador. Dormimos na cama de casal que comprei depois que parti e, antes de pegarmos no sono, temos conversas adoráveis. Ele se preocupa comigo, e percebo isso pelo modo como faz elogios impulsivos.

— Seu cabelo é bonito — diz, notando como não o cubro mais.

Sei que sua tentativa de fazer me sentir bem significa que entende que estou passando por algo difícil, e a evidência desse entendimento parte meu coração. Acho que ele é novo demais para ser tão observador e se preocupar tanto com nossa situação no mundo.

Yitzy ainda não perguntou pelo pai. Apenas uma vez ergueu o rosto para mim e, após escorregar alegremente no parquinho, fitando-me com olhos inquisitivos, perguntou com ar sério:

— Papai e você não estão mais brigando, né?

— Não, chega de briga — respondi, sorrindo. — Mamãe agora está feliz. Você está feliz?

Ele assentiu com a cabeça rapidamente e correu para se pendurar com as outras crianças nas barras. Seu corte de cabelo novo, sem cachinhos laterais, deixou-o parecido com qualquer outra criança americana, e senti uma satisfação profunda em vê-lo se entrosar, sabendo que desfrutava o tipo de conforto social despreocupado que nunca tive.

A vergonha me manteve o mais afastada possível de Williamsburg nesse primeiro ano. Sempre que batia os olhos no familiar traje hassídico em uma rua agitada da cidade, eu me encolhia por dentro, como se estivesse sendo vista por alguém de fora. Qualquer coisa que me lembrasse do passado era insuportável. Descobri rápido as verdadeiras opiniões dos estranhos que interagem com hassídicos; as pessoas os descreviam na minha frente como insistentes, desagradáveis e sujos, sem nunca imaginar que eu poderia levar as críticas para o lado pessoal. Ficava horrorizada demais para confessar minhas origens a quem quer que fosse, mas no fim a verdade vinha à tona, e o pânico sempre acompanhava esse momento.

Leva um longo tempo para a vergonha desaparecer, mas, surpreendentemente, existe orgulho ali dentro. Quando enfim regressei a Williamsburg como meu novo eu, me envolvi em um lenço e pus óculos escuros para não ser reconhecida, mas flanei pelos arredores de meu antigo bairro, admirada com a sensação de distância que agora sentia em relação ao que fora outrora meu único lar. Finalmente via minha vida com os olhos de uma estranha, e de repente meu passado me pareceu loucamente pitoresco e exótico. O que um dia fora algo como a versão mais intolerável da vida mundana agora havia se transformado em uma história rica e misteriosa. Eu passara a infância sonhando com uma criação americana típica de subúrbio, pois nada poderia ter parecido mais estrangeiro na época, e mais tarde descobri que aquelas garotas americanas passaram seus anos formativos ávidas por experiências únicas que as definissem como diferentes, tentativas que achavam sempre frustrantes. Elas me viam com certa inveja, pois, apesar das dificuldades, minha vida me deixou com uma marca permanente de distinção.

Caminhando pela recém-reformada Kent Avenue, refleti como as coisas haviam mudado completamente de figura. A paisagem da minha infância estava drasticamente transformada. Os armazéns dilapidados deram lugar a reluzentes condomínios envidraçados, e hipsters em jeans apertados passavam por mim em velocidade, curvados sobre suas bicicletas. Eu me dei conta de que tudo com que sonhara quando criança havia se concretizado. Já estivera aqui, à beira do rio, sonhando em ser transportada para a outra margem. Sonhara em encontrar um ponto onde me firmar nesse mundo de alturas vertiginosas e brilhos estonteantes e em renunciar a qualquer ligação com o Brooklyn. Continuo não gostando de visitar o Brooklyn, qualquer parte dele, por esse motivo. Se passo muito tempo ali, começo a me sentir aprisionada. Mas de vez em quando apareço, pela pura emoção de saborear a memória e pela satisfação de saber que parte do que torna o fim do meu conto de fadas tão glorioso é sua mera improbabilidade. Nem Roald Dahl teria sonhado com tal jornada. Libertei-me do meu passado, mas sem me desconectar dele. Valorizo os momentos e as experiências que me formaram. Sempre vivi minha história.

Que mulher de 24 anos pode dizer isso a si mesma, que todos os seus sonhos se tornaram realidade? O que mais eu poderia de fato pedir da vida? Há dias em que não me contenho de gratidão por ter chegado tão longe, mais longe do que jamais ousei prever. E embora a animação de tentar coisas novas diminua com a repetição, a empolgação da liberdade nunca deixa de me alegrar. Toda vez que a exerço, sinto uma felicidade única, que parece escorrer pelo meu corpo feito mel. Nunca mais quero renunciar a uma fração sequer desse sentimento maravilhoso.

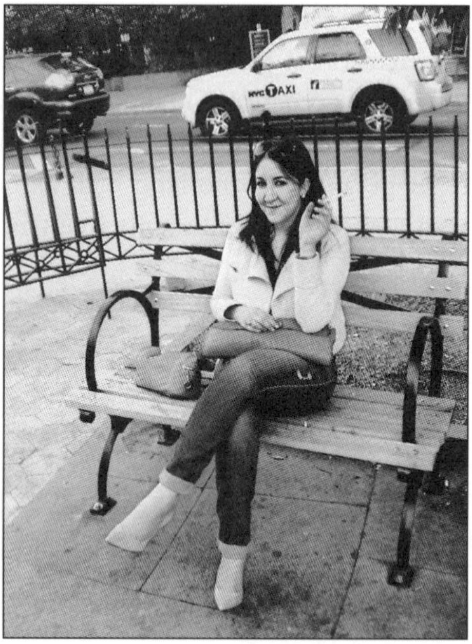
NYC TAXI

Epílogo

Quando *Nada ortodoxa* foi publicado originalmente, em fevereiro de 2012, desencadeou uma reação violenta dos judeus ultraortodoxos. Em fóruns on-line e em sites criados para me desacreditar e atacar, hassídicos postaram críticas ferrenhas em que me acusavam de mentir e religiosos proclamaram que eu havia envergonhado a comunidade judaica mundial lavando nossa roupa suja. Um editorial hassídico me comparou a Joseph Goebbels e alertava que eu podia ser a catalisadora de um novo Holocausto. Fui apontada como a próxima grande antissemita e sugeriram diversas vezes que eu deveria começar a sair com o Mel Gibson.

Poucos críticos meus de fato leram o livro, mas o conteúdo de *Nada ortodoxa* era menos importante do que o fato de eu ser mulher e ter tido a ousadia de denunciar seu mundo. Qual era o motivo dessa raiva toda? Será que realmente causei tamanho temor apenas por contar minha história? A verdade é que fui uma das primeiras a mostrar a intimidade de um grupo judaico muito reservado; seus membros são extremamente incentivados a manter em segredo a natureza de seu estilo de vida, e a existência dessa comunidade é um incômodo que muitos judeus prefeririam ignorar. Confesso que não sinto remorso em ter vindo a público. Após a controvérsia, inevitavelmente ocorre o debate, e sempre nutri grande esperança de que um diálogo assim traria a reforma e a mudança à cultura judaica fundamentalista. Os direitos das mulheres e das crianças é algo com que me preocupo muito, e tenho plena consciência de como eles são violados na comunidade em que cresci. Acredito que levar a transformação a esses grupos radicais é o melhor a ser feito para a sociedade mais ampla que os sustenta.

Por que decidi me expor? Alguém precisava fazer isso, e aconteceu de ser eu. Embora meu instinto inicial tenha sido manter meu passado em segredo, estou feliz por ter publicado *Nada ortodoxa*. Não preciso mais lidar com a vergonha e a ansiedade que acompanham o status de uma ex-hassídica. Pelo contrário, contar minha história me trouxe um empoderamento. Foi bom abrir o coração e saber que estou inspirando outras pessoas a fazer o mesmo. Foi maravilhoso presenciar outras pessoas se rebelando após a publicação do livro, algumas escreveram artigos contundentes de apoio a uma reforma educacional, outras consentiram ser entrevistadas sobre abusos. Seus esforços me incentivam, e sei que isso é apenas o começo.

Na época em que era hassídica, sempre escutava histórias de mulheres que abandonaram a comunidade religiosa e perderam os filhos em brigas horríveis por custódia. Quando decidi ir embora, sabia que não deixaria isso acontecer. A reitora da Faculdade de Direito de Columbia me disse que as chances de vitória eram de pequenas a inexistentes, e embora a presidente da Ordem das Advogadas concordasse em me representar, não fiquei muito confiante. Entretanto, mediante uma combinação de planejamento cuidadoso, estratégia legal arriscada e publicidade intensa, consegui obter tanto o divórcio civil e religioso como a guarda do meu filho. Na verdade, minha audiência de divórcio aconteceu na véspera de Pessach de 2012. Fui ao Seder e comemorei minha libertação, junto com a libertação do povo judaico. Aos 25 anos, três anos depois que parti, dois anos depois que terminei de escrever minhas memórias, estava finalmente livre.

Como criei uma outra vida a partir do zero? Eu não tinha nada. Minha orientadora na Sarah Lawrence me alertou que o divórcio era o caminho mais rápido para a pobreza; perguntou se eu estava disposta a correr esse enorme risco em direção ao mundo desconhecido e assustador que era ser mãe sem marido, sem ter nenhuma rede de apoio. Estava certa em perguntar; a família e a comunidade que conhecera por toda a vida sairiam para sempre dos meus dias no instante em que eu partisse. Embora outras pessoas também houvessem abandonado a comunidade hassídica, eram na maioria homens, sem filhos, e ficaram exasperados com a minha vontade de me estabelecer rápido, em vez de ficar me divertindo.

Eu não tinha a menor experiência de trabalho, ao menos nenhuma que contasse. Não tinha um diploma universitário. Tive de equilibrar a busca por instrução, a criação de meu filho e nosso sustento financeiro enquanto aprendia a me orientar em um mundo estranho. Estava à procura de um novo lugar ao qual pertencer, mas não queria trocar meu passado repressivo por um futuro similar. Viajei pelos Estados Unidos na tentativa de aprender mais sobre o país onde nascera e a paisagem que nunca conhecera. Fui atrás de uma comunidade de pessoas que me entendesse e me aceitasse. No fim, voltei a Nova York e descobri que era para mim a cidade que mais se assemelhava a um lar.

Deixar uma religião, uma comunidade e uma família nos cobra um preço alto. Tive de aprender a encontrar paz mesmo quando confrontada com o ódio e os abusos vindos de minha antiga comunidade. Acabei me voltando àqueles que me ajudaram durante a minha infância: os livros — e as histórias que lia serviram como combustível para me ajudar a atravessar esses tempos difíceis. Encontrei amigos e família para substituir os que perdi. Hoje me sinto amada e valorizada de um modo que nunca acreditei ser possível. Ainda me identifico como judia, porque é minha herança cultural, mas não extraio nenhuma satisfação espiritual do judaísmo. Nesse sentido, tento apresentar uma folha em branco a meu filho; não quero que minhas experiências distorçam suas percepções. Quando o vejo explorar o mundo sem medo ou confusão, fico encantada que esteja tendo a infância com que sempre sonhei. Se decidir virar um rabino ou estudioso do Talmude quando crescer, saberei que se voltou para o judaísmo por escolha própria, e isso faz toda a diferença. Por ora, ambos aproveitamos nossa flexibilidade e independência.

Embora meus primeiros anos no mundo exterior tenham sido turbulentos, e até hoje algumas lembranças constrangedoras me deixem desconfortável, ficou evidente que eu tenho o que é preciso para me virar em uma sociedade secular. Assumi o meu lugar no mundo e, contra todas as probabilidades, o horizonte que costumava observar com tanto desejo se tornou meu verdadeiro lar. As pessoas perguntam se encontrei a felicidade, mas encontrei coisa melhor: autenticidade. Enfim sou livre para ser eu mesma, e é uma ótima sensação. Se alguém algum dia tentar dizer a você para ser algo que não é, torço para que você também consiga encontrar a coragem de erguer a voz em protesto.

Abril de 2012
Nova York

Posfácio

Esta noite faz uma década que sentei no sofá de meu apartamento de dois quartos em um sótão em Nova York, com meu filho de três anos adormecido na cama de casal espremida no quarto minúsculo, e abri meu laptop surrado para começar o manuscrito que em alguns meses se tornaria *Nada ortodoxa*.

Escrevia esporadicamente nessa época, em geral à noite, enquanto meus colegas da faculdade iam a bares e restaurantes e eu, na falta de alguém para cuidar do meu filho, ficava em casa. Lembro-me de que o futuro parecia estranhamente comprimido, como um acordeão do qual todo o ar fora expelido. Sentia que era capaz de imaginar apenas a semana seguinte; no máximo, o mês seguinte. Estava solitária e assustada. Durante o dia, ter um filho pequeno do qual tomar conta mantinha minha cabeça longe do pior, mas nas noites longas e vazias, não tinha nada além do meu manuscrito, que parecia tanto uma dádiva quanto uma maldição.

Em novembro de 2009, eu já havia escrito em torno de vinte mil palavras; a maior parte do trabalho ainda precisava ser feita. Estava com 23 anos e nunca escrevera nada sério antes, nem sequer um conto ou artigo de jornal. Senti como se tivesse definido uma meta impossível.

Escrever um livro fazia parte de um plano muito maior, uma necessidade se eu pretendia ser verdadeiramente livre para começar uma nova vida com meu filho fora da minha comunidade. A publicidade que isso me traria serviria como uma ferramenta, explicara a advogada, me proporcionaria uma vantagem contra pessoas que em circunstâncias normais me deixariam sem lugar de fala e, portanto, impotente. O objetivo era convencer essas pessoas a me deixar ir, que não valia a pena brigar por minha causa.

Naturalmente, eu tinha consciência da minha sorte por ter recebido uma proposta de publicação na minha idade, sobretudo considerando minha inexperiência. Mas lembro de pensar que, se pudesse me dar ao luxo de escolher, teria preferido me tornar escritora apenas depois de estar preparada o suficiente para tal. Desde então aprendi que não existe nada que nos prepare de fato para a escrita, a não ser o ato de escrever em si. Na época, porém, os motivos práticos para escrever o livro pesaram tanto sobre mim que fizeram aquilo parecer menos um ato de expressão criativa do que a confecção dos nós em uma escada de corda que me conduziria à segurança. Isso não era escrever de verdade, pensei. Escrever de verdade não é algo que se faz para assegurar a sobrevivência — e, sem dúvida, meus leitores saberiam o que estava fazendo.

E, contudo, naquela noite de ventania de outono, há dez anos, na falta de algo melhor para fazer, abri o laptop e comecei a digitar, dizendo a mim mesma para fazer minha parte e deixar que o destino se encarregasse do resto. Não escrevi o que planejara originalmente naquela noite, não me ative à cronologia estrita que defini em meu rascunho. Simplesmente mergulhei em uma lembrança de infância e escrevi como se estivesse de volta àquele momento. Depois, mergulhei em outra lembrança e mais outra, e o processo começou a parecer intuitivo, como se pudesse silenciar aquela parte de mim preocupada com rascunhos, capítulos, personagens e todas as outras coisas que aprendera em oficinas de escrita na faculdade, e simplesmente confiar em uma voz interior que estava escondida em algum lugar dentro de mim. E, de algum modo, quatro horas depois, parei e já era meia-noite, e metade do manuscrito estava finalizada.

Após todos esses anos, agora trabalhando em meu primeiro romance em alemão, ainda me pego esperando semanas, quando não meses, para ser assombrada outra vez por esse fantasma, períodos em que sentar para escrever significa me sentir prisioneira da minha própria cabeça, prisioneira de construir histórias como escadas de corda, até que finalmente ele regressa e meus dedos se movem febrilmente pelo teclado enquanto o restante de mim fica paralisado, em uma espécie de transe. O tempo parece ficar imóvel, e sinto como se flutuasse para fora de mim mesma. Essa aparição ressurgiu ao longo dos anos — não com a frequência que eu teria desejado, mas, com o tempo, vim a compreender que esteve sempre a postos e preparada, e que era eu que nem sempre tolerava sua presença. Isso porque ela vem do passado, e o resto de mim faz tudo que pode para estar no presente, de forma a não ser oprimida por nada que tenha acontecido antes. Somos duas mulheres, uma perdida, a outra encontrada, ainda buscando uma maneira de trabalharmos juntas para contar uma história.

Perto do fim de *Nada ortodoxa*, falo sobre a sensação de ter assassinado meu antigo eu para dar lugar a um novo; minhas memórias seriam suas últimas palavras. Entretanto, dez anos atrás, eu não habitava nem meu passado nem meu presente. Estava em um limbo, e *Nada ortodoxa* é o livro que é por causa disso, porque foi escrito no ponto entre uma coisa e outra, um lugar assustador, porém com uma leveza incrível. Se tivesse tido tempo para me preparar, se tivesse esperado para escrever quando fosse mais velha — digamos, agora —, ele sem dúvida teria sido escrito, mas não seria o livro que deveria ter sido, e não teria esse impacto cru, angustiante, que os leitores afirmam ter sentido. O motivo para *Nada ortodoxa* parecer tão cru é porque de fato é, porque eu estava em um estado cru quando o escrevi, e isso não é algo que pode ser recriado com facilidade, em retrospecto.

Após me livrar de meu antigo eu, não descobri do nada uma versão mais autêntica. Quando você se retira da sua vida inteira, não sobra muita coisa. Leva uma década para construir tanto um novo eu como uma nova vida para ir junto, e se alguém me dissesse como seria difícil, talvez nem tivesse aceitado o desafio.

Mas nunca esperei que fosse fácil. Não estava atrás de um final de conto de fadas e acho que isso ajudou. A felicidade gosta de brincar de esconde-esconde quando você está indo atrás dela, mas com frequência ela o surpreende quando você menos espera. Encontrei minha versão da felicidade em Berlim. Se alguém tivesse previsto isso dez anos atrás, teria achado a ideia hilária, beirando a insanidade.

Moro em Berlim faz cinco anos. Não sou a única como eu a encontrar um lar aqui. Berlim é cheia de todo tipo de refugiados e fugitivos, incluindo uma comunidade de ex-hassídicos e ex-ortodoxos. Isso se deve em parte a Berlim ser como é: os berlinenses brincam que a cidade foi construída sobre areia e pântanos, sem raízes, perfeita para quem se desenraizou. Assim como para os que foram desenraizados à força. Mas em parte é simplesmente porque o nosso passado fica bem mais fácil de suportar quando o deixamos fisicamente para trás. Nova York ainda é o sonho de muitos jovens, mas para mim era um quintal cheio de esqueletos, um labirinto de rostos familiares e gatilhos de memórias ruins. O que outros procuram em Nova York eu encontrei em Berlim.

No último verão, foi finalizada a produção de uma minissérie de quatro episódios inspirada no livro que escrevi há dez anos. A série foi filmada em minha língua natal, iídiche, com cenários em Berlim, por uma equipe incrível de judias alemãs, judias americanas e alemãs. (Alguns homens também estiveram envolvidos.) Levar a história de *Nada ortodoxa* à tela é um sonho que criou raízes em Berlim e que, tenho certeza, não teria sido possível em outro lugar. Encontrar as mulheres capazes de emprestar tamanha sabedoria e paixão ao projeto — e tamanha disposição para explorar novos territórios — é algo que eu não poderia ter sonhado antes de chegar a essa cidade, um lugar onde a expressão criativa praticamente ignora qualquer limite convencional.

Uma das maiores surpresas durante o processo de criação de *Nada Ortodoxa*, a série da Netflix, foi como conseguiu atrair quase que por mágica tantos homens e mulheres com passado semelhante ao meu. Eles trabalharam como atores e figurantes, consultores e tradutores, e a certa altura estar no set foi como comparecer a um encontro particularmente emotivo. No fim, a história contada na série, embora inspirada nos acontecimentos de minha vida, também é muito maior do que isso. É o relato de muitas pessoas combinado em uma coisa só, um relato que poderia ser meu ou de qualquer um — até mesmo seu. Onde pequenos detalhes foram alterados, os temas de dor, conflito, solidão e humilhação permanecem os mesmos. Como resultado, observar o livro *Nada ortodoxa* se transformar na série *Nada Ortodoxa* foi como observar minha história de vida se tornar parte de uma narrativa cultural mais ampla, fenômeno que achei profundamente gratificante. Quando era mais nova, li livros sobre muçulmanos e cristãos rebeldes, e depois também assisti a filmes sobre eles, mas nunca conseguia me identificar totalmente com as histórias. O maior triunfo da série *Nada Ortodoxa* é sua capacidade de servir de modelo para uma jornada percorrida por muitos, mas para a qual ainda não existe um mapa detalhado.

Na última década, deixar a comunidade ultraortodoxa passou de uma anomalia a um movimento. Antes eu podia contar nos dedos as pessoas que foram embora. Hoje elas chegam à casa dos milhares, desaparecendo no anonimato de cidades do mundo todo, reinventando-se da melhor maneira que conseguem, algumas indo a Berlim para trabalhar como figurantes em uma gravação na qual sua língua nativa é falada, em que podem se reconhecer de imediato e em que a história que estão ajudando a contar se parece muito com a delas próprias. Tanto para o ex-rabino como para a adolescente que fugiu de casa, tanto para a bolsista do Fulbright como para a pessoa que mudou de vida na meia-idade, há uma verdade nessas cenas que filmávamos que bateu fundo em cada um de nós de uma maneira essencial.

Quando assisti pela primeira vez a todos os episódios, após a edição final, algumas semanas atrás, e finalmente captei a extensão total do que havíamos criado juntos, percebi que *Nada ortodoxa* não era mais minha. Eu a libertara e, no processo, fora libertada pela obra.

Novembro de 2019
Berlim

Agradecimentos

Este livro é resultado do esforço de muitas pessoas, sendo o meu o menor de todos. Eu não seria a escritora que sou hoje se não fosse por minha agente e mentora, Patricia van der Leun, cujos conselhos sempre me colocaram no rumo certo. Sou grata a minha editora, Sarah Knight, que transformou meu manuscrito em um livro que vale a pena ser lido. E devo muito a toda a equipe da Simon & Schuster, que dedicou seu tempo a me ajudar a tornar este livro o melhor possível. Agradeço a Molly Lindley, com quem tenho uma dívida eterna por sua dedicação e eficiência; você desfez os nós para mim, uma autora de primeira viagem ainda tateando no escuro. Obrigada a Brian, Kate e Jessica, pelo entusiasmo e pela paciência. Obrigada a Nancy Singer, Monica Gurevich/Julie Metz Ltd., Sybil Pincus e Peg Haller, que são as responsáveis por fazer com que esta obra de fato ficasse parecida com um livro. Sinto que fui mimada por todas vocês.

Obrigada a Carolyn Ferrell, por permitir que eu usasse sua oficina de escrita como uma cobaia pessoal para os primeiros rascunhos dessas memórias. Sua orientação, bem como o feedback ponderado de meus colegas na Sarah Lawrence, foi inestimável. Devo agradecimento especial a Katherine Quinby Stone, Adam Singer e Julia Sternberg, cuja relação sincera com meu trabalho representou tudo para mim. Vocês foram meus primeiros leitores.

Minha gratidão à Sarah Lawrence, a instituição que me deu a primeira oportunidade de me tornar alguém, é indescritível. Obrigada, Joann Smith, por me oferecer a chance de uma educação de qualidade. Obrigada aos maravilhosos professores que me incentivaram a me descobrir, Carol

Zoref, Ernest Abuba, Neil Arditi e Brian Morton. Obrigada, Paulette, por estar no mesmo lugar, na mesma hora, de modo que eu pudesse me inspirar em sua coragem e fé. Sem você eu não estaria onde estou hoje. O mesmo se aplica a todos os homens e mulheres maravilhosos que foram meus primeiros amigos e aliados em um mundo estranho; serei eternamente grata por seu apoio e compreensão.

Obrigada, Diane Reverand, por convencer minha agente a me dar uma chance. Obrigada, Amanda Murray, por ser a primeira pessoa no meio editorial a acreditar de corpo e alma no meu livro. O mesmo vale para David Rosenthal, que abriu mão de seu tempo para conversar comigo, gesto que tocou meu coração.

Obrigada a Sandra e Rudy Woerndle e a Kathryn e Jon Stuard, que me ajudaram quando eu ainda estava com dificuldades de saber onde pisar. Sou grata pelo apoio do maravilhoso grupo de mulheres que conheci em Midland, Texas.

Gostaria de agradecer a Patricia Grant por me representar de graça mesmo quando todas as probabilidades estavam contra mim. Você me inspira a ser uma mulher melhor e mais forte.

Obrigada a Juliet Grames, B.J. Kramer, Joel Engelman, Malka Margolies, Claudia Cortese, Amy Donders e Melissa D'Elia por serem grandes amigos e mentores ao mesmo tempo. Além disso, muito obrigada a meus companheiros na rebeldia, cujas histórias de sofrimento e triunfo ajudaram a diminuir a dor do isolamento de minha família e comunidade. Tem sido uma jornada incrível, que não teria sido possível sem toda e qualquer contribuição de meus colegas viajantes.

Sou muito afortunada por ter meu filho; desde o dia em que nasceu, ele se tornou a inspiração para essa jornada, e se não fosse por ter vindo para mim, eu não teria encontrado a força e a determinação de fazer o que fiz. Não vejo a hora de acompanhar seu crescimento e ver você se tornar um jovem incrível, e espero conseguir ser a mãe que merece ter.

Por fim, agradeço a *minha* mãe, que me apoiou em tudo que escrevi, embora eu saiba que não deve ter sido fácil para ela. Considero-me sortuda de ter a liberdade para escrever este livro e espero que ele faça diferença na vida de outras pessoas. Obrigada por lê-lo.

Glossário

A guten Purim (iídiche) – Expressão usada para se desejar um bom feriado de Purim
Ach (iídiche) – Interjeição que expressa insatisfação, frustração ou perplexidade
Aidel (iídiche) – Sofisticado
Aidel maidel (iídiche) – Menina recatada, uma boa moça que respeita as regras
Apikores (iídiche) – Judeus que não seguem todas as leis do judaísmo
Aroiny (iídiche; plural: "aroinies") – Seguidores do filho Aaron do Rebe Satmar
Artisten (iídiche) – Artistas
Aveirá (hebraico) – Tradução literal: transgressão. É uma infração tanto em relação a outros indivíduos quanto a Deus
Babka (polonês) – Tipo de pão/bolo doce que pode levar chocolate, canela, avelãs etc.
Badeken (iídiche) – Cerimônia durante o casamento na qual o noivo levanta o véu que cobre a noiva
Bank-kvetshers (iídiche) – Tradução literal: "ocupa-bancos". Referente a homens que passam muitas horas estudando os textos sagrados nos kolels
Bar mitzvá (hebraico) – Cerimônia religiosa na qual se celebra a maioridade religiosa dos meninos judeus, aos 13 anos
Bas melech (iídiche) – Tradução literal: "filha do rei"
Batampte (iídiche) – Tradução literal: "delicioso"
Berachot (hebraico) – Tradução literal: "bênçãos"

B'show (iídiche) – Evento que faz parte do ritual de casamento arranjado no qual uma noiva em potencial é avaliada pela família do possível pretendente
Bobe (iídiche) – Avó
Bris (iídiche; "brit" em hebraico) – Cerimônia de circuncisão realizada oito dias após o nascimento do bebê
Bubeleh (iídiche) – Querida
Chalá (hebraico) – Pão em trança consumido habitualmente no Shabat e em feriados judaicos
Chametz (hebraico) – Originado da palavra referente a "fermento" ou "levedura" em hebraico, o termo é usado para se referir a alimentos proibidos durante Pessach
Chaptz'em (iídiche) – Tradução literal: "Pegue ele!"
Charosset (hebraico) – Alimento preparado com maçãs, nozes e vinho e consumido principalmente no Seder de Pessach
Chassan (iídiche) – Noivo
Chazer (iídiche) – Porco
Cheder (hebraico) – Escola para meninos que, em especial na comunidade hassídica, prioriza o ensinamento religioso em relação ao secular
Chilul HaShem (hebraico) – Qualquer ato considerado uma profanação do nome de Deus
Chinuch (hebraico) – Nome completo: "Sefer ha-Chinuch" (tradução literal: "Livro da Educação"). Obra que aborda todos os 613 mandamentos presentes na Torá
Chinush laba (húngaro) – Tradução literal: "panturrilhas esbeltas"
Chol Hamoed (hebraico) – Período entre o terceiro e o sexto dias de Pessach (que dura, no total, oito dias). "Chol Hamoed" é também empregado para se referir ao intervalo entre o terceiro e o sétimo dias de Sucot. Nota-se que essa contagem é válida para judeus em todos os países do mundo, exceto em Israel (que considera do segundo ao sexto dia em Pessach e do segundo ao sétimo dia em Sucot)
Cholent (iídiche) – Prato preparado em geral para o Shabat. Leva uma variedade de ingredientes, incluindo carne kosher, batata, feijão e legumes
Cholov Yisroel (iídiche) – Produto kosher feito a partir de laticínio
Choteh umachteh es harabim (hebraico) – Tradução livre: "O pecador que faz os outros pecarem"

Chupá (hebraico) – Tenda na qual ocorre a cerimônia de casamento judaico e simboliza o lar que o noivo e a noiva construirão juntos. É aberta dos lados como representação da hospitalidade do casal para familiares e amigos

Der emes shteit oif di shteren (iídiche) – Tradução literal: "A verdade aparece escrita na testa"

Der tumeneh shprach (iídiche) – Tradução literal: "a língua impura"

Derech (hebraico) – Tradução literal: "estrada" ou "caminho". "Perder seu derech" é usado como sinônimo para "perder seu caminho", se desviar do caminho correto da religião

Derech eretz (hebraico) – Tradução literal: "a caminho da terra". Tradicionalmente, é utilizado no sentido de agir de maneira decorosa e respeitosa, em especial em relação aos familiares, aos mais velhos e aos professores

Drashá (hebraico) – Discurso

Dvar Torah (hebraico) – Tradução literal: "palavra da Torá". Refere-se ao costume de compartilhar as reflexões da Torá no cotidiano. É muitas vezes associado ao ato de se sentar para conversar sobre a sabedoria religiosa

Ehrlich (iídiche) – Devoto

Ehrliche Yidden (iídiche) – Tradução literal: "bons judeus"

Eruv (hebraico) – Cerca simbólica que delimita uma área pública e permite que os judeus que moram ali realizem determinadas tarefas que antes não podiam ser realizadas durante o Shabat

Ervá (hebraico) – Termo que se refere a qualquer parte do corpo da mulher que deve permanecer coberta

Etrog (hebraico) – Fruta cítrica usada em Sucot

Farfrumteh (iídiche) – Termo para se referir a uma pessoa extremamente religiosa. Em geral, possui uma conotação pejorativa

"Farvus vuktzi du, di shiksa? (iídiche) – Tradução literal: "O que essa gentia está fazendo aqui?"

Feineh maidel (iídiche) – Tradução literal: "boa moça"

Fleishig (iídiche) – Classificação de alimento kosher envolvendo carne e seus derivados (inclusive a gordura de algum animal)

Frei Yidden (iídiche) – Tradução literal: "judeus livres". Termo referente a judeus seculares, que não observam as regras ortodoxas

Frimmeh (iídiche) – Mulher devota, religiosa

Frumkeit (iídiche) – Devoção, caráter de quem é devoto
Gabbaim (hebraico) – Alunos da yeshivá responsáveis pela segurança do rabino
Gan yehudah (hebraico) – Nome de um parque na colônia de férias que a protagonista frequenta, é também o nome de um parque atual em Tel Aviv
Gartel (iídiche) – Tradução literal: "cinto". Cinto usado pelos homens, em geral apenas pelos hassídicos, durante as rezas
Gemach (hebraico, acrônimo para "gemilut chasidim" – atos de ternura, bondade) – A princípio, "gemach" se referia a um fundo de ajuda monetária para judeus necessitados. Hoje, "gemach" é muito empregado para se referir a locais de reciclagem de objetos e roupas, nos quais as pessoas podem pegar itens emprestados e depois devolvê-los
Gói (do hebraico "goy", plural "goym"; plural em português "góis") – Termo usado para se referir a alguém que não é judeu
Gut (iídiche) – Bom
Gut yontif! (iídiche) – "Feliz feriado [religioso]!"
Hagadá (hebraico) – Texto lido durante o Seder de Pessach que define o curso do jantar e da cerimônia
Halachá (hebraico) – A lei judaica
HaShem (hebraico) – Tradução literal: "O Nome" (expressão utilizada para se referir a Deus)
Hashkafá (hebraico) – No contexto, "visão" ou "filosofia judaica"
Harchavas hadaas (iídiche) – Tradução livre: "uma mente ampliada", "uma mente aberta"
Hatzolah (hebraico) – Serviço médico voluntário para emergências
Havdalá (hebraico) – Do hebraico "separação". O termo é usado em relação à cerimônia que marca o fim do Shabat e de outros feriados religiosos
Hersh (iídiche) – Veado
Heter (hebraico) – Permissão rabínica para realizar determinadas ações que seriam, a princípio, proibidas
Kallah (hebraico e iídiche) – Significa noiva, mas pode se referir às aulas que a noiva tem antes do casamento acerca de temas como o casamento em si, a castidade e a pureza física e moral

Kallah maidel (iídiche) – Tradução literal: "menina noiva". Refere-se a meninas em idade para se casar

Kashrut (hebraico) – Leis dietéticas judaicas

Kehilá (hebraico) – Determinado tipo de organização comunitária

Kichel (iídiche) – Tipo de biscoito doce característico da culinária judaica

Kidush (hebraico) – Bênção recitada com o vinho no começo do Shabat ou em certos feriados judaicos

Kittel (iídiche) – Jaleco branco usado pelos homens hassídicos em determinados feriados religiosos

Kohen (hebraico; plural "Kohanim") – Sacerdote descendente de Aarão que pode realizar certas funções especiais na sinagoga

Kolel (hebraico) – Instituição para estudos da religião composta principalmente de homens casados

Kosher (hebraico) – Item que respeita as normas da Torá (é usado com maior frequência para se referir a alimentos, mas também pode ser usado para outras coisas, como vestuário)

Krach-hit (iídiche) – Tipo de chapéu também usado por homens hassídicos

Kraut pletzlach (iídiche) – *Noodles* (macarrão) de repolho frito

Krepale (iídiche; plural "krepalech") – Massa recheada com carne, frango, cebola, batata e/ou queijo

Kugelech (iídiche) – Tipo de jogo para crianças que utiliza cinco dados

Lag Baômer (hebraico) – Celebração da vida e ensinamentos de duas figuras importantes na história do estudo religioso judaico: o rabino Akiva e o rabino Shimon bar Yochai (Lag Baômer comemora o aniversário de morte deste)

L'Chaim (hebraico) – Tradução literal: "À vida". Expressão usada pelos judeus ao fazer brindes. Corresponde ao "Saúde" utilizado no Brasil

Ma'aras eyin (iídiche) – Lei judaica que leva em conta a aparência imprópria: quando um indivíduo aparenta estar desrespeitando as regras e, com isso, faz com que outros o julguem de maneira equívoca como tendo cometido uma transgressão

Machanayim (hebraico) – Brincadeira infantil, nas palavras da autora: "uma versão judaica mais recatada de queimado"

Má Nishtaná (hebraico) – As quatro perguntas feitas durante o Seder de Pessach

Meidele (iídiche) – Tradução literal: "menininha". Apelido carinhoso para menina

Maidlach (iídiche) – Meninas

Mamaleh (iídiche) – Pode ser usado tanto como "mamãezinha" quanto como "querida"

Maror (hebraico) – Ervas amargas consumidas no Seder de Pessach que simbolizam a amargura da escravidão dos judeus no Egito

Matzá (hebraico) – Alimento de farinha branca e água que substitui o pão durante Pessach, feriado em que não se pode comer produtos fermentados

Mazel (hebraico e iídiche) – Tradução literal: Sorte. Quando na expressão "Mazel tov", pode significar tanto "Boa sorte" quanto "Parabéns"

Mechitsef (iídiche) – Tradução literal: "Insolente", "atrevida"

Mekor (hebraico) – Tradução literal: "fonte" (de origem). No caso, a palavra é empregada para se referir ao útero

Melavê Malká (hebraico) – Jantar realizado após o final do Shabat

Men geit davenen (iídiche) – Tradução literal: "Vamos rezar"

Menuchas hanefesh (iídiche) – Tradução literal: "paz na alma"

Mesader kiddushin (hebraico) – Aquele que conduz a cerimônia de casamento (tradicionalmente, é um rabino)

Meshuggener (iídiche) – Louco

Meyn mahn (iídiche) – Tradução literal: "meu homem", usada no sentido de "meu marido"

Mikvá (hebraico) – Banho ritual ao qual as mulheres casadas se submetem para se purificarem (em relação à menstruação). Palavra também usada para designar o local onde o banho ritual é realizado

Mitzvá (hebraico; plural "mitzvot") – Tradução literal: "mandamento". No cotidiano, é usado para se referir a uma boa ação

Mitzvah tanz (iídiche) – Dança que faz parte dos casamentos hassídicos entre os recém-casados após o jantar de casamento e antes da primeira noite do casal

Nachas (iídiche) – Tradução literal: "orgulho", "felicidade". Termo utilizado em situações que são motivo de felicidade e alegria

Nebach (iídiche) – Expressão utilizada como "pobrezinho", "coitadinho" (tanto homens quanto mulheres)

Nidá (hebraico) – Tradução literal: "removido", "separado". Palavra usada para se referir ao status "impuro" da mulher durante a menstruação e os setes dias após esta. Também se refere aos mandamentos e costumes relacionados à pureza familiar

"Nisht besser fun a goy!" (iídiche) – Tradução literal: "Você não é melhor que um gentio!"

Nu (iídiche) – Interjeição que pode ser utilizada em diferentes contextos. Pode significar "então", "portanto", "vamos"

Ômer (hebraico) – Período sagrado de 49 dias entre Pessach e Shavuot

Oy vey (iídiche) – Expressão com sentido negativo que pode significar "Ah não" ou "poxa vida"

Pashkevilin (iídiche e hebraico; singular: "pashkevil") - Panfletos ou cartazes pregados em locais públicos em uma comunidade judaica ortodoxa

Pessach (hebraico) – Feriado judaico que celebra a saída dos judeus do Egito. Dura oito dias, nos quais há uma série de restrições alimentares

Peyot (hebraico) – Costeletas cacheadas mantidas pelos homens

Pidyon haben (hebraico) – Ritual em que o pai "resgata" o primogênito e se compromete a educá-lo segundo a Torá

Plotchik (iídiche) – Tipo de chapéu de veludo em formato achatado

Pogrom (iídiche, de origem russa) – Palavra de origem russa usada para se referir a episódios de massacres e perseguição de judeus na Europa Oriental

Pritzus (iídiche) – Tradução literal: "promiscuidade". Expressão empregada para se referir a um comportamento imoral

Purim (hebraico) – Feriado judaico que comemora a salvação dos judeus na antiga Pérsia graças à rainha Esther, que convenceu o rei a impedir o massacre dos judeus pretendido por Haman (primeiro-ministro do império)

Pushka (iídiche) – Tradução literal: "caixa". Aqui se trata de uma caixa com doações para a caridade

Quipá (hebraico) – Solidéu usado pelos homens judeus como forma de expressar seu temor a Deus

Rebe (iídiche) – Rabino

Rebetsin (iídiche) – Esposa do rabino

Rebbish (iídiche) – Aqueles que descendem de um rabino
Rachmanus (iídiche) – A princípio, a expressão poderia ser traduzida de maneira livre como "compaixão", mas é um termo utilizado também para designar alguém ou algo digno de pena
Rekel (iídiche) – Casaco preto usado por homens hassídicos nos dias úteis
Rosh Hashaná (hebraico) – É o Ano-Novo de acordo com o calendário judaico
Shalom bayis (hebraico, iídiche) – Tradução literal: "paz no lar". Leis judaicas para se manter a harmonia no lar e entre marido e mulher
Schmoozing (iídiche) – Tradução literal: "conversando"
Schnell (iídiche) – Rápido, depressa. Usado para apressar alguém
Seder (hebraico) – Cerimônia de jantar que marca o começo de Pessach
Sefaradi (hebraico; plural "sefaradim") – Termo que se origina na palavra "Sefarad" (Espanha, em hebraico atual). Refere-se a judeus que vieram da Península Ibérica
Sefirat (hebraico) – Em hebraico: "contagem". "Sefirat HaOmer" refere-se à contagem do Ômer (o período sagrado entre Pessach e Shavuot)
Seforim (hebraico) – Tradução literal: "livros". Pode significar também "estudos"
Shabes (iídiche) – Sétimo dia da semana no judaísmo, é o dia sagrado do descanso (Shabat, em hebraico). O dia no calendário judaico começa ao entardecer da sexta-feira
Shadchan (hebraico e iídiche) – Casamenteira
Shanda (iídiche) – Vergonha, desgraça
Shavuot (hebraico) – Feriado judaico conhecido principalmente como "Festa das colheitas". É também a celebração da data na qual Deus entregou a Torá aos judeus no Monte Sinai
Shefaleh (iídiche) – Tradução literal: "carneirinho". Usado como apelido carinhoso
Sheid (iídiche) – Fantasma
Sheitel (iídiche) – Peruca
Sheitelmacher (iídiche) – Pessoa que confecciona perucas
Shemá (hebraico) – Nome reduzido de "Shemá Israel". Reza que é a confirmação da fé dos judeus no Deus Único e deve ser recitada duas vezes por dia, pela manhã e pela noite

Sheva Berachot (hebraico) – Sete Bênçãos realizadas nos sete dias após o casamento judaico
Shiduch (hebraico) – Casamento arranjado
Shiur (hebraico) – Sermão ou lição religiosa diária. Pode ser também "dever de casa"
Shkiyah (hebraico) – Pôr do sol
Shlechter (iídiche) – Mau, pessoa má
Shomer (hebraico) – Guardião, segunda a lei judaica, de algo ou de alguém
Shomrim (hebraico) – Organizações judaicas de voluntários que patrulham um bairro ou uma região
Shpitzel (iídiche) – Um tipo de cobertura de cabeça que mulheres hassídicas casadas usam que inclui um lenço e uma peruca aparecendo parcialmente
Shtetls (iídiche) – Tradução literal: "cidadezinhas". Palavra utilizada para se referir às pequenas comunidades de judeus na Europa Oriental antes da Segunda Guerra Mundial
Shtissim (iídiche) – Bobagens
Shtreimel (iídiche) – Chapéu de pelos usados por homens judeus casados, em especial os judeus hassídicos
Shul (iídiche) – Sinagoga
Shvartzes (iídiche) – Tradução literal: "pretos"
Shviger (iídiche) – Sogra
Sidur (hebraico) – Livro de orações
Simchá (hebraico) – Tradução literal: "alegria". Usado também para se referir a situações alegres
Simchat Torá (hebraico) – Tradução livre: "Alegrando-se com a Torá". Feriado judaico logo após Sucot no qual a Torá é muito celebrada
Sucot (hebraico) – Feriado judaico conhecido como "Festa das tendas" ou "Festa das cabanas", rememora os quarenta anos que os judeus passaram no deserto após a fuga do Egito
Sucá (hebraico) – Espécie de cabana na qual os judeus devem realizar suas refeições durante os dias de Sucot
Talmude (hebraico) – Uma das obras centrais da literatura rabínica, o Talmude é uma coletânea de textos sagrados, com a reunião de discussões entre rabinos de diferentes interpretações da Torá, de leis judaicas e de teologia, entre outros temas

Tante (iídiche) – Tia

Tate (iídiche) – Pai

Tefilin (hebraico) – Duas caixinhas de couro dentro das quais há pergaminhos com trechos da Torá e que possuem tiras de couro que devem ser amarradas no braço e na cabeça durante as rezas

Teitelbaum (hebraico, também do iídiche) – Tradução literal: "palmeira". É um sobrenome judaico comum

Teshuvá (hebraico) – Tradução literal: retorno. Fazer a teshuvá é retornar à religião, podendo também significar arrepender-se de suas transgressões

Tichel (iídiche) – Lenço usado por judias ortodoxas para cobrir os cabelos, respeitando, assim, as leis da modéstia ao se tratar de vestuário e aparência

Tishtech (iídiche) – Toalha de mesa

Torá (hebraico) – Livro sagrado do judaísmo que contém os livros de Moisés. Dependendo do contexto, o termo "Torá" pode ser empregado como todo o conjunto da tradição e do ensinamento judaicos

Treif (iídiche) – Comida proibida pelas leis dietéticas judaicas

Tsitsit (hebraico) – Franjas de uma espécie de camiseta, com quatro pontas (cuja aparência remete a um poncho leve) que homens e meninos judeus usam sob a roupa para lembrá-los de todas as mitzvot

T'noyim (iídiche) – Assinatura do contrato que oficializa o noivado judaico

Tu Bishvat (hebraico) – Festa judaica que marca o ano-novo das árvores. É costume em Israel que as crianças plantem uma nova árvore neste dia

Tzaar gidul bunim (hebraico, iídiche) – Tradução literal: "A dor de criar filhos"

Tzadik (hebraico; plural "tzadikim") – Termo empregado para se referir a pessoas excepcionalmente corretas e boas, como determinados rabinos, profetas ou sábios

Tzadeikas (hebraico) – Feminino de "tzadik", pode ser usado no sentido de santa

Tzelem Elokim (hebraico) – Expressão que significa "feito à imagem de Deus"

***Vayoel Moshe* (iídiche)** – Obra escrita pelo Rebe Satmar, é considerada a "bíblia antissionista"

Yahrzeit (hebraico) – Aniversário de morte de um ente. Costuma-se acender uma vela em homenagem ao morto

Yenta (iídiche) – Tradução livre: "fofoqueira"

Yeshivá (hebraico) – A princípio, a palavra se referia ao local onde homens judeus se reuniam para o estudo da Torá. Contudo, hoje pode designar uma escola primária judaica na qual ensinamentos religiosos ganhem destaque no currículo (se não for o currículo em sua integralidade)

Yetzer hara (hebraico) – Tradução literal: "inclinação ruim". Trata-se da considerada inclinação natural do homem ao mal, que o afasta da vontade de Deus

Yichud (hebraico) – Leis que proíbem um homem e uma mulher que não são casados entre si de permanecerem no mesmo cômodo sozinhos. "Sala do yichud" refere-se ao local onde os recém-casados ficam sozinhos pela primeira vez sem supervisão

Yom Kipur (hebraico) – O Dia do Perdão ou o Dia da Expiação, um dos mais importantes feriados judaicos o qual deve ser dedicado ao jejum, às preces e ao arrependimento pelos erros cometidos ao longo do ano

Yontif (iídiche) – Feriado religioso

Zeide (iídiche) – Avô

Zohar (hebraico) – Principal obra da Cabala

Zollies (iídiche) – Termo usado para designar seguidores de Zalman Leib, um dos filhos do Rebe Satmar

1ª edição	SETEMBRO DE 2020
impressão	CROMOSETE
papel de miolo	PÓLEN SOFT 70G/M²
papel de capa	CARTÃO SUPREMO ALTA ALVURA 250G/M²
tipografia	MINION PRO